古代歷史文化 研究輯刊

二一編

王明蓀 主編

第3冊

中古大軍制度緣起演變史論（下）

雷家驥 著

國家圖書館出版品預行編目資料

中古大軍制度緣起演變史論（下）／雷家驥 著 — 初版 — 新
北市：花木蘭文化事業有限公司，2019〔民108〕
目 4+200 面；19×26 公分
（古代歷史文化研究輯刊 二一編；第 3 冊）
ISBN 978-986-485-721-0（精裝）
1. 軍制 2. 軍事史 3. 中國
618   108001495

ISBN-978-986-485-721-0

9 789864 857210

古代歷史文化研究輯刊
二一編　第 三 冊　　　　　ISBN：978-986-485-721-0

中古大軍制度緣起演變史論（下）

作　　者　雷家驥
主　　編　王明蓀
總 編 輯　杜潔祥
副總編輯　楊嘉樂
編　　輯　許郁翎、王筑　美術編輯　陳逸婷
出　　版　花木蘭文化事業有限公司
發 行 人　高小娟
聯絡地址　235 新北市中和區中安街七二號十三樓
　　　　　電話：02-2923-1455／傳眞：02-2923-1452
網　　址　http://www.huamulan.tw 信箱 hml 810518@gmail.com
印　　刷　普羅文化出版廣告事業
初　　版　2019 年 3 月
全書字數　538647 字
定　　價　二一編 49 冊（精裝）台幣 122,000 元

中古大軍制度緣起演變史論（下）

雷家驥 著

目

次

試論唐初十二軍之建軍及其與十二衛的關係

一、前　言

筆者先前曾先後發表〈從政局與戰略論唐初十二軍之興廢〉（以下簡稱前文），以及〈唐初十二軍及其主帥雜考論〉（以下簡稱後文）兩文。〔註1〕

前文大意謂唐初十二軍曾有兩次興廢，首次創建於武德二年七月一日，是在建設新銳統一武力的國家戰略下展開。新軍在律令體制外創建，具有獨立於十二衛以外的統率系統，其性質為戰時臨時的野戰編制。及至天下大定，而又為了因應《武德律令》之頒行，遂於武德六年二月二十四日罷廢了此十二軍，使軍隊回歸律令體制。尋因東突厥侵犯日亟，國家安全備受威脅，唐朝調整其戰略構想，以東突厥為第一假想敵，並聯絡西突厥以及契丹等，以聯盟擊敵為大戰略，因此於武德八年五月十八日復置十二軍，作為大舉擊敵的武力。此時也正值太子建成與秦王世民之權力鬥爭呈現白熱化，太子集團惟恐「掌國之征討」而又領十二衛大將軍的天策上將李世民「外託禦寇之名，內欲總兵權」，以故讓不隸屬於十二衛的十二軍得以順利復置。世民不能切實統率指揮此十二軍，因此僅能以秦府部隊為主力，並籠絡北門禁軍，以奇襲的方式發動政變。復因不能切實統率指揮十二軍，以故被迫與來犯的東突厥頡利可汗作成渭水之盟，並在頡利退兵後尋即低調地再次罷廢了十二軍，使之再度回歸十二衛府統率折衝府的體制。

後文接著考論統率系統獨立於律令體制外的十二軍主帥人選與人事問題。十二軍因是戰時臨時編制的性質，以故其主帥亦是臨時軍職，而非常制武官。初創期主帥之職稱為軍將，復置期則為將軍，任之者以常制之諸衛大將軍、將軍居多，也有以文官兼任者，且多非全軍位望之最崇隆者。大體上，十二軍主帥多為當時之二流將領，且以唐高祖的個人關係為核心，實際上是高祖太原元從親信所組成的主帥團。十二軍沒有定額的規劃兵力，而且駐道距離京師越近則兵力越大，充分體現了「固本國策」下的居中制外、強幹弱枝戰略態勢。筆者在此文初步指出，十二軍與十二衛的關係，呈現了「軍衛二重制」的特色，這也是唐太宗所以要進行軍制改革，使之恢復常制的原因。

本文即是欲接續此兩文的論述基礎，進一步究明十二軍之建軍構想、原理與建制編組，並兼論其與十二衛的統率指揮以及實際運作等等關係，庶幾可使唐初此大制度更能周延明瞭。

〔註1〕前文已收入本書，後文刊於《中國中古史研究》3，2004.3。

二、十二軍建軍與部署之創意來源

據筆者考論，十二軍之建置可以分爲兩期，初創於武德元年九月「始置軍府」之後，且是在十二道軍府部署之基礎上創建的，其戰略構想是要建立並強化其軍隊，用以作爲統一中國之武力；至於中因天下大定而罷廢，而尋又於八年五月十八日復置，其時之戰略構想則爲培訓大舉打擊突厥之精銳武力。茲再贅引《新唐書・兵志》所載之十二道部署與編制，以爲本節析論之用：

> 高祖初起，……及諸起義以相屬與降群盜，得兵二十萬。武德初，始置軍府，以驃騎、車騎兩將軍府領之。析關中爲十二道，曰：萬年道、長安道、富平道、醴泉道、同州道、華州道、寧州道、岐州道、豳州道、西麟州（《通典》作麟州）道、涇州道、宜州道，皆置府。……更以萬年道爲參旗軍，長安道爲鼓旗軍，富平道爲玄戈軍，醴泉道爲井鉞軍，同州道爲羽林軍，華州道爲騎官軍，寧州道爲折威軍，岐州道爲平道軍，豳州道爲招搖軍，西麟州道爲苑游軍，涇州道爲天紀軍，宜州道爲天節軍；軍置將、副各一人，以督耕戰，以車騎府統之。六年，以天下既定，遂廢十二軍，改驃騎曰統軍，車騎曰別將。……十二軍復，而軍置將軍一人，軍有坊，置主一人，以檢察戶口，勸課農桑。

按隋朝承北周之制，行軍作戰曰「道」。北周行軍作戰之道，統帥職稱爲大總管或總管，隋朝承之，但有時也稱元帥、大將或軍將。[註2]唐高祖析關中二十萬兵爲十二道，而軍置將、副各一人，其制即援於此。蓋此十二軍是分道行軍作戰性質之野戰軍，而非單純的軍區部隊，可以無疑。

又隋唐京城跨萬年（隋曰大興）、長安二縣而建，南靠終南，東倚黃河，約成九十度角以山河爲屏障，其間西南有谷道以通巴蜀，東南經藍田而下商鄧；東出，由渭南則至華州而抵洛陽，由渭北則至同州而達太原，故於要衝分遣軍隊以備隨時作戰，乃能進可攻、退可守，此其戰略地緣之形勝也。至於北面高原，西臨隴山，則易被突破而不易防守，故唐朝若要確保關中之國防安全，則北邊防線起碼須推至河套、陰山，西面則須扼據青海、玉門，此

〔註2〕 詳菊池英夫〈北朝・隋の二十四軍制度における「團」〉，《日野開三郎頌壽紀念論集》頁 255～250，《日野開三郎頌壽紀念論集》頁 255～250，福岡：中國書店，1987。

為唐朝君臣後來努力經營的兩條國防線。唐初經營未至於是，但十二軍之所以在關中棋布，固亦有因於此戰略地緣者。茲略釋之。

據《五代史志》與兩《唐書》地志〈關內道〉所載，京兆郡（雍州所在）統縣二十二，萬年、長安、富平、醴泉皆是其屬縣，即參旗軍、鼓旗軍、玄戈軍、井鉞軍皆駐在京城及雍州之內，可謂首都之內衛，而尤以參旗、鼓旗兩軍最位於核心。至於羽林軍駐同州，居關中北援太原，抗擊突厥、劉武周之戰略要衝；而騎官軍駐華州，則更居關中東征洛陽、平定天下之戰略要道。此二州自西魏、北周以來，即具有統一戰爭之最重要戰略地位。另外，宜州是武德元年宜君郡之改名，西麟州應即麟州，亦於武德元年因鳳棲郡而改名，皆是兼割雍州、岐州、涇州等屬縣而置，是則此兩道之軍也是駐於京城附近。其餘諸州，皆為關中舊郡，其駐軍要皆位於各該郡之交通要衝。可見十二軍之分道駐屯，的確是以京城為中心，向外沿交通要衝而作的戰略部署，欲以星羅棋布之態勢，平時於關中構成京師的防禦網，是「固本國策」的初步體現；〔註3〕而於戰時，則兼收隨時集中出擊之效，此即前文所謂之防禦攻勢的戰略構想也。

現在要問：除了從國家戰略與大戰略角度，知道十二軍是因應戰略需要而創建的中央野戰軍，屬於戰時臨時編制性質，而與十二衛常制建制不同之外，是否尚有別的因素，使得唐朝須在繼承隋朝十二衛制之餘，另外再建此十二軍？此兩種軍事體系的交雜，不會使制度架床疊屋嗎？

關於第一個問題，前文於論述唐初分受西面薛舉、李軌，北承劉武周、梁師都，以及突厥之威脅攻擊，使國家安全備受威脅時，已有所交代，今不再贅；此處欲從太原入京部隊的素質，以及天文星象之觀念，略作進一步考察。

筆者曾根據《大唐創業起居注》所載，謂太原起義原來僅有數萬兵馬，來源複雜，含有隋朝政府軍（府兵）、僮僕，以及招募而來的居民與豪傑，此即所謂「元從」部隊。其後一路西下，沿途招降納叛，對府兵、俠士與群盜均曾先後予以收編，以致圍攻京師前夕，兵力擴充到二十餘萬之多，然不免多是雜牌軍，故此後兩、三年間戰功不顯，甚至屢吃敗仗。還有，諸軍不僅是雜牌軍，兼且軍紀亦有問題，例如《起居注》載述圍攻京城時的情況云：

〔註 3〕關於唐朝前期「固本國策」與軍事體制的關係，請詳拙著《隋唐中央權力結構及其演進》（臺北：東大圖書公司，民國 84.2）第五章，此不贅述。

　　帝（李淵）至灞上，……與隴西（建成）、燉煌（世民）等二
公諸軍二十餘萬眾會焉。帝敕諸軍各依壘壁，勿入村居，無爲侵暴，
若無兵者，恭以俟（代王）命。……

　　京兆舊賊帥等並以家近帝城，不預元從，恥無功，乃各率所部
兵分地逼城而上。帝慮其輕脫失利，……命二公各將所統兵往爲之
援，京城東面、南面隴西公主之，西面、北面燉煌公主之。……關
中群帥等各請率驍銳登城，二公莫之能止。

　　時，帝在春明門外，聞而馳入，舍於羅郭安興坊以鎮之。……
諸軍各競造攻具以臨城，帝又未之許。二公及文武所司等固請曰：
「……又慮初附之人私輕太原之兵無能爲也，此機不小，請速部
分！」帝曰：「弘弩長戟，吾豈不許用之，所冀內外共知以安天下：
斯志不果，此外任諸公，……」於是，諸軍各于所部營分角修攻戰
之具，……京城竹木殲于斯矣。

顯示此時之諸軍，的確是以諸賊諸民爲眾，而所謂「關中群帥」則更多是「京
兆舊賊帥」。他們不僅以「不預元從」爲恥，尚且頗有「私輕太原之兵無能爲」
的心理，因此一再違抗最高統帥李淵的軍令，讓作爲前敵指揮官的隴西、燉
煌二公感到彈壓不住，反過來固請迅速進攻，以免引起軍心變動。這些雜牌
軍素質如此，軍紀如彼，且有非元從嫡系部隊的意識，此皆構成了李淵軍隊
指揮管制的重大威脅，因此筆者前文謂即使沒有上述的國策與戰略構想，唐
朝猶有整頓的必要。

　　筆者前文又論高祖踐祚之初，先將關中分爲十二道以置諸軍府，然後分
遣軍將以統領之，在當時實有若干重要作用：一者可以消解京城糧食危機，
維護社會安全；再者將軍隊投入糧食生產，可緩和後勤補給之負擔；三者則
是將諸軍依天文星象之分布意義與態勢分駐於京城附近，日常教戰，不但具
有宣佈天命之效果，而且可以構築首都防衛網，兼且可收隨時集中出擊之
效，符合戰略原則與規律，有助政治、經濟、心理、軍事四大國力要素之改
善與提昇。於此，筆者願意略再強調，就是因爲這些軍隊之素質訓練、服從
概念，以至軍心軍紀既然如此，不要說在開國倥傯、糧食危機時期是政權的
潛在威脅，即使在盛平時期亦未嘗不危險，故若仍將之集中於京城，則無異
是隨時可爆炸的炸彈。因是，高祖的對策是將兵力依行軍編制的方式分散出
去，以資改編整訓，而且是依天文星象的意義而分布，使之產生天命的意識，

以效忠於本朝。

　　蓋古人認為人間帝庭上應於天庭，故天文星象之分布及變化可與人間之軍事政治的變化相關，此已涉及古代宗教以及天人相應之思想學說，乃至占星術等範疇，於此可不備論。就以將星軍星而言，初唐詩壇四傑之一的楊炯，在其所撰〈唐右將軍魏哲神道碑〉中，謂「二十八宿懸列將而察休徵，三十五星聚天軍而赫符彩」，〔註4〕所言正足以代表此種認知與觀念。

　　據載，武德九年六月四日秦王世民之所以發動玄武門兵變，與前一天傅奕向高祖密奏太白經天、秦王當有天下的天文告變有關，而傅奕號稱「尤曉天文曆數」，正是設計十二軍軍號的人。按：隋唐行軍必有「軍號」，據《大唐創業起居注》所載，唐高祖李淵實為深信且善於利用天意徵符之人，因此一再自謂至太原任官以及乘亂起事皆是得天命之舉，並於起事時一再製造及利用符瑞，以對軍眾進行心戰。而《舊唐書‧傅奕傳》則謂「高祖為扶風太守，深禮之。及踐祚，召拜太史丞，……遷太史令。……奕所奏天文密狀，屢會上旨。置參旗、井鉞等十二軍之號，奕所定也」。〔註5〕是則由於二人同好於此類學術，以故傅奕乃能在天文陳說方面「屢會上旨」，實應為意料中事。然而，傅奕如何根據天文星歷來設計十二軍，並頒與軍號，今已因史料闕如而不能詳悉，不過軍事政治與天文之關係仍可從《星經》、《史記‧天官書》所述略窺一二，茲略釋之。

　　按《星經》及其相關學術自先秦已見，《漢書》將天文星歷列為術數，其中謂六國時楚甘公、魏石申、漢唐都即其一云，至唐初修《五代史志》，猶見有石氏、甘氏以及《星經》二卷等書。〔註6〕然而今日所見之《星經》，疑已有漢晉以降時人之附益，不過仍然載有若干作為十二軍軍號之星名，並述其與軍事以及政治之關係：如卷上〈平道〉條謂「平道二星，在角間，主路道之官」；〈折威〉謂「折威七星，在亢南，主詔獄斬殺，邊將死事」；〈騎官〉謂「騎官二十七星，在氐南，主天子騎虎賁，貴諸侯之族，子弟宿衛，天子令三衛之像。星眾，天下安；星少，兵起」；〈玄戈〉謂「玄戈一星，在招搖北，一名臣戈。五星守，兵起；星明動，胡兵起」；〈招搖〉謂「招搖星，在

〔註4〕星宿即星座，楊炯此言意謂占測其變化則可以預測人間未來的事變，碑見《文苑英華》（北京：中華書局，1995.2）卷九〇六，頁4766～4769。

〔註5〕分詳《舊唐書‧傅仁均列傳》，及〈傅奕傳〉，卷七十九，頁2710及2715。按本文所採正史版本為臺北：鼎文書局新校標點本。

〔註6〕詳《漢書‧藝文志》，卷三十，頁1775；《隋書》卷三十四〈經籍三〉，頁1018。

梗河北，主胡兵。芒角動，兵革起」。卷下〈天紀〉條謂「天紀九星，在貫索東，主九卿萬事綱紀，掌理怨訟。與貫相連有索，即地動，期二年；星不欲明，即天下有怨恨生，亡則國政壞」云云。所謂平道、折威、騎官、玄戈、招搖、天紀諸星，傅奕已皆用作十二軍之軍號，而其變異則與軍事以及政治大有關係，由此可知。〔註7〕

《星經》所載諸星並未明述其天文分布以及與軍隊部署的關係，而據《史記・天官書》（《漢書・天文志》據之）的記載，則對此頗有載述。按《史記・太史公自序》謂「太史公學天官於唐都」，而司馬遷於〈報任少卿書〉中亦自謂其撰史目的在「欲以究天人之際，通古今之變」，是則太史公父子理應深曉天文星曆，乃至占星之學。今觀〈天官書〉所述，知司馬遷的確是相信人事可上應於天象者。他將天文星象分爲中、東、南、西、北五個宮座，其中謂中宮天極星內有北斗七星，杓端有兩星，其「一內爲矛，招搖；一外爲盾，天鋒」。《集解》引孟康曰：「招搖爲天矛」。又引晉灼謂天鋒「在招搖南，一名玄弋」。《索隱》引《詩紀曆樞》，謂「招搖爲胡兵」。矛、盾此兩星是戟劍之星，其變動與戰爭有關。至於東宮蒼龍之內，有鼓旗、騎官諸星；南宮朱鳥之內，則有井、鉞諸星；西宮咸池之內，則有參旗、天苑、九游諸星；北宮玄武之內，亦有羽林天軍、天紀等星，亦莫不與軍事有關。

此諸星分布於中、東、南、西、北五宮，然與以此爲號的十二軍部署方位則顯然未盡相同，如羽林天軍在北宮，而羽林軍則部署於京東之同州；鼓旗在東宮，而鼓旗軍則部署於京西之長安道等是也。要之，傅奕可能仰法天文之以中宮天極星爲核心，而諸軍星則分布於東、南、西、北四宮，用以拱衛中宮核心之意象，略取諸星之名以作爲十二軍之軍號，援以構成十二軍星羅棋布，部署於關中四方而拱衛京師的戰略態勢罷了。〔註8〕因此，筆者謂將諸軍依天文星象之分布意義與態勢以分駐於關中，並援星名以頒與軍號，不

〔註7〕 筆者所閱《星經》據《漢魏叢書》本影印，題爲漢甘公、石申著，南昌李溶校，收入臺灣商務印書館王雲五主編之《叢書集成簡編》。王謨序此書，謂「原本題漢甘公、石申著，《文獻通考》亦作「甘石星經」，然據《史記・天官書》及《七錄》等書，考先秦甘公、石申是二人，「各撰有星經，不得以甘石合稱，且非漢人也」，本書應是後人附益之作。筆者閱此書多載述漢晉以降官職及民族、州郡等事物名稱，如引文中之詔獄、三衛、胡兵、九卿等即是其例，故甚是其言。

〔註8〕 毛漢光先生曾對魏周府兵之分布形態，提出以長安爲中心而十二軍呈輻射狀態分布之說。其說頗有過份規律化之嫌，然亦可供對照參考。參其〈西魏府兵史論〉，收入其《中國中古政治史論》，臺北：聯經出版公司，民79.1初版。

但具有宣佈天命之效果，而且可以構築首都之防衛網，兼且也可隨時收集中出擊之效。此思考構想的落實，將有大利於開國，以故唐初遂在繼承隋朝十二衛常制之餘，另行創置此十二軍。

三、星象二重性下之十二軍建制與十二衛關係

既然十二軍列將諸軍可法天文星曆之象而建置，且信其休徵符彩與政軍之部署變動有關，則前面第二個問題——十二衛與十二軍並存，兩者得無重疊乎？於此也可略得而解釋。

蓋開國之初，唐朝真能切實控制之地厥為關中，故十二軍依天文星象之五宮分布，而分別部署於京師以及關中四方，使之構成一個五方俱有獨立戰力的網狀戰略體系態勢，用以拱衛京師與皇帝（即中宮天極星），並能隨時集中出擊。然而值得注意的是，《史記·天官書》在分部敘述五宮諸軍星之餘，同時謂於中宮天極星之中，有一組「環之匡衛十二星，藩臣，皆曰紫宮」。按：匡衛十二星既然與參旗等五方軍星有所不同，亦即意謂在高祖、傅奕君臣之仰法天文構想中，十二衛與十二軍在戰略以及軍事體制上可以並存，而亦應有所不同。不同之處大概是諸軍星分布於五宮之座中，相對居外，以星羅棋布的戰略態勢拱衛中宮天極星，並鎮撫該各方；而環衛十二星則位於中宮，密環於核心之天極星，相對居內，用以匡衛天極星，故屬紫宮。姑名前者為軍星，後者為衛星，則此軍星、衛星之結構分布，乃得視之為「軍星、衛星二重性結構」，暫簡稱為「軍衛二重性」。

其相應於人間帝庭，則是高祖在傅奕之協助下，於繼續採用隋朝十二衛制的同時，又另外創建了十二軍體系以應之。是則十二衛蓋以上應環之匡衛十二星，而十二軍則是用以上應五方諸軍星。此是十二衛體系將校在制度上被視為「衛官」，後來有「環衛官」之稱的原因。相對於此，中央派出分駐之十二軍，則無異是方鎮之星，而後起的節度使體制或亦因此而被援稱為方鎮歟。假如所推可備一說，則唐初對隋大業體制十二衛之保持，一方面是順勢沿用當時之現行軍制，另一方面則是用以上應天文的「環之匡衛十二星」，其軍事功能是在京師環衛天子；至於十二軍之創建部署，則是分駐於京師附近以及關中四方，其戰略作用蓋在鎮撫各該地區以及隨時出兵征伐諸方。此與宇文氏於西魏時先建置十二軍，至北周末改制為十二衛雛形的侍衛機關情況不同。

其理既明，則知武德二年七月所頒之〈置十二軍詔〉內，有謂「各因部校，序其統屬。改授鉦鼓，創造徽章。取象天官，定其位號。庶使前矛後勁，類別區分」也者，蓋指示十二軍之建軍原理與軍事政策，須與十二衛制分開統序，使各有統屬，而別建軍號徽章，並且「取象天官，定其位號」，以上應於天文。〔註9〕因此之故，筆者判斷高祖當時，實有意要兼應情勢所需與天文星象，而於原有的十二衛外另建此十二軍，使之擁有獨立之統率指揮系統與戰力，一舉解決當前之政、軍、經、心四大戰略問題，以厚殖國力而擊敵。其時之統率系統如下圖。

圖一：武德朝十二軍初創期軍、衛統率指揮示意

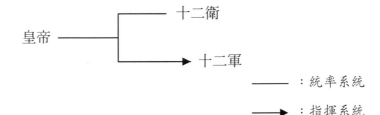

筆者此圖將十二軍之格位稍為降低，乃因十二軍居外，而其主帥位階聲望亦稍低於諸衛主帥之故，筆者前言所揭後文已論之，於此不復贅。

據此可知，唐初由於開國戰爭需要之故，軍隊在執行京師宿衛任務之外，必須要另建一征伐武力體系，以資遂行統一中國以及抗擊外侮的國家目標，因此乃於十二衛律令體制之外另建十二軍。由於十二軍與十二衛的建軍原理取法於天文之「軍衛二重性」，以故軍事體系的確有所不同，而其所產生的實際軍事作用也因之有異。不過，無論從國家目標、戰略構想、建軍政策、軍事體系以及實際軍事作用此整個系列或其中任何一個環節上看，唐初建軍的構畫無異與仰法天文有關，是取法天文星象「軍衛二重性」而成的結構體，因此可稱此時之軍制為「軍衛二重制」。

論府兵制者皆知此制創始於西魏宇文泰，至北周武帝而作了重要改革，創置「以衛領軍」之制，至隋文帝承之而又予變革，改為十二衛制，遂成一代大制，與魏周之制已大不相同。就軍事建制組織而論，據《五代史志・百官志下》所載隋文帝時期之開皇體制，〔註10〕謂置「左右衛、左右武衛、左

[註9] 該詔見《唐大詔令集》（臺北：鼎文書局，民國67.4再版），卷一〇七，頁552。
[註10] 《五代史志・百官志下》今收為《隋書・百官志下》，卷二十八分載文、煬二

右武候、左右領、左右監門、左右領軍等府，分司統職焉」云，蓋此時雖沿周武帝稱宿衛官為「衛官」，但十二衛仍皆稱為「府」，即十二衛府是也。又謂左右衛府、左右武衛府、左右武候府、左右領府各置大將軍一人、將軍二人，左右監門府則各置將軍一人而不置大將軍，至於左右領軍府更因掌十二軍之軍事人事行政以及軍法，故不置將軍，唯有長史、司馬而已。此在本書〈隋唐十二衛淵源：北朝後期侍衛體制的演變與定型〉篇已論之。

其後煬帝多所改革，使十二衛府正式稱為衛而整齊畫一化，略謂「改左右衛為左右翊衛，左右備身為左右騎（驍？）衛。左右武衛依舊名。改領軍為左右屯衛，加置左右禦。改左右武候為左右候衛。是為十二衛。又改領左右府為左右備身府，左右監門依舊名。凡十六府」；又謂「十二衛各置大將軍一人、將軍二人，總府事」云。此是府兵實際的統率機關。至於左右備身、監門等四府之依然以府為名，蓋其與天子安全關係最為密近，故隱然仿周齊舊制，而將宮衛與禁衛分開設置也。十二衛四府至唐合稱為十六衛，其制既屬煬帝時纔完成之大業體制，是則後文述及的唐初宿衛諸將，本官為左右衛（翊衛）、武衛、驍衛、武候、屯衛、禦衛、領軍、千牛（即開皇之領左右府及大業之備身府）、監門等諸衛大將軍、將軍者，蓋是以煬帝大業體制為底本，而參用文帝之開皇體制也。

開皇諸衛府之下的軍事建制單位，有開府府（驃騎府），有儀同府（車騎府），蓋沿用西魏北周的舊制耳，至煬帝則將此二府合併，一律改為鷹揚府，故謂「十二衛各置大將軍一人，將軍二人，總府事，並統諸鷹揚府。改驃騎為鷹揚郎將，正五品；車騎為鷹揚副郎將，從五品；大都督為校尉；帥都督為旅帥；都督為隊正」，而軍人則皆稱為衛士，不再仍周武帝之舊稱之為侍官。是則大業府兵制十二衛以下之各級建制單位主帥，官稱實為：鷹揚郎將（副：鷹揚副郎將）——校尉——旅帥——隊正。

此是依《大業令》而建立的法定常制，其後唐太宗將鷹揚郎將與鷹揚副郎將分別改稱為折衝都尉與果毅都尉，其餘不改，故大業建制也就是唐朝府兵制之「衛——府——團——旅——隊」常制建制的始基。至於由十人所組成的最低戰鬥單位——火——此級，見諸開元《軍防令》，蓋為行軍作戰之戰時編制，故未列入常制之中。〔註11〕

帝制度。正文之引文據於此。
〔註11〕仁井田陞據《日本養老軍防令》校對《開元軍防令》之校尉——旅帥——隊

今見諸史書並碑誌，因武德一朝曾一改再改，但府兵制自校尉以下之級別與主帥官稱，蓋同於大業體制，只是鷹揚府一級先後改動頗大而已。因此，武德朝軍隊之常制建制，最高級之十二衛與基層（校尉以下）之軍官，蓋以大業體制為本；至於唐高祖即位翌月之所謂廢《大業律令》，就軍制而言顯然並不完全真實，謂其雜用大業與開皇，乃至魏、周府兵制，可能描述得更為貼切，蓋此時之中級以下建制，也的確曾恢復了驃騎將軍與車騎將軍此二府，甚至曾恢復了大都督、帥都督、都督之官名也。請試論之。

先從諸衛府看。史謂武德五年高祖曾有一次改名，「改左右翊衛曰左右衛府，左右驍騎衛曰左右驍騎府，左右屯衛曰左右威衛，左右禦衛曰左右領軍衛，左右備身府曰左右府，唯左右武衛府、左右監門府、左右候衛仍隋不改」，〔註12〕基本上仍是大業十二衛四府之建制。至七年三月初定《武德令》，於天策上將府之下，依次為左右衛、左右驍衛、左右領軍、左右武候、左右監門、左右屯、左右領凡十四衛府。此為變改大業十二衛四府而省左右武衛，並參用開皇舊名以成之制；若依武德五年之制，則似乎是將「左右屯衛曰左右威衛」之威衛省去，不過此年卻仍有左右屯衛，可疑，待考。〔註13〕要之，此時十二軍已經第一度廢罷，高祖或有依令置官，回歸常制之意。

在此建制組織改稱之中，屬於中級的鷹揚府則在武德朝改動頗大，至貞觀十年定制時纔定稱為折衝府。《新唐書‧百官四上》云：

> 武德元年（《唐會要》繫五月，即受禪之月），改鷹揚郎將曰軍頭，正四品下；鷹擊郎將曰府副，正五品上；……校尉，正六品下，旅帥，正七品下。……又改軍頭曰驃騎將軍，府副曰車騎將軍，皆

正編組，證明隊之下所謂「十人為火」，均出開元七年及二十五年《軍防令》之令文。《軍防令》是規範軍隊征防組織以及軍事管制的法令，以故疑「火」之編制是行軍作戰時之編制，且疑唐初無此編制，詳其《唐令拾遺》（筆者此處所據的是栗勁等人之編譯本，長春：長春出版社，1989.11），頁 278～280。

〔註12〕見《新唐書‧百官四上》，卷三十九上，頁 1279。

〔註13〕初定令無武衛、禦衛之名，卻將四府之左右監門、左右領列為衛，是則必是省去十二衛中之武衛或禦衛，見《舊唐書‧職官一》，卷四十二，頁 1783。按：《通鑑》該年月條並未詳舉十四衛之名，胡注所稱「十二衛及左、右監門衛為十四衛」，應是攏統之詞，恐與唐朝開國時史文缺略有關；《通典》、《新唐書》亦未明載十四衛為何。至於《唐會要‧十二衛》（臺北：世界書局，民國57.11 三版，卷 71，頁 1282）謂「武德元年諸衛因隋舊並為府，至龍朔二年二月四日並去府字，為衛」，是則以《舊唐書‧職官一》所稱十四衛府為是，只是十二衛府慣稱為十二衛，而此時省卻何衛不詳而已。

　　爲府（《唐會要》繫元年六月十九日，無「皆爲府」字）。……二年，
　　以車騎將軍府隸驃騎府，置十二軍，分關內諸府皆隸焉。每軍，將
　　軍一人，副一人。至六年廢。七年，改驃騎將軍府爲統軍府，車騎
　　將軍爲別將（《舊唐書・職官一》同，《唐會要》繫三月六日，但別
　　將則作「副統軍」）。八年，復置十二軍。

　　　　貞觀十年，改統軍府（《唐會要》無「府」字）曰折衝都尉，
　　別將曰果毅都尉。軍坊置坊主一人，檢校戶口，勸課農桑，以本坊
　　五品勳官爲之。〔註14〕

按：南北朝行軍以及軍區部隊，都督、鎮將、刺史之下皆有統軍、軍主、隊
主之類編組。〔註15〕太原起義時，李淵之大將軍府分爲左、中、右三軍，左、
右領軍大都督各統三個統軍，統軍之下始爲軍頭（按：即軍主）。北朝統軍、
軍主之位階其實不高，今武德元年改大業府兵制之鷹揚郎將曰軍頭，鷹擊郎
將曰府副，尋又改軍頭曰驃騎將軍，府副曰車騎將軍，是則武德元年五月之
建制調整，是要提昇將校之位階，以收賣力之效。此時車騎將軍仍依大業制
而爲驃騎將軍之副，故軍府建制的各級主帥官稱應爲：「驃騎將軍（副：車騎
將軍）——校尉——旅帥——隊正」。

　　同年翌月改制，車騎將軍由府副獨立，與驃騎將軍「皆爲府」，即成獨立
車騎府。至二年，復將車騎府改隸於驃騎府，則是將之改編爲驃騎府所統率
的直屬建制單位。此年正是十二軍初創之年，而此時軍府之各級建制主帥即
爲：「驃騎將軍——車騎將軍——校尉——旅帥——隊正」。揆諸開國之初，
亟需將士賣命，故車騎將軍由軍府副帥的身份獨立爲一府之主帥，本身即對
將士具有引誘力；而多增置一級建制單位，也可緩和將士昇遷需要的壓力，
可謂一舉兩得，與西魏大統年間由十二軍擴建爲二十四軍時的府兵制用意相
似。蓋此整編，殆爲創建十二軍而設計也。

　　假如所推成立，則武德二年七月十一日初置十二軍，以至十二軍初罷之
時，亦即初創期，十二軍各級之建制單位主帥就是：「軍將（軍副）——驃騎
將軍——車騎將軍——校尉——旅帥——隊正」，而其建制單位即是：「軍—
—驃騎府——車騎府——團——旅——隊」。〔註16〕

〔註14〕《唐會要・府兵》所記較簡，今僅標出其異者，參卷七十二，頁 1298。
〔註15〕詳宮川尚志〈南北朝の軍主・隊主・戍主等ついて〉，《東洋史研究》13-6，
　　　　昭和 30.3。
〔註16〕團——旅之建制單位名稱或許稍後至貞觀時始出現成立。

〈兵志〉謂十二軍初創期軍主帥之職稱爲軍將，復置期稱將軍，經已得到前揭拙後文的證實，故此處《新唐書‧百官四上》謂初創期主帥稱將軍，蓋是自相矛盾之誤。近人箋正〈兵志〉，因〈兵志〉既已謂「始置軍府，以驃騎、車騎兩將軍府領之」，遂據以疑所謂「軍置將、副各一人，以督耕戰，以車騎府統之」爲錯誤，懷疑何得「仍以驃騎、車騎將軍總統諸軍」，以及「自武德元年六月以迄七年三月驃騎、車騎之地位正如開皇之制爲一府之長，豈得總領十二軍任中外之重耶」？甚至解讀爲「本條但舉車騎，似以車騎府並統十二軍者」云云。〔註17〕筆者以爲，其懷疑與解讀均出於誤解，蓋與不明十二軍初創期上述的編組建制有關。其實〈兵志〉之意，蓋謂「武德初始置軍府，以驃騎、車騎兩將軍府領之。析關中爲十二道」而置十二軍，「軍置將、副各一人，以督耕戰」，爲一軍之統帥，而實際領兵以及負責督導軍人耕戰者，則是軍將屬下之車騎將軍府，故謂「以車騎府統之」云爾。蓋隋開皇軍制原本沿承西魏大統軍制而置有驃騎將軍之開府府與車騎將軍之儀同府，只是此二將軍不稱「大」而已，及至大業軍制改驃騎爲鷹揚郎將，車騎爲鷹揚副郎將，是則無異在軍隊建制上已將車騎將軍之儀同府獨立地位取消。然而，唐高祖重置軍府之時，武德元年五月之建制是車騎將軍仍沿大業軍制而爲驃騎將軍之副，及至翌月改制，車騎將軍由府副地位獨立，與驃騎將軍「皆爲府」，即成獨立車騎府，至二年又將已獨立的車騎府改隸於驃騎府，使軍隊統率系統多增一級，無異是依違於開皇與大業軍制而一再改變，最後以開皇軍制爲定也。至此，十二軍初創期的編組建制已確立，車騎府此時無異仍有野戰「軍——驃騎府——車騎府」統率系統中最高戰術單位之意義，建制意義與西魏大統軍制正同，以故實際領兵並負責督導軍人耕戰，而謂「以車騎府統之」。此編組建制既明，則知唐長孺先生上述之言殆屬誤解。

筆者認爲，在十二衛及十二軍制之下，十二衛之大將軍、將軍，以及十二軍之軍將或將軍，皆爲從三品以上之高級將官，驃騎將軍與車騎將軍只是中級將官，而校尉、旅帥、隊正則僅是基層軍官而已。依上述初創期十二軍的建制看，此建制頗模仿於魏周府兵制的建軍原理，即六柱國大將軍分領十二大將軍；「每大將軍督二開府（即驃騎大將軍），凡爲二十四員，分團統領，是二十四軍。每一團，儀同（即車騎大將軍）二人，自相督率，不編戶貫。

〔註17〕詳唐長孺《唐書兵志箋正》（北京：中華書局，1962.9 新一版）卷一，頁 6～7。

都十二大將軍」之制度。是則魏周府兵制應是以驃騎大將軍之開府府爲基本的戰略單位，全國共有二十四個開府軍；而其下一級之建制單位則爲車騎大將軍之儀同府，實即是最高戰術單位也，是以實際負責督率所屬軍人。

武德前期十二軍之編組建制既如上述，然則與後期有何不同？

前謂武德「七年，改驃騎將軍府爲統軍府，車騎將軍爲別將」。按：漢朝之「別將」是指別部來屬者，亦即是指配屬部隊之指揮官，此編制職稱至南北朝並無重大改變，以故視之爲主帥的副手似亦無不可。是則《唐會要》謂「別將」爲「副統軍」，也應不致大誤。蓋「副統軍」即是別將之實，對其直屬部隊而言是主帥，但對其本府而言則是副帥或分遣別道部隊的主帥，要之並非獨立單位之主帥，是以纔會在貞觀十年又「改統軍府曰折衝都尉，別將曰果毅都尉」，成爲唐朝折衝府正、副主帥之定稱。

武德七年正是十二軍初罷及《武德律令》頒行之時，其時秦王世民正因功大而加領左、右十二衛大將軍，故此時之各級主帥官稱爲：

天策上將－某衛大將軍（副：將軍）－統軍（副：別將）－校尉－旅帥
－隊正

而其軍隊建制單位則爲：

天策上將府－衛府－統軍府－團－旅－隊

蓋此時唐高祖鑑於天下已大定，以故將戰時編制的十二軍罷廢，復行大業之十二衛建制，而由天策上將作爲統帥以總領之也。及至八年五月十二軍復置，則其軍隊實際之高層結構與建制，即應如同圖二。

圖二：武德朝十二軍復置期軍、衛統率指揮系統

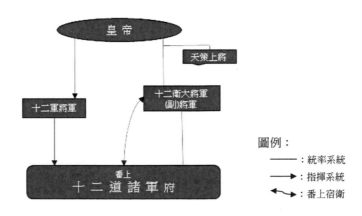

此圖與圖一相較，因十二衛之上增加了「掌國之征討」的天策上將一級，故為「軍衛二重制」之變相結構。此結構之變相重建，與高祖議欲大舉擊突厥的大戰略設定有關，也與太子建成兄弟惟恐秦王「外託禦寇之名，內欲總兵權，成其篡奪之謀」有關，本書〈從政局與戰略論唐初十二軍之興廢〉篇已論及，於此不贅。

要之，「軍衛二重制」就是以「軍」領兵指揮管制耕戰、由「衛」統率部署宿衛的體制。此體制蓋源於天文星象「軍衛二重性」的啓示，而依體、用二元之原理而設計，故此時的軍、衛關係，就是衛統軍指的統、指分離關係。關於其實際運作情況，則請容下節再述。

四、十二軍與十二衛之間的實際運作問題

關於十二軍之實際組織與運作，史書極少載述，或許從若干墓誌所載，始能略窺此制之概略，茲亦略論之。

首先，史書謂初創期十二軍皆各有軍副一人，復置期則未述及。既然武德晚期十二衛均以將軍爲副帥，而統軍府亦有別將爲副帥，則復置期之十二軍遂不應沒有副帥，恐怕史文有闕耳。今檢得十二軍軍副二例，即參旗軍副張琮與騎官軍副于志寧。

張琮兩《唐書》無傳，《金石萃編》收錄之〈張琮碑〉，〔註18〕則謂張琮字文瑾，武威姑臧人，曾祖、祖、父三代歷爲魏、周、隋之將軍刺守，父辯更曾任隋左武衛大將軍，故武威張氏應爲世族。不僅此也，張琮之祖母是唐高祖祖父景皇帝李虎之女，贈信都郡大長公主，母親竇氏則是隋文帝之甥，而夫人長孫氏則更是秦王世民妻——亦即是後來的文德皇后——之姐，故張琮事實上也是隋、唐兩朝之帝戚。

該碑記張琮在唐初任官，謂「高祖……除公驃騎將軍，仍加上開府。……尋改授左衛中郎將」，從太宗平劉武周還，「除左衛長史，其中郎將如故」。後又從平王世充、竇建德、劉黑闥等，「授上柱國，封南安縣開國侯，食邑七百戶。又撿挍參旗軍副。又撿挍左領左右中郎將。……貞觀元年，授太子左衛率。又撿挍右武衛將軍、左領軍將軍」，後出刺睦州。貞觀十一年死，五十五歲。

〔註18〕〈張琮碑〉見《金石萃編》（收入嚴耕望先生編，《石刻史料叢書》甲編之六，臺北：藝文印書館原刻景印），卷四十五，頁1～9。

　　按：武德六年正月擒劉黑闥，二月平徐圓朗，其地悉平，同月二十四日以天下大定而初廢十二軍。因此，張琮「撿挍參旗軍副」應是十二軍復置後之事，且是以左衛長史・左衛中郎將・上柱國・南安縣開國侯來撿挍。撿挍即檢校，唐律謂「依令，內外官敕令攝他司事者皆爲撿挍，若比司即爲攝判」，〔註 19〕是則恐怕因其身份特殊，故唐高祖命他以第一衛所屬之幕僚長兼直屬建制單位主帥的身份來檢校第一軍之副帥也。其後張琮仍以左衛長史・左衛中郎將・上柱國・南安縣開國侯之官爵又撿挍左領左右中郎將，但卻未聞是否仍撿挍參旗軍軍副。要之，十二軍復置期仍然置有軍副之職，此可爲證，足以補史之闕文。

　　至於于志寧，兩《唐書》有傳。曾祖于謹，與唐高祖的祖父李虎同爲西魏之八柱國。今據其家族有關諸傳與《金石萃編》所收〈于志寧碑〉及其跋尾，知于氏在北魏初徙代，改爲萬紐于氏，後從孝文帝遷洛陽，至于謹又從孝武帝西徙入關，遂爲京兆高陽人。于謹子孫在周隋甚貴盛，志寧亦仕至縣長，嗣因隋末喪亂而棄官歸鄉里。唐高祖入關，志寧率群從迎接於長春宮，以其知名，拜銀青光祿大夫，自後遂一直隸屬於秦王世民爲幕僚。及至武德元年底，秦王平薛仁杲凱旋，「拜太尉、陝東道行臺尚書令，鎮長春宮，關東兵馬並受節度」，〔註20〕碑謂此時「公（志寧）以本任（秦王府記室）兼度支郎中，尋撿挍行臺左丞，並知膳部郎中事。復奉敕爲華州團割使，仍授騎官軍副。公屬兵秣馬，明賞愼罰」云云。〔註 21〕志寧因從平薛舉、破劉黑闥等勳，故先授上柱國，後封黎陽縣開國子，及天策府建，爲天策府從事中郎，進爵爲伯。〔註 22〕是知志寧「奉敕爲華州團割使，仍授騎官軍副」時，應是在十二軍之初創期，而本官應爲秦王府記室。

　　按：十二軍初創期及復置期，駐道在華州之騎官軍主帥應是與秦王關係

〔註19〕　見《唐律疏議・名例二》（臺北：臺灣商務印書館，1973）第十六條，卷二，頁 33。按前揭《唐令拾遺》謂此令文出於《公式令》，見頁 526。

〔註20〕　見《舊唐書・太宗紀上》，卷二，頁 24。

〔註21〕　唐長孺引《舊唐書》卷五十六〈于志寧列傳〉，謂志寧「敕爲華州團割使，仍授騎官軍副」云云（見前揭《箋正》，頁 8）。按：〈于志寧列傳〉舊書列於卷七十八，無此文，《新唐書》本傳亦無，故應是據〈于志寧碑〉，該碑見《金石萃編》卷五十六。又張國剛亦謂此文見《舊唐書》卷五十六〈于志寧傳〉（參其博士論文《唐代兵制研究》頁 1～36，南開大學歷史系，1988.4），蓋據唐說而再誤耳。

〔註22〕　兩《唐書》本傳載其唐初事跡履官甚略，今據前揭〈于志寧碑〉補充，見頁 2～3。

密切的左驍衛大將軍‧薛國公長孫順德，〔註23〕而志寧既知名於時，亦為秦府親信幕僚，且是現任之行臺兼度支郎中，撿按行臺左丞，並知膳部郎中事，主管行臺財經，由於華州界於兩京之間，為長春宮與著名大倉永豐倉所在，而陝東道行臺大本營當時即在長春宮，任務以經略東都洛陽為主，故高祖乾脆授志寧以華州團割使、騎官軍副之職，俾能充分協助軍將長孫順德「以督耕戰」，進而支援行臺尚書令‧秦王世民之經略洛陽也。碑所謂「公屬兵秣馬，明賞慎罰」也者，當作如是解。

由張琮以左衛長史‧左衛中郎將撿按參旗軍副，于志寧以秦王府記室兼行臺度支郎中充騎官軍副二例看，可證不論十二軍之初創期或復置期，每軍均應置有軍副一職；而且，不僅諸衛大將軍、將軍得檢校或充任十二軍之主帥，至於諸衛所屬或諸司四品以下官員亦得檢充十二軍之副帥也。

其次，諸衛府以及軍府皆例置長史以下幕僚，行軍總管更不在話下，則十二軍既由三品官來領軍將之職，理應也有軍府幕僚，今亦檢得張臣合一例。

據〈張臣合墓誌〉，謂臣合本是太原晉陽人，因官徙居安定（涇州）之烏氏，遂為郡著姓，其先人三代則分為魏、周之將軍、縣令。臣合早識高祖於未起，故起家通議大夫、朔方道安撫大使，「武德二年，授驃騎將軍，時年廿有五。……八年，兼苑游軍長史。貞觀二年，授左武衛禮義府統軍」，七年以後出為刺史。〔註24〕按：武德七年至貞觀十年改驃騎將軍府為統軍府，是則張臣合在武德八年自是直接從某某驃騎將軍改為某某統軍，然後於武德八年十二軍復置時，即以某某統軍而兼苑游軍長史。既然臣合以某某統軍兼苑游軍長史，故其統軍府恐怕即在苑游軍所駐之麟州道內，而且應是苑游軍所領軍府之一。若是，則張臣合是逕以苑游軍直屬之統軍，而兼任該軍之幕僚長也。不過，因貞觀元年天節軍將軍李藝率其本軍兵變失敗，以故十二軍逐漸被唐太宗所罷廢，是則臣合卸落苑游軍長史之兼職，而授以禮義府統軍，直隸於左武衛，殆與此有關。〔註25〕據此，可證十二軍不論前、後期皆應置有

〔註23〕詳前言所揭之後拙文。
〔註24〕原文字「苑」寫作艸字頭，下為「宛」字，參見《全唐文補遺》（西安：三秦出版社，各輯出版時間不贅）第三輯，頁410。
〔註25〕張沛編著《唐折衝府匯考》（西安：三秦出版社，2003.8）亦據同墓誌，卻謂貞觀二年，臣合授右武衛禮義府統軍（頁278），恐誤；又書末所附折衝府表謂禮義府駐地未詳（頁332），應是。筆者此處謂臣合以某某統軍而兼苑游軍長史，而某某統軍府應為苑游軍所統之府也者，蓋臣合若以他軍之統軍來兼苑游軍長史，在制度上似難有此可能故也。又者，臣合以某某統軍兼苑游軍

長史等軍府幕僚，並可由該軍直屬之驃騎將軍或統軍兼任之；而且，十二軍
——起碼苑游軍——之復罷，殆亦應在貞觀二年之前後。

　　復次，十二軍既為中央野戰軍，故依隋唐行軍作戰之軍隊慣例，所屬下
級建制單位驃騎府及其所屬之車騎府，通常亦配有番號。所謂番號，即是軍
隊的一種編制，近代通常以數字或字母作為每一單位的代號。至於隋唐衛府
之常制，驃騎府番號通常以方位序列加序數的方式為編序，如左一府驃騎、
右二府驃騎等是也，此是沿用魏周以來編制之慣例；〔註26〕而在行軍，則通
常以方位序列或方位序列加序數代之，前者如前軍、後軍、左軍、右軍，後
者如左一軍、右二軍等，也是沿用魏周以來的慣例。〔註27〕十二軍之如此編
制，今亦檢得楊建等數例。

　　據〈楊孝弼墓誌〉所述，孝弼系出弘農楊氏，隋末因避王世充而遷為河
南郡人。「父建，唐朝請大夫・右候衛溫泉府鷹揚郎將，武德初，累遷玄戈軍
右六府車騎將軍」。〔註28〕此是十二軍直屬建制單位著有番號之稀有記載。

　　按：前論武德元年五月——即高祖受禪之月，改鷹揚郎將曰軍頭，鷹擊
郎將曰府副，同年六月十九日，又改軍頭曰驃騎將軍，府副曰車騎將軍，皆
為府。二年，以車騎將軍府隸驃騎府，置十二軍，分關內諸府皆隸焉。是則
楊建之為「唐朝請大夫・右候衛溫泉府鷹揚郎將」，實際時間應是在隋義寧至
高祖受禪之間，蓋當時仍用大業制度而稱為鷹揚郎將也。因此，所謂「武德
初，累遷玄戈軍右六府車騎將軍」也者，蓋應是在高祖於武德二年，將車騎
將軍由驃騎府副地位析離，改為直隸於驃騎府的下一級建制單位以後之事。
車騎府獨立為府為時甚短，尋即改回隸於驃騎府。驃騎府既然編有番號，故
車騎府獨立為府時亦應編有番號；甚至改隸於驃騎府後似亦編有番號，此例
蓋可為證。因為車騎將軍是十二軍統率系統下的二級建制單位主帥，介於諸

長史，此某某統軍恐亦未必就是禮義府統軍。張沛關禮義府駐地，甚當，蓋
　　愼言其餘也。
〔註26〕谷霽光謂隋唐驃騎、車騎府之有番號，是沿用北周的習慣，但所舉諸有番號
　　之例皆為常制建制下的驃騎府，並未舉出車騎府，尤其是未舉出唐初十二軍
　　之驃騎、車騎府也有番號之例，參其《府兵制度考釋》（台北：弘文館出版社，
　　民國74.9），頁113～114。
〔註27〕有關隋唐行軍番號之編序，詳孫繼民《唐代行軍制度研究》（臺北：文津出版
　　社，民國84.4初版），頁223～224。
〔註28〕參見《全唐文補遺》第二輯，頁416。按：原標點作「唐朝請大夫、右候衛、
　　溫泉府鷹揚郎將」，應改為「朝請大夫・右候衛溫泉府鷹揚郎將」，蓋溫泉府
　　應隸屬於右候衛之謂也。

「軍」主帥與「車騎府」車騎將軍之間，尚有驃騎將軍之「驃騎府」，以故所謂「玄戈軍右六府車騎將軍」也者，蓋指楊建以車騎將軍隸屬於駐道在雍州富平縣之玄戈軍，並且直隸於玄戈軍某驃騎府，而其車騎府的番號則爲該驃騎府之「右六」；但若是受任於車騎將軍爲驃騎府副之時，則「右六」卻應是驃騎府之番號，即謂楊建擔任玄戈軍右六驃騎府之車騎將軍也。不過無論如何，此例殆可證明十二軍屬下的建制單位驃騎府或車騎府，亦援例配有番號，可以無疑。

　　類似楊建之例者尚有二例。如死於武德七年七月二十二日的賀蘭淹，其墓誌謂他於唐初「拜涇陽軍頭。……除左肆府車騎將軍」。〔註29〕又如王道志，於唐初授「左驃騎左一車騎將軍」。〔註30〕二例均爲車騎府有明確番號的絕佳證據，只是二人隸屬於何軍則不明而已。楊建、賀蘭淹、王道志皆任官於武德初，此時關中諸軍府已分別配屬於十二軍，但其官銜均沒有冠以某軍之軍號，蓋省略而簡稱之罷了。此種省略方式，與回歸常制時漸興的軍府之前冠以州名或衛名的方式有所不同。

　　唐朝常制軍府冠以州名或衛名的方式，是表示軍府所在或所屬，如柳行滿於隋「授上儀同右十九府驃騎將軍。……唐授虢州開方府車騎、閺州良社府統軍」；又如身爲肅愼苗裔、世爲蕃長的李謹行，「解褐右武衛翊衛校尉……轉右武衛懷信府□果毅都尉。歷左屯衛龍泉府左果毅、右武候肅愼府折衝」等等，〔註31〕皆是標示其軍府所屬之衛或所在之州的明例。由於唐朝府兵常制規劃軍府皆分隸於諸衛，而均爲中央軍，故單冠以州名或衛名也者，疑其只是「衛＋州＋軍府」形式的省略，如死於武后垂拱四年之郭逸，生前曾「授游擊將軍・左□衛隰州孝敬府左果毅都尉・上柱國」，〔註32〕其衛即以「衛＋州＋軍府」之形式呈現，蓋謂其軍府屬於左□衛，府址在隰州，府名爲孝敬，如此繫衛恐怕纔是正式的全銜。無論如何，此類冠以名號的方式，在武德以後逐漸發展成定型，〈兵志〉所謂貞觀十年定制，「置府六百三十四，皆有名號」者是也。

　　由此可證，由於唐初之十二軍是中央野戰軍，故依行軍編制的方式，將

〔註29〕賀蘭淹墓誌見《全唐文補遺》第六輯，頁291～292。
〔註30〕王道志墓誌見《全唐文補遺》第五輯，頁135。
〔註31〕柳行滿墓誌見《全唐文補遺》第五輯，頁254～255；李謹行墓誌見同書第二輯，頁291～292。
〔註32〕郭逸墓誌見《全唐文補遺》第六輯，頁385。

「軍」下之驃騎府、車騎府兩級建制單位，分爲左、右兩序列，並配以數字，編爲番號，予以組織起來。至於「軍」級的正、副主帥，則由中央三品以上大臣出充、兼攝或檢校，且以十二衛之大將軍、將軍爲常，以故軍、衛之間人事關係密切，交流管道暢通，有利於「軍衛二重制」的實施。

又次，《新唐書・百官四上》謂武德「八年，復置十二軍。……軍坊置坊主一人，檢校戶口，勸課農桑，以本坊五品勳官爲之」，與〈兵志〉「十二軍復，……軍有坊，置主一人，以檢察戶口，勸課農桑」之說前後一致，然均未說明初創期是否亦有軍坊之編制，而《通典》、《唐會要》則皆未提及初創期有此編制。不過，三書均明確謂初創期置軍將與軍副，其目的是使之統率所屬「以督耕戰」。如此記述，應作何解？

按：筆者前曾分析十二軍初創時的戰略構想，是欲在軍府重建而劃分爲十二道之後，進一步將之規劃爲十二支有獨立戰力的野戰軍，俾軍將在其軍道之內「將有常兵，兵有常將」，而能有效統率以及管制所屬，以實行耕戰合一的生活，其目的在促成軍隊之生活條件與戰鬥條件相結合。亦即是使各軍在軍將督導之下，能夠切實從事戰技訓練與生產工作，俾使戰力得以提高而又能自我補給，成爲十二支隨時備戰以及可以獨立作戰的中央野戰軍。然而魏周以來之慣例是軍眷隨營而居，因此初創期諸軍既無軍坊之編制，而軍將皆各有本官，既要訓戰或出征，又要督耕，甚至要組織並照顧軍眷，可謂備感吃力，恐怕此即爲復置期設置軍坊的原因。軍隊設置軍坊以安置軍眷以及組織生產，雖說是魏周以來的舊例，不過可能基於初創期匆促建軍的情況之下而無此編制，遂使軍將因而繁忙困擾，此經驗很難說與復置期建置此編制無關，因此筆者推斷高祖吸收了前期經驗，所以在復置期建立此編制，應是極爲可能之事，事實上也算不上是甚麼創制。

軍坊在魏周是安置軍人以及軍眷戶口，用以自保與生產的城堡，所以是獨立於一般社會的特殊組織，但自隋朝平陳之後，隋文帝已下詔改革，令「凡是軍人，可悉屬州縣，墾田籍帳，一與民同」，但仍保持「軍府統領，宜依舊式」。〔註33〕無論唐高祖採用魏周抑或開皇模式，要之從十二軍由坊主「檢校戶口，勸課農桑」之工作觀察，此蓋爲了因應開國時期戰時需要，以故恢復了職業軍人以及軍戶，並將之集中管理的制度，似較傾向於魏周模式。〔註34〕

〔註33〕詔見《隋書・高祖下》開皇十年五月條，卷二，頁34〜35。
〔註34〕按武德朝未見有徵兵之事，徵兵始於唐太宗即位之初，以故此前應未正式恢

此模式其實是上述生活條件與戰鬥條件相結合的落實體現，故讓十二軍較初創期顯得更獨立化與更特殊化，而後勤補給則較前更自主化，使持久備戰更有成效，以圖將來大舉打擊東突厥。而且，軍坊與民坊不同，民坊之坊主以「督察奸非」為主，且以低品勳官充之；〔註35〕而軍坊之坊主則以五品勳官充任，以故不僅屬於軍隊編制之一，而且也是一種榮譽職，若能透過其工作而收得「檢校戶口，勸課農桑」之效，則更可使政府與社會減少人力與財力的負擔，毋寧是必然有利之事。因此，初創期由軍將負責督耕之事務，此時期則改由坊主來負責，毋寧是應該而且是必要的措施，故復置期高祖重建此編制，亦應符合軍隊規劃與發展的事理。

又次，軍隊的領導統御既是藝術，也是科學，然而根據前言所揭拙後文，十二軍諸帥於開國時期多算不上是一流大將，而以二流居多，且有原是舊隋中、低階軍官以及賤民者，是則如何能訓練出軍紀嚴明、軍容壯盛、軍力強勁的雄師？

筆者以為此問題不難解釋。蓋不擅長用兵指戰者未必不懂練兵帶兵，而二流將帥也未必完全沒有能力與聲望，何況高祖對十二軍似乎建有巡迴教練等編制設施。例如，早在隋文帝時即已拜為儀同大將軍，累轉右武候將軍的鄭元璹，初創期曾以太常卿兼充首任參旗軍將，是以《舊唐書》本傳謂其「少在戎旅，尤明軍法，高祖常令巡諸軍，教其兵事」，而新傳則謂「元璹習軍旅事，帝令教諸屯軍法」。無論將軍法與兵事作如何解釋，要之不妨礙此是一種十二軍巡迴講習與教練之措施，何況鄭元璹是以首席卿官的太常卿兼第一軍主帥的身份為之。又如曾事隋為監門直閤，後以關中銳兵屬王世充擊李密，及至秦王世民東徇洛陽時率萬騎來降的龐玉，《新唐書》謂「高祖以隋舊臣，禮之。玉魁梧有力，明軍法，久宿衛，習知朝廷制度。帝顧諸將多不閑儀檢，故授玉領軍、武衛二大將軍，使衛觀以為模穫」，〔註36〕顯示高祖對其雜牌軍之教習訓練的確甚為重視。

復兵農合一之制。復由元從禁軍是父子相及，而又賜田於渭北以供其耕養，是知其為自我耕養的職業軍人，十二軍殆亦如是耳。

〔註35〕根據《戶令》，在鄉之里的里正，得以六品以下勳官以至平民充當，坊主次之；而邑居皆置坊，坊主得免課役，責任在維持該坊治安，請參《唐令拾遺》，頁130～131。

〔註36〕參《新唐書·忠義下·龐堅列傳》，卷一九三，頁5546～5547。按：龐玉是堅之四世祖，故附於此傳。

此建軍訓練之措施不僅施於武德開國時期，兼且至貞觀時期仍被遵行。前引楊炯之〈唐右將軍魏哲神道碑〉中，即謂魏哲於「貞觀十五年起家補國子博士。……十六年，敕授左翊衛北門長上，祿賜同京（注謂集有官字），仍令爲飛騎等講禮」云云，可證史書謂太宗時軍中教習儒學的確是事實。不僅教習儒學而已，太宗且曾親自教習武藝，如與突厥渭水之盟後，《通鑑》即於武德九年九月丁未條記云：

> 上引諸衛將卒習射於顯德殿前，諭之曰：「……今朕不使汝曹穿池築苑，專習弓矢，居閒無事，則爲汝師，突厥入寇，則爲汝將，庶幾中國之民可以稍安乎！」於是日引數百人教射於殿庭，上親臨試，中多者賞以弓刀帛，其將帥亦加上考。……由是人思自勵，數年之間悉爲精銳。

至於閱武與校獵皆爲軍事演習，高祖武德朝即常爲之，《通鑑》所載就曾舉行過十四次之多，最多者在平定洛陽之武德四年，計有五次；其次則是在十二軍復置之武德八年，計有三次。此習慣措施也爲太宗所效法，並曾被群臣所誤解而屢加勸諫。如《通鑑》貞觀元年十二月條記太宗好騎射，孫伏伽諫曰：「陛下好自走馬射的以娛悅近臣，此乃少年爲諸王時所爲，非今日天子事業也。……臣竊爲陛下不取。」又貞觀十一年八月《通鑑》記太宗謂侍臣曰：「上封事者皆言朕遊獵太頻。今天下無事，武備不可忘，朕時與左右獵於後苑，無一事煩民，夫亦何傷！」顯示伏伽等臣多不知太宗效法乃父而率身勤加練兵之意。〔註37〕不僅此也，貞觀初太宗爲了狩獵之需，竟於元從禁軍中挑選善射者百人，軍號「百騎」，命於北門長上，「以從田獵」，〔註38〕後來遂成爲北門禁軍之重要淵源及兵種之一。降至貞觀中、後期，天下已經盛平，太宗猶「自臨治兵，以部陣不整，命大將軍張士貴杖中郎將等」，〔註39〕表示他能居安思危，始終重視武備訓練，所謂「今天下無事，武備不可忘」者，的確是其肺腑之言。要之，重視軍隊的演習訓練，實始於唐高祖之對十二軍，而太宗僅是步武其後而已。〔註40〕

〔註37〕二事分見《通鑑》（台北：宏業出版社，民國 62.4 再版）卷一九二，頁 6042～6043；及卷一九七，頁 6131。

〔註38〕見《新唐書·兵志》，卷五十，頁 1330～1331。本書之〈元從禁軍之建置發展以及兵源問題〉篇已詳論之。

〔註39〕見《通鑑》貞觀十四年十二月條，卷一九五，頁 6162～6163。

〔註40〕李樹桐先生曾對太宗模仿高祖有詳論，請參其〈唐太宗的模仿高祖及其對唐

　　由此觀之，十二軍在軍則接受軍將日常的戰鬥訓練，朝廷也派大員來巡迴教訓，入京番上時亦有十二衛將領教以禮儀軍紀，以故乃能在短期之內掃平群雄，統一中國，其後又能外抗強敵，滅亡突厥。因此，諸書所謂十二軍經此培養訓練，「由是士馬精強，所向無敵」，良有以也，豈徒然哉！

　　最後有一事較難解決者，就是《大唐創業起居注》以及兩《唐書》均謂攻入京城時高祖已有雜牌軍二十餘萬，故重建軍府時總兵力就應只有此數，而《新唐書》、《唐會要》與《通典》諸書均謂「置十二軍，分關內諸府皆隸焉」，是則此時之十二衛是否已成虛制，否則所統何兵，兵力何來？

　　按：《新唐書·兵志》載貞觀十年折衝府定制云：

　　　　凡天下十道，置府六百三十四，皆有名號，而關內二百六十有一，皆以隸諸衛。凡府三等：兵千二百人為上，千人為中，八百人為下。

所謂府皆有名號者，蓋指折衝府皆授予專名，如開方府、良社府、龍泉府等是也，前已述之。不過，茲不論全國府數，就以關中而論，當如《玉海》與《唐會要》所載，十二軍初創期關中應是「置府二百六十一，積兵士二十六萬，舉關中之眾以臨四方」云云。〔註41〕所載若然，此時關中二百六十一府、二十六萬兵均已分隸於十二軍，是則十二衛在制度上也就顯然無兵可統。

　　又按：《五代史志·百官下》載隋煬帝之常制軍制云：

　　　　十二衛，各置大將軍一人，將軍二人，總府事，並統諸鷹揚府。改驃騎為鷹揚郎將，……。其軍士，左右衛所領名為驍騎，左右驍衛所領名豹騎，左右武衛所領名熊渠，左右屯衛所領名羽林，左右禦衛所領名射聲，左右候衛所領名伏飛，而總號衛士。〔註42〕

是則十二衛各置大將軍、將軍以總府事，並分統諸鷹揚府，並且所領屬兵皆各有「驍騎」等軍號。唐高祖雖說廢《大業律令》，但隋煬帝此建制卻仍為武

〔註41〕此為《玉海》（台北：中文出版社，1986.10 再版）引《會要》之言（卷一三八，頁 2656），然不知所引是誰撰的《會要》？今查王溥《唐會要·府兵》，但作「關內置府三百六十一，積兵二十六萬，舉關中之眾以臨四方，迺置十二軍，分關中諸府以隸焉」（卷七十二，頁 1298），是知《玉海》所引應是此《會要》，只是今本《唐會要》所載之數字傳抄有誤而已。並且，由此可知關中置府二百六十一，積兵士二十六萬，的確是當年初置十二軍時之數。

〔註42〕參《隋書·百官下》，卷二十八，頁 800～801。

帝國的影響〉，收入其所著《唐史新論》（臺北：臺灣中華書局，民國 61.4），頁 69～118。

德制所依本，只是諸衛是否仍有原來之軍號則不可知；至於十二軍的軍號，即使包括羽林軍在內，皆是傅奕依天文星象而取，顯與大業體制無關。

十二軍爲戰時臨時編制之性質，卻奪去了十二衛常制所統的軍隊，則十二衛尚有何環衛皇帝以及中央政府之力量可言？

筆者以爲，唐高祖以大業體制爲底本而置十二衛，衛爲府名而非軍號，因而十二衛若執行宿衛之任務時，則勢須有兵可統；既然有兵可統，則其原來之軍號恐怕也應獲得保留。由於諸衛之軍號爲番上——行軍執勤如同作戰——部隊所用，故也無異是番上部隊之番號。又者，前論唐初十二衛與十二軍是依據天文星象之「軍衛二重性」結構而建，故十二軍所領之兵，雖平常各受其軍將指揮管制，「以督耕戰」；但是此時唐朝僅有此兵，故十二軍所屬除了奉派出征之外，似乎仍有輪流番上的任務，否則京城就會無兵可守，皇帝也就無兵環衛。亦即十二軍應是經常分批輪派所部赴京番上，以配屬或歸建的方式分配於十二衛，以俾十二衛指揮部署，執行宿衛之任務。所論若是，則十二軍番上部隊至京時，依既定之規劃分屬於十二衛，即是指揮權已經轉移了，此與隋唐集結府兵而組成某某道行軍之原理慣例相同。此時番上宿衛之性質如同行軍作戰，故十二軍番上部隊必須暫棄其原來之軍號，而改用十二衛各該原有之軍號。〔註43〕由於十二衛軍號是番上時所用，是以亦可視爲番上部隊之番號，其故在此。據此，上節所謂以軍指揮監督耕戰、由衛部署管制宿衛的體制，即是指此依體、用二元原理而設計的制度，而此時的軍、衛關係，就是衛統軍指的統、指分離關係。

此理若明，則前言所揭拙著兩文中，楊恭仁、李神通以及武士襲諸例，乃至玄武門兵變之前後政局以及改革，遂可得而大明。茲仍略予解釋，俾能加深理解。

前考〔註44〕楊恭仁於武德六年四月，以吏部尙書尋授「右衛大將軍·鼓旗軍將，領京城以西六十餘府」。〔註45〕蓋京城以朱雀街爲中界街，萬年縣在街東而居左，長安縣在街西而居右，鼓旗軍既駐長安道，故是京城之右軍，而右衛大將軍亦以右爲序名，因此恭仁遂以右衛大將軍·鼓旗軍將，而領京

〔註43〕隋朝行軍時各有序列，配屬於各軍之官吏，不論原屬何機關單位均不得自言何機關單位，而皆各以所屬軍隊之軍號爲名，並配有該軍之軍記帶。論詳前揭菊池文，頁228。

〔註44〕以下所謂之前考，均指前言所揭之兩文，故不再贅註史料所出。

〔註45〕引文見《全唐文補遺·楊溫（恭仁）墓誌》，第一輯，頁482～484。

城以西六十餘府也。若依前考所推論，十二軍越靠近京城則所轄兵力越大，主帥與天子的關係也越密切，則此時京城以西六十餘府，理應全部或大部分隸屬於鼓旗軍，而此軍番上部隊也理應配屬於右衛。右衛之軍號爲驍騎，故鼓旗軍番上部隊宿衛時，其軍號就應該稱爲驍騎，並且驍騎也就是其番號。後來貞觀定制後，諸折衝府分別改隸於諸衛，「左、右衛皆領六十府，諸衛領五十至四十，其餘以隸東宮六率」，〔註46〕筆者疑應即是將當年鼓旗軍所領軍府之數目，順勢歸建於右衛而已。

關於淮安王李神通，前考謂早已於義寧元年遷左領都督，總知皇城宿衛。至武德五年由河北道行臺尚書左僕射入拜左武衛大將軍，仍授玄戈軍將，「於是外治莫府，內次直廬；宣績周衛之中，威行都輦之側」，後因太宗踐祚而遷開府儀同三司。按玄戈軍駐道在雍州富平縣，位於京城東北，故是居左，而番上時乃配屬於左武衛大將軍。如果玄戈軍番上部隊配屬於左武衛，而左武衛之軍號爲熊渠，故熊渠即是其番上宿衛時之軍號，也就是其番號。至於謂李神通「外治莫府，……威行都輦之側」也者，蓋指他以玄戈軍將在外治理幕府，監督所屬耕戰而言，以故「威行都輦之側」；另又謂其「內次直廬，宣績周衛之中」也者，則是指他以左武衛大將軍在京管制直屬或配屬之番上部隊，執行宿衛任務，如此而已。

至於武士彠，據〈攀龍臺碑〉謂他於武德元年授散騎常侍「兼撿校並越將軍」（按：應是幷鉞軍將）。三年拜工部尚書，餘如故。「爾後高祖行幸，常令帝總留臺事，兼知南、北牙兵馬，判六曹尚書」，其碑詞或有諛墓之嫌，但亦未必完全失實。蓋《冊府玄龜》即曾記其充任幷鉞軍將，並在「武德中撿校右廂宿衛」。前考謂士彠的本官爲工部尚書，原無宿衛之責，今既謂「武德中撿校右廂宿衛」，是則應爲兼檢校幷鉞軍將時之事。幷鉞軍駐在京西鄰縣之醴泉，初創期由士彠兼統之。並由上述證據推測，他理應曾經親率所屬番上部隊入京宿衛，兼且也曾檢校過宮廷之右廂宿衛軍。此例可證十二軍分駐於京師附近，各有獨立指揮系統，軍將也非全由十二衛將領兼充，甚至十二軍軍將在督耕戰之餘，亦得番上京城宿衛。由於武士彠並非十二衛之正副主帥，故此例似乎亦可證明諸軍番上宿衛時，除了依規畫配屬於諸衛外，有時也可能仍隸屬於奉有別敕的本軍或其他十二軍主帥以執勤。

最後，唐初衛統軍指的統、指分離關係既如上述，則知軍將是「將有常

〔註46〕參《新唐書·兵志》，卷五十，頁1326。

兵」而密近京師之一軍統帥，在統率系統上直屬於皇帝，既不隸於十二衛，則也就不隸於領十二衛大將軍的天策上將。是以筆者謂太子建成與秦王世民政爭時，因爲恐怕身居天策上將的李世民「內欲總兵權，成其篡奪之謀」，故尋而復置此十二軍。此舉之目的蓋欲讓世民有兵可用——即部署管制十二軍之番上部隊，而無兵可總——即無以統率指揮尚未番上的十二軍，使之不敢輕易遂行篡奪政變。也正因如此，故天策上將・秦王世民除了指揮秦府直屬部隊之外，僅能被逼籠絡及指揮配屬於諸衛而戍守於玄武門的元從禁軍，以出奇制勝之方式發動兵變。元從禁軍原是高祖從龍嫡系部隊中之精銳，故其參與兵變，的確大出高祖、太子父子意料之外。其因蓋由於天策上將總領十二衛，而元從禁軍宿衛玄武門時即配屬於十二衛將校指揮，以故天策上將遂能籠絡指揮之，此爲兵變之所以成功的關鍵。然而仍因同理，以故新皇帝李世民登基後尋即罷廢了此天策府，並因憂慮十二軍軍心不穩，而不敢輕易與大舉來犯的突厥大軍決戰，寧願忍辱作「渭水之盟」，直至枚平天節軍李（羅）藝之叛，陸續將十二軍再度罷廢了，始能安枕無憂。

由於十二軍是依野戰軍「兵有常將，將有常兵」之原則編組，假如主帥別有用心，則國家之安全堪虞，是以後來貞觀定制，遂取法大業體制，一方面將「軍」級單位及其主帥撤銷，另一方面則將驃騎府與車騎府合併，並把軍府位階壓低爲折衝府，以都尉領兵，而將之分隸於十二衛。亦即回歸府兵制之常制，恢復了統、指一元的統率指揮體系。

五、結　論

李淵自太原起兵順利攻入關中，在掌握政權、受禪建唐後，因其軍隊擴充太快而素質軍紀均有問題，又值京師饑荒。爲了首都安全以及疏解糧食壓力，且又爲了遂行統一的國家目標，以故唐高祖決定依天文星象的啓示，將軍隊分遣出去而予以整編，使之耕作自足並接受戰鬥訓練，期能培訓成爲具有獨立戰力的精銳勁旅。在此建立精銳武力以統一天下的國家戰略指導之下，唐高祖於武德二年七月一日，將十二道軍府整編爲十二軍。及至天下大定，而又爲了因應《武德律令》之頒行，遂於武德六年二月二十四日將十二軍首度罷廢。不過尋因突厥侵犯日亟，國家安全備受威脅，以故高祖構想聯盟以擊敵。爲了執行此大戰略，遂於武德八年五月十八日復置十二軍。

十二軍是直隸於皇帝的中央野戰軍，不論初創期或復置期，其建軍目標

皆與適應戰時需要——征防打擊，而又要滿足平時需要——番上宿衛，待國家統一及國家安全完成後始予以裁撤的戰略構想有關，所以其編建之性質屬於臨時的野戰編制，亦即「兵有常將，將有常兵」，與十二衛常制設計不同，而為獨立於十二衛以外的律令體制外編制。

其建制組織是每軍各置正、副主帥一人。主帥初創期之職稱為軍將，復置期為將軍，副帥則稱為軍副。由於正、副主帥之性質是臨時差遣的軍職而非武官，以故正帥多由三品的十二衛大將軍、將軍兼充，有時也用其他三品文官檢校，而副帥則多由四品的武官或文官來檢校，使十二軍在獨立編建之餘仍與十二衛保持一定的關係。又，每軍軍部除了有軍副作為副帥之外，另有長史等幕僚組織。

至於十二軍之統率系統，軍以下各級直屬建制單位主帥，初創期為驃騎將軍——車騎將軍——校尉——旅帥——隊正，而復置期則為統軍（副：別將）——校尉——旅帥——隊正，由五級減為四級，使軍令指揮下達得更快捷。驃騎將軍（統軍）正四品下，車騎將軍（別將）正五品上，蓋為每軍之戰術單位，因而也置府；校尉以下乃是鬥將性質，校尉正六品下，旅帥正七品下，隊正恐為從九品上，﹝註47﹞均是武官。至於十二軍每軍皆各有軍號，而其下的驃騎府、車騎府則編以序數而為番號，而車騎府則在獨立為府時始予以編序，蓋援引野戰軍行軍作戰編制的慣例也。

十二軍建軍時的戰略構想既如上述，是則其實是欲將之培訓為十二支具有獨立戰力的野戰軍，俾軍將在其管內「將有常兵，兵有常將」，而能有效統率以及管制所屬，以實行耕戰合一的生活，促使軍隊之生活條件與戰鬥條件相結合，因而皆有獨立的戰力。為了達成此目的，因此十二軍尚建有巡迴教練制度，以及在復置期恢復了軍坊的編制設施。經此培養訓練，「由是士馬精強，所向無敵」。

基於上述的戰略構想與建軍政策，遂使戰時臨時編制性質的十二軍，殆盡統當時關中所有的二百六十一府、二十餘萬部隊，表面上奪去了十二衛常制所應有的法定統率權。於是，為了讓十二衛有兵可以環衛皇帝及中央政府，高祖又依天文星象之「軍衛二重性」，規劃十二軍輪流遣兵番上，歸建或配屬於十二衛，由諸衛大將軍、將軍指揮部署以執行宿衛勤務，此即筆者

﹝註47﹞ 前引《新唐書·百官四上》未載隊正之品，《五代史志·百官下》亦未載。隊正在隋制約與從九品的幢主相當，而《舊唐書·職官一》亦列隊正為從九品上，因是推其此時也應為從九品上。

所謂的「軍衛二重制」。「軍衛二重制」就是以「軍」督兵耕戰、由「衛」部署宿衛的體制。此體制其實是受天文星象「軍衛二重性」的啓示，而依體、用二元原理而設計的體制，故此時的軍、衛關係，就是衛統軍指的統、指分離關係。

由於十二軍是依「兵有常將，將有常兵」，密近部署於京師，直隸於皇帝的原則編組，而與十二衛僅有「軍衛二重制」的關係不同，以故實際的府兵統率權不盡然爲十二衛大將軍所掌握，因而也就更不爲領十二衛大將軍的天策上將所控制。原在十二軍初廢後，依《武德令》領十二衛大將軍而實際掌握府兵統率權的天策上將李世民，很早即與太子建成發生政爭衝突，但卻因武德八年五月十八日十二軍之復置而喪失了此權。於是一向自恃功大的天策上將李世民，在焦慮之餘，迅速下定決心，用其秦府直屬部隊以及指揮配屬於諸衛而在玄武門宿衛的元從禁軍——二者皆是他當時所能指揮的武力，於九年六月四日發動政變。

又由於十二軍主帥實際掌握所屬各軍之指揮權，多爲高祖的太原元從，有些人且曾隸屬於太子建成的麾下，他們若別有用心，則國家之安全堪虞。因此在貞觀元年，將天節軍將軍李（羅）藝率部叛亂之事枚平後，唐太宗遂逐漸將十二軍低調的再度罷廢。後來至貞觀十年定制，乃取法隋朝之大業體制，一方面將軍府移隸回歸十二衛，另一方面則將驃騎府與車騎府合併，並把軍府主帥壓低爲折衝都尉，使之回復府兵制之常制，恢復了統、指一體的統率指揮體制，此即著名的唐朝十六衛府府兵制。

本文原刊於《中國中古史研究》10 期　2010

元從禁軍之建置發展以及兵源問題

一、前　言

　　論唐朝前期宮廷兵變者莫不重視北衙禁軍。近代首由陳寅恪先生論述玄武門兵變時指出其重要性,然論述府兵制時卻對之沒有系統性的討論,此後研究唐朝兵制史的名家如岑仲勉、谷霽光、唐長孺、濱口重國、谷川道雄、氣賀澤保規等人亦然,甚至曾無述及;至於近人張國剛雖曾撰文專論左、右羽林軍等北門諸軍,但諸軍皆是唐高宗以後始陸續建置,而對其前身之唐初北衙部隊亦乏深論。筆者前曾發表四篇與唐初兵制有關的論文,其三篇今已收入本書。〔註1〕於此諸文中,筆者頗詳及秦王世民兵變之事,並概略指出北衙禁軍之「屯營」,原由高祖太原起義之從龍嫡系部隊改編而成,配屬於諸衛而戍守玄武門,但卻不是諸衛常制統率的直屬部隊。其所以能被天策上將・秦王世民收買,以致世民能成功發動玄武門兵變,乃是由於屯營在制度上既已配屬於諸衛,因此在軍令上遂須接受「領十二衛大將軍」的天策上將所指揮。不過,拙文他篇對北衙禁軍在當時之建置發展著墨不多,本篇實為針對此問題而作的較詳細探討。

　　以下,筆者欲先對論者一些重要的論說意見,略作簡介。

　　按:「元從禁軍」在武德朝並未正式建成建制完整之「軍」,但其軍號之濫觴則應始於武德二年(619)。由於此軍當時並無「軍」級的完整建制,以故北衙禁軍之正式成「軍」,則應遲至高宗之龍朔二年(662),亦即《新唐書・兵志》(以下簡稱〈兵志〉)所謂「龍朔二年,始取府兵越騎、步射置左、右羽林軍」是也。此時上距高祖開國(武德元年,618)已有四十四年之久。筆者本文無意根究正式成軍以後諸問題,而是要探索此前之緣起以及發展,尤其是太宗貞觀十二年(638)始置左、右屯營以前諸發展以及相關諸問題。因為府兵已在貞觀十年定制,而其後所謂「北門四軍」——左、右羽林軍與左、右龍武軍——之前身諸軍號,亦均已在此前出現,值得探索故也。

　　「元從禁軍」既是高祖太原起義之從龍嫡系部隊,此部隊據溫大雅《大

〔註1〕　筆者於91學年度申請國科會補助研究計畫,進行「唐初北門禁軍的建制編組與十二軍及十二衛的統率指揮關係」研究(NSC 91-2411-H-194-031)。此計畫之內容超過十萬字,以故規劃成四篇論文發表。第一篇是〈從戰略與政局論唐初十二軍之興廢〉,第二篇是〈唐初十二軍及其主帥雜考論〉,第三篇是〈試論唐初十二軍之建軍及其與十二衛的關係〉,第四篇即本文。其中第二篇不收入本書,但已發表於《中國中古史研究》3,2004。

唐創業起居注》所載，「起義」時自稱「義兵」，其軍人自稱「義士」，兵力僅有兵馬「數萬」，而《鄠侯家傳》則稱之爲「太原從義之師」。〈兵志〉（兩《唐書・高祖紀》同）所謂初起時分爲左、右、中三「軍」，分別由建成、世民及李淵領之，而建成爲左領軍大都督，世民爲右領軍大都督，二人所領之左、右軍其下各轄三個「統軍」，「發自太原，有兵三萬」云，疑其僅指出發西行入關之兵力，而且是指戰鬥部隊之兵力而言；至於西行之後勤輜重部隊，以及李元吉所率留守太原之兵力，似皆不在此數之內。「義兵」西行，沿途招降納叛，故圍攻京師前夕，兵力已擴充至二十餘萬之多。據溫大雅所載，新附部隊各以「諸軍」之形態組織，故各有部營，各立壁壘，並已對太原「義兵」產生心理上之區別，視之爲「元從」，甚至因「不預元從，恥無功」之故，而不遵軍令，「各率所部」搶先攻城。〔註2〕此是「元從」之號所由起，蓋爲武德元年唐高祖受禪開國以前之事也。

武德元年高祖開國，隨即於關中「始置軍府」，將二十六萬兵力分爲二百六十一府，而當中「元從」諸軍如何安置則不詳。此後「元從」諸軍的發展，據〈兵志〉（《玉海・兵制三》全抄之）記載，謂：

> 初，高祖以義兵起太原，已定天下，悉罷遣歸，其願留宿衛者
> 三萬人。高祖以渭北白渠旁民棄腴田分給之，號「元從禁軍」。後老
> 不任事，以其子弟代，謂之「父子軍」。

> 及貞觀初，太宗擇善射者百人，爲二番，於北門長上，曰「百
> 騎」，以從田獵。又置北衙七營，選材力驍壯，月以一營番上。十二
> 年，始置左、右屯營於玄武門，領以諸衛將軍，號「飛騎」。

> 其法：取戶二等以上、長六尺闊壯者，試弓馬四次上、翹關舉
> 五、負米五斛行三十步者。復擇馬射爲「百騎」，衣五色袍，乘六閑
> 駁馬，虎皮韉，爲游幸翊衛。

此段記載載述武德朝北門禁軍之建軍、稱號、發展以及兵役等事，引起研治唐朝軍制史者所注意，其中影響力最大的解釋來自唐長孺先生。他於《唐書兵志箋正》內，引《舊唐書・忠義・敬君弘列傳》所述「武德中爲驃騎將軍，掌屯營兵於玄武門」，並以同卷〈馮立列傳〉及卷六十八〈尉遲敬德列傳〉旁證當時有「屯營將軍」之稱，而決然論斷云：

此為流行之稱謂，屯營將軍本無是官名也。此屯營蓋即鄴侯家傳所云於龍首監置營以處元從禁軍者，兵志所云月以一營番上之北衙七營，亦即指此，但不起於貞觀也。北門屯營蓋仍隸於屯衛。貞觀十二年屯營中始置飛騎，仍屬屯衛，直至屯營獨立，改為羽林軍，而飛騎之隸於屯衛如故。

接著乃以相當大的篇幅，以詳證飛騎隸屬於屯衛，且是「屯衛分部之駐北門者」等等云云，〔註3〕論說頗贅。今撮其要點，歸納如下：

第一，「屯營」蓋即龍首監置營之「元從禁軍」；「北衙七營」亦即指「屯營」。

第二，「屯營將軍」不是官名，而是流行稱謂。

第三，「屯營」隸屬於「屯衛」。

第四，貞觀十二年「屯營」中始置「飛騎」，也隸於「屯衛」；並在「屯營」獨立，改為羽林軍後，「飛騎」仍隸於「屯衛」如故。

第五，玄武門之有「屯營」不始於貞觀十二年；此前「屯衛將軍」即領北門宿衛兵。

第六，「屯營」一直是「屯衛分部」。

由於唐氏所引《大唐六典》、《通典》諸書之間頗有歧異，而同一書之中本身也有自我矛盾，加上唐氏頗有強解之處（詳下），故其說可疑之處甚多，例如，「元從禁軍」若為「軍」級機構，則於當時軍事建制之慣例應置有本軍之主帥——將軍或軍將，為何未見有此建制，卻反而改變為「營」級編制，並且分為七營？「北衙七營」是貞觀初之編制，是否即是武德朝之「屯營」？另外，根據其論證，筆者亦懷疑其「屯營」隸屬於「屯衛」，且一直是「屯衛分部」之說是否可靠而能否成立？至於謂「屯營」置「飛騎」，隸於「屯衛」；而在「屯營」獨立為「羽林軍」後「飛騎」仍隸於「屯衛」，是則表示「屯營」與「飛騎」是兩支部隊、兩個兵號，各自獨立而皆隸屬於「屯衛」，此說能否成立？

由於唐著廣為後學所參考採用，其中也以治唐朝軍制史知名的張國剛，於其〈唐代北衙六軍述略〉一文中，論及羽林軍時即本此說，但另有補充引申唐說之處。〔註4〕今綜其要點如下：

〔註3〕詳參其《唐書兵志箋正》（北京：中華書局，1962.9新一版），卷3，頁83～87。
〔註4〕該文收入其所著《唐代政治制度研究論集》（臺北：文津出版社，民國83.5初版），頁143～156。又其原按之要點本來只有兩點，正文所列第三點則是其在

第一，針對上引〈敬君弘傳〉之記載，謂太原元從在武德七年以後遣罷，
「因此這以前屯駐北門的就不會是留屯於龍首原的北衙七營。也
就是說，武德中北門有屯營，與貞觀時由部分元從禁軍組成的北
衙屯營是兩回事」。

第二，「貞觀中的北衙屯營，並不見得全是元從禁軍，其實還有其他府兵
充宿衛者」。

第三，「貞觀中始於左右屯營選矯捷之士以充內府宿衛，這部分人號稱飛
騎。飛騎……一部分出自太原元從，號稱『百騎』，另一部分則選
自府兵將士，他們是左右羽林軍的前身」。

按：張氏之第一、二點亦同樣的有疑問，因爲〈兵志〉載北衙七營置於貞觀
初，故第一點所謂武德七年以前屯駐北門的就不會是留屯於龍首原的北衙七
營，乃是當然之事，並且貞觀時是否有「北衙屯營」之號也頗有問題。至於
第二點則有待下文進一步商榷。第三點則因其未確證〈兵志〉所載選兵之「戶」
爲一般民戶，而文中所舉之兩條證據也缺乏證明能力，故其說亦有待進一步
商榷。〔註5〕另外，〈兵志〉載「貞觀初，太宗擇善射者百人，爲二番，於北
門長上，曰『百騎』，以從田獵。又置北衙七營」云，表示「百騎」與「北
衙七營」是兩個有別之兵號。同時，「北衙七營」不是「左右屯營」，而「左
右屯營」之士能否「充內府宿衛」，其實也值得商榷。〔註6〕

　　上述兩位學者之論點已可疑如此，而專以府兵制研究著名的谷霽光，更

此兩點之後「總之」的結語，說見 143〜146。

〔註5〕 張氏所舉第一條是〈崔獻行狀〉，謂獻於「麟德元年，有詔起公爲左威衛……
果毅都尉，仍命羽林軍長上」云。按：麟德元年是高宗年號，羽林軍也建於
高宗朝，故崔獻乃能奉敕於「羽林軍」長上，是則安得以後來發生之事證明
以前之制？第二條舉〈魏哲神道碑〉，謂哲於貞觀「十六年敕授左翊衛北門長
上，……仍令爲飛騎等講禮」，後來本官雖屢遷，但「長上如故」云。按此不
僅也是後來之事，而且長上人員諸衛多有，然未必皆配屬於屯營。魏哲屬於
「左翊衛」，是三衛五府所謂「內府」體系之編制人員，其於北門長上也者，
蓋指其配屬於左翊衛而奉敕於北門「爲飛騎等講禮」，是一種任務差遣，決不
是隸屬於左右屯營之其他府兵充宿衛者；而且既爲飛騎「等」講禮，則恐怕
不是僅爲飛騎講禮，或許也爲北門左翊衛諸兵講禮也。至如其文中所謂，「是
與屯營飛騎一起服役」，恐怕亦有商榷之餘地，因爲講禮似不能說成是服役也。

〔註6〕 唐朝府兵制之「內府」，蓋指分隸於諸衛及東宮率府之「三衛五府」，是折衝
府此「外府」之對稱，谷霽光之《府兵制度考釋》（台北：弘文館出版社，民
國 74.9）頁 172 對此即有辨析。又，「內府」衛士兵源來自百官子弟，「左右
屯營」恐來自元從及民戶，二者有別，似不宜混淆。

斷言「宿衛有南、北衙之分,十六衛屬南衙是爲衛府之兵,另有禁兵屬北衙。……南衙以文臣主兵事,屬宰相所領,可以奉敕調遣武臣和軍隊;北衙以武臣主兵事,宰相一般不參與,而由皇帝直轄」。又特別指陳,謂「南北衙宿衛,不獨屯營與直宿互相交錯,而且兵將也互相滲透,乃唐代南北禁軍一個特點。……兵的滲透,更爲特殊。……是衛府之兵歸北衙統領以司宿衛的例證」云云。〔註7〕就筆者淺識,其言實對南、北衙之建制以及統率指揮等問題,存有極大的誤解,甚至可謂軍政系統與軍令系統之概念混淆不清,應有辯論的必要。

由是以知,他們對唐初元從禁軍之建置時間、軍隊性質、建制、兵源、兵役、發展、統率指揮管制,以至與其他軍事機關單位之關係等,認知論說都不免有些問題,是以於此不揣淺陋,欲予再探究,冀能對唐初北衙部隊提供一較系統而深入的瞭解,固所願也。

二、元從禁軍的創建

欲論唐初北衙禁軍,則須先瞭解其開國時期的軍事政策、建軍體制以及軍隊發展。

根據前註所揭拙著三篇論文之研究,太原留守李淵承隋末喪亂,「起義」於太原,隨即西行入關,發展迅速,兵力由三萬擴充爲二十餘萬。此二十餘萬部隊是李淵西攻時沿途收編的府兵與民盜,大抵上是戰力不強、軍紀不佳的雜牌軍。

嗣後,李淵攻下京城而爲大丞相,挾持代王爲帝(恭帝),很快就假禪讓而爲篡奪,開建唐朝,此下即面臨群雄競爭以及統一中國的問題,因此必須制定國策,並從而形成適當的國家戰略,據以建立新的軍事政策及制度。爲此之故,唐高祖李淵決心在沿襲隋朝府兵十二衛制之外,另將其現有的二十餘萬直屬部隊別建爲一支新的軍隊,用以作爲統一武力,並順勢解決當時關中社會動盪、京城糧食危機、軍隊訓練不佳等問題。此即十二軍之所由創。

十二軍之初創,各有軍號而獨立成軍,其與十二衛的關係是衛統(率)、軍指(揮)之關係,因而與十二衛並置,此即「軍衛二重制」的特殊軍事體制。在此戰略構想下,高祖於武德元年(618)九月將關中分爲十二道,把二十餘萬部隊分遣至諸道屯駐,「始置軍府」。尋於二年七月十一日另置「軍將」

分道指揮管制之,付予「以督耕戰」的軍事任務,以收平時宿衛、戰時出擊之效。及至勢力較大的群雄先後平滅,高祖以為天下大定,乃於六年（623）二月二十四日首度罷廢了十二軍。然而,當時國內只是「大定」而已,群雄實際尚未全滅,而東突厥之入寇卻更是為患日亟,唐朝竟至一度議論遷都以避之。基於此情勢,高祖遂於八年（625）五月十八日復置十二軍,以為大舉擊敵之武力。

綜觀高祖武德開國時期,作為中央直屬野戰軍之十二軍,始終是常制外的臨時戰時編組,因此也就採取了行軍編制,建立軍號,如參旗軍、鼓旗軍、羽林軍等。統帥之職稱先稱「軍將」,後稱「將軍」,例以他官——尤其是諸衛大將軍、將軍——兼充,並冠以軍號,如楊恭仁為「右衛大將軍·鼓旗軍將」等。其指揮系統基本上為:皇帝——十二軍軍將（軍副）——驃騎將軍——車騎將軍——校尉——旅帥——隊正。由於「軍將」或「將軍」僅為一軍統帥之職稱,而非律令體制上之武官官名,故依行軍之例,例由皇帝臨時派遣他官以充任之,差遣的名義則不一,所以也無位階低於十二衛大將軍、將軍之問題。從可考的諸軍統帥中,他們的人事背景可以說是以太原元從集團為主,甚至可以說是以高祖個人關係為核心的主帥團。此與「元從禁軍」的情況大體相似。

按〈兵志〉所述「元從禁軍」以至「父子軍」一段,唐長孺已引《鄖侯家傳》之文,明確指出〈兵志〉悉本《家傳》,只是《家傳》謂願留人數六萬,與〈兵志〉不合而已;而張國剛則對《家傳》沒有提及,也毫無引用。然而,《家傳》所述在史料學上是〈兵志〉的史源,是以不作史料之分析批評,恐怕不易求得真相。據此,筆者將〈兵志〉、唐先生所引《家傳》之文,以與《家傳》同段原文交相比較,發現前二者省略《家傳》原文頗多;而原文尚有一些重要陳述,並未為歐陽修與唐長孺所注意及重視。若是,則唐先生上述論點之所以會令人置疑,而張國剛踵之亦誤,也就不足以令人奇怪。今依《鄖侯家傳》此段原文,並據語意試分段落,徵引如下:

> 國初,太原從義之師願留宿衛為心膂不歸者六萬,於渭北白渠之下七縣絕戶膏腴之地,分給義師家為永業,於縣下置太原田以居其父兄子弟,於龍首監置營以處,并為臣高祖起弟（第）於監內,謂之元從禁軍。義寧元年,初下京城,為右驍衛將軍主之。貞觀初,以尉遲敬德權領。後二年,復入領焉,累轉右衛大將軍,主禁旅凡二十年。

太宗乃以元從軍爲龍武，分爲左右，置將數員分掌之。

初，高祖好畋獵，於元從揀善射者百人，分兩番於北門長上從獵，謂之百騎。太宗時亦然。衣以五色，賞賜優厚。

高宗時漸眾，改爲千騎，於北門別置營壘，猶統龍武軍。武太后朝，加入轉多，改爲萬騎，而名羽林軍，分左右置將軍，員如龍武，羽林盛而龍武衰。

初，元從軍老及缺，必取其家子弟鄉親代之，謂之父子軍。及置羽林萬騎，但取材藝。〔註8〕

此段文字是中唐時人李繁在獄中賜死前之追述，述其父宰相李泌與德宗論政時的對話，蓋屬口述回憶錄之性質。由於此性質，故其言亦未可盡信，如謂元從願留者竟有六萬人之多即有可疑，又述太宗以元從軍爲龍武，高宗時千騎猶統龍武軍，武太后授萬騎以羽林軍之軍號等，也是失實之憶；〔註9〕然而其述唐初禁軍，既爲史家所採，是則其中應有可信者。茲試分析其可信之事。

首先，就禁軍縱的發展而論，《家傳》此段談話記錄並未提及「元從」何時自願留京，此前之編制如何，故〈兵志〉所謂「已定天下，悉罷遣歸，其願留宿衛者三萬人」，則必然另有根據，惜已不詳。

按：隋恭帝義寧元年（617，即煬帝大業十三年）唐軍攻入長安開國之初，「太原從義之師」即已入屯於禁苑，而此時建制不明。今假定〈兵志〉所述爲眞，則「已定天下，悉罷遣歸」之時間，應與武德六年二月二十四日首度罷廢十二軍之時間約相當。因爲：第一，高祖攻下京城之開國初期，除了關中之地以外，其他廣大地區分爲群雄所據，戰爭正劇，用兵孔急，照理絕不會誤判此時「已定天下」，而將元從「悉罷遣歸」；第二，十二軍的首度罷廢，其原因也正是以「天下既定」之故。〔註10〕所估若是，則作爲西攻勁

〔註8〕《鄴侯家傳》見《玉海》（台北：中文出版社，影中日合璧本，1986.10），卷138，頁 2660。

〔註9〕李泌死於德宗貞元五年（789），傳見《舊唐書》（本文所引正史悉據鼎文書局新校標點本）卷一三〇、《新唐書》卷一三九：其子李繁，附見本傳，賜死於文宗太和三年（829）。其謂太原從義之師願留宿衛爲心膂不歸者六萬，蓋不可盡信，因爲西入關之軍僅有三萬，即連後來隨元吉逃入京師的留守殘部一起計算，人數恐怕也無如此之多。又高宗時無「千騎」兵號，武后時無「萬騎」兵號，「龍武軍」則是玄宗初所建，非唐初事，故皆不可信。

〔註10〕〈兵志〉謂「天下既定」，《通鑑》（台北：宏業書局，民國 62.4 再版）高祖武德八年四月條則作「天下大定」，卷一九一，頁 5995。

旅的元從諸軍，在攻下長安之後，基於國家此時極需強大的統一武力，故武德元年高祖「始置軍府」之時，恐怕也就因之而加入了二十餘萬部隊的整編過程，有可能成為關中二百六十一府之若干府，也有可能直接單獨改編為「元從禁軍」，以別於各有軍號的十二軍。筆者曾統計十二軍主帥前後任十七人之中，起碼有八人為元從出身，其中且有五人曾是統軍級的人物，即隸屬於左領軍之楊毛、王長諧，右領軍之劉弘基、長孫順德，以及馬軍總管柴紹是也，〔註11〕此訊息加強了「元從」諸軍曾經改組整編的可能性。

假如攻入長安之後，「元從」諸軍曾經改編，或改編為十二軍的若干軍府（驃騎府及車騎府），或單獨整建為「元從禁軍」，其事究竟如何雖已不詳，但其「已定天下，悉罷遣歸」之時間，仍應就是在武德六年（623），約與十二軍同時罷遣。「悉罷遣歸」表示「元從」部隊經已完全解散復員，但是有些人卻自「願留宿衛為心膂」，若是，則以〈兵志〉所載的三萬人較為合理，其說已見腳註。三萬元從原本就是或可以是「軍」級的編制，故此時願留宿衛者當然可以重新整編而為「軍」。所謂「願留宿衛為心膂」也者，當指願為親從宿衛而言。由於此部隊日常以禁衛北門——即玄武門——為其主要勤務，所以高祖乃於「龍首監置營以處」。所論如是，則「元從禁軍」起碼應始置於武德六年，是一支宮苑禁軍，軍指揮部在龍首監，此即「元從禁軍」之建軍，以及其軍號之所由來。

在正常情況下，隋唐府兵依令分隸於諸衛，故皆稱為「衛士」。〔註12〕諸衛之總部在宮城以南之皇城，故為「南衙」。南衙衛士除了衛戍京城、皇城之外，也須宿衛宮城殿閣，故究其實亦是禁軍，是以隋朝別無號稱「禁軍」的建制。至於唐朝之所謂禁軍，據〈兵志〉云：「夫所謂天子禁軍者，南、北衙兵也。南衙，諸衛兵也；北衙，禁兵也。」亦即禁軍其實總南、北衙兵而言。《玉海·兵制三》據之，又補充云：

> 唐禁軍總南、北衙言之。南衙，即諸衛之屯于宮南者也；北衙，即北軍之在禁苑者也。諸衛營在太極宮前朱雀門內，北軍左、右兩軍皆在苑內左軍在內東苑之東，右軍在九仙門之西。諸衛皆調關內府兵，

〔註11〕請詳註1所揭第二篇拙文。

〔註12〕府兵制創始於西魏，其軍士在周武帝時改稱「侍官」（見《周書》本紀），隋朝改稱「衛士」（見《五代史志·百官下》），為唐朝所本，降至唐玄宗天寶九載七月五日，又改衛士為「武士」（見《唐會要·諸軍雜錄》，臺北：世界書局，民國57.11三版），但此時府兵制已壞。

有急則召諸衛官領之，故號南衙。北軍亦從衛兵中選用，其法㧑於

太宗之飛騎，其後羽林、龍武、神策、神威之類皆北軍也。〔註13〕

唐朝禁軍有南衙、北衙之分，及其如何分，此文說得甚明；然此部署制度應是唐朝後來之制，可供參考，而武德朝卻未必全然如是。蓋元從之所以專號「禁軍」，與其「願留宿衛爲心膂」而於「龍首監置營以處」兩事有關。「願留宿衛爲心膂」已解釋如上，至於唐初之「龍首監」，筆者遍搜相關官志及文獻，俱未見此建制，是則究竟所指爲何物？

據《唐兩京城坊考》所述，知隋唐京城長安即興建於渭南的龍首原，尤以京城北半部之地勢較高，大內（武德時尚無東內大明宮，故太極宮時無西內之稱）宮城即在其中。宮北出玄武門就是比京城面積更大的「禁苑」。禁苑有不少亭臺池閣，廣殖魚獸果木，故置諸「監」以管理，〔註14〕恐怕「龍首監」即是其中之一，而「元從禁軍」之軍營當即在監管區之內，〔註15〕大概南行則達玄武門，北越渭即至軍人家屬之安置區，所謂「渭北白渠之下七縣」地是也。如此規劃，表示高祖不僅授予元從與及其父兄子弟以膏腴之地，而且將其軍營就近置於龍首監，方便元從宿衛執勤而又易於歸家照顧也。這是高祖對其元從子弟兵的政策性優待。是則「元從」部隊之所以專號爲「禁軍」，的確與他們「留宿衛爲心膂」以及於禁苑「龍首監置營以處」二事有關，二名相連即爲「元從禁軍」，以故《玉海》所謂「北衙，即北軍之在禁苑者也。……北軍左、右兩軍皆在苑內」，可謂明確之至。茲舉太宗時的一、二情況以爲印證參考。

《唐兩京城坊考》謂太宗寢宮承慶殿之位置在大內西邊偏北，《通鑑》於貞觀五年十月記載太宗逐兔於後苑，後又逐鹿，而左領軍將軍執失思力諫止之。胡注以爲「後苑」即是禁苑。是則喜好寓戰於獵的高祖、太宗父子，常北出玄武門進入禁苑狩獵也。《通鑑》又於七年正月，記載太宗宴百官、酋長於玄武門，是則玄武門也是其宴享之地。〔註16〕玄武門位於天子寢宮之東北，是其宴享之地，而由此北出即至禁苑，是其田獵之地，由此可知太宗

〔註13〕參《玉海・兵制三》，卷一三八，頁2661及2665。

〔註14〕司農寺統轄諸宮監，諸官志政典均有載述，不贅，但未見龍首監之建制。

〔註15〕據《周書・武帝紀》記載：「（保定）二年春正月壬寅，初於蒲州開河渠，同州開龍首渠，以廣灌溉。」（卷五，頁66）然此龍首渠既在同州，故與此處之龍首監應無太大的關係。

〔註16〕參《通鑑》各該年月條，卷一九三，頁6088，及卷一九四，頁6101。

爲何自元從及其子弟中，特置「北衙七營」以番上北門宿衛，並又從中揀選尤驍壯者以爲「百騎」，用作田獵遊幸的親從特別部隊了。

大內西北區既是天子后妃寢處之地，隋恭帝與唐高祖當年也應寢息於此。兼有進者，據《大唐創業起居注》記載，高祖未受禪開國之前，以大丞相統理軍國，而丞相府即在大內東面之武德殿。開國當年政軍情勢緊張，則禁苑宿衛焉能仍用隋室原有之禁軍，或調用軍紀不佳之雜牌軍？如此則將何以確保丞相之安全而又能切實挾持隋恭帝？由於當時禁苑宿衛關乎中樞安危以及國家安全，故禁軍尤其具有重要性，是則如非「心膂」部隊，則焉能置之於此？蓋元從部隊對高祖、太宗父子來說，是起義開國之嫡系部隊；而特別對太宗而言，則更是其玄武門政變成功的重要武力，因此置之於禁苑而號禁軍。按：《周禮・秋官司寇》載「士師之職，掌國之五禁之法，以左右刑罰」，其第一曰「宮禁」，第五曰「軍禁」，西魏宇文泰據《周禮》改制，明確劃分宮衛與禁衛，蓋即本於此。〔註17〕所謂「宮禁」、「宮衛」，實指於宮中執行令行禁止之宿衛也。是則所謂「禁軍」，其名所本以及其職所責，無乃可想而知。

至此，筆者以爲，根據上面所論，此處已經可以對「元從禁軍」之創建緣起作一初步的小結。

根據上引《鄺侯家傳》之說法，謂「國初，太原從義之師願留宿衛爲心膂不歸者六萬，……於龍首監置營以處，并爲臣高祖（李仲威）起弟（第）於監內，謂之元從禁軍。義寧元年，初下京城，爲右驍衛將軍主之。貞觀初，以尉遲敬德權領。後二年，復入領焉，累轉右衛大將軍，主禁旅凡二十年」。這段追述先言國初元從願留，後言義寧元年（隋恭帝，617）初下京城之時，文理似乎有點顛倒，回憶頗有混亂，蓋是獄中匆促撰就之失歟？但據其另一段追述，又謂「府兵之制，史冊不甚詳。臣家自西魏以來，代掌其任。臣高祖仲威，從神堯（唐高祖）入長安，爲左屯衛將軍，兼主太原從義之師，於龍首監總南、北禁軍之任，所以而臣家備知」云云。〔註18〕今揀其無矛盾之言而論，知義寧元年唐軍攻入長安開國之初，「太原從義之師」即已入屯於禁苑的龍首監，而此時建制不詳，僅知由李仲威以諸衛將軍「主之」或「兼

〔註17〕 引文見《周禮・秋官司寇第五》（台北：新文豐出版公司，阮元校堪十三經重刊宋本，民國 67.1 再版），卷三十四～三十八，引文見頁 525。至於西魏北周之改制，則請參〈隋唐十二衛淵源：北朝後期侍衛體制的演變與定型〉篇。

〔註18〕 詳《玉海》，卷一三八，頁 2658。

主」，而且當時已「謂之元從禁軍」。

　　按：攻城之時，太原起義之師既已被其他雜牌軍稱之爲「元從」，入城後此支軍隊又入駐禁苑，宜乎被視爲「元從禁軍」；但部伍之間的稱呼未必就是官方正式頒予的稱號，是則其稱號頒予恐怕要遲至與十二軍創建之時同時頒授。所論若是，則「元從禁軍」之建軍立號，應與武德二年七月十二軍之始置約同時，谷霽光繫其建軍於此年，差是也。〔註 19〕及至武德六年隨十二軍而解散，其「願留宿衛爲心膂」者遂再重建爲「元從禁軍」。「元從禁軍」之始建與重置，主帥皆是李仲威；但是仲威是以南衙諸衛將軍主此軍，究竟其本官爲右驍衛將軍抑或爲左屯衛將軍則不詳，至於軍以下之各級建制編制亦不詳。

三、武德、貞觀間北衙部隊的改編與兵源

　　據上以知，唐高祖武德朝北衙已建有禁軍，假如從義寧元年至武德六年是北衙禁軍發展的第一期，姑稱之爲「舊編元從禁軍時期」，則從武德六年以後重建以至貞觀初改編爲「北衙七營」便是第二期，姑稱之爲「新編元從禁軍時期」。無論如何，李繁之言若有可信者，則是義寧元年攻下京城之後，元從部隊之三萬兵力顯然全部或主力部分仍然集中而未解散，曾由李仲威以諸衛將軍本官領之，以屯駐於禁苑，而指揮總部即在龍首監。及至武德六年以後重新整編後，李仲威仍以諸衛將軍本官領之，直至武德九年六月玄武門兵變纔改由尉遲敬德權領。兩年之後復由仲威領之，其後仲威且累轉右衛大將軍，主禁旅凡二十年。李仲威是西魏八柱國之一李弼之孫，〔註 20〕與唐高祖均屬八柱國家子孫，關係如此，故唐高祖委之以領「元從禁軍」，而又使其久任達二十年耶？若是，則從第一至第二期，「元從禁軍」皆僅有一帥，但卻只是由南衙諸衛將軍來兼領的實質主帥，而不是禁軍建制上的法定常制主帥，此後遂成爲北衙部隊組織的慣例。

　　如果李仲威的確統領此禁旅凡二十年，則剛過二十年後恰巧就是貞觀十二年（638），即是府兵定制後兩年，而唐太宗「始置左、右屯營於玄武門，領以諸衛將軍，號『飛騎』」之年。《鄴侯家傳》曾謂「元從軍老及缺，必取

〔註 19〕谷霽光《府兵制度考釋》將「置元從禁軍」繫於二年，見頁 333。
〔註 20〕李仲威兩《唐書》無傳，《隋書》則附之於其父李衍傳，而僅述其襲爵罷了。李弼世系見《新唐書・宰相世系表・遼東李氏》，卷七十二上，頁 2593～2594。

其家子弟鄉親代之,謂之父子軍」,〈兵志〉本之,但稍改爲「後老不任事,以其子弟代,謂之父子軍」而已。蓋元從軍人自大業十三年(即義寧元年)起義,至此已超過二十年,故日漸出現「老及缺」或「老不任事」現象,乃是必然之事;然而北門禁軍具有上述之重要性,太宗此時未必放心完全改徵府兵補充,故由元從軍人之子弟替代,而謂之「父子軍」也。「父子軍」應是戲稱而非正式軍號,或許李仲威此年亦因年老,又值禁軍改制爲左、右屯營,領以其他諸衛將軍,故已「累轉右衛大將軍」成爲老將的他遂順勢致仕耶?

假定元從部隊攻入京城後之第一期,兵力仍然集中而未解散,由李仲威以諸衛將軍本官領之,軍事總部在禁苑之內的龍首監,用以作爲高祖的禁衛部隊,則此部隊實是專門屯駐於禁苑而宿衛於玄武門之禁軍。由於任務性質特殊之故,所以當時並未與十二軍並列而爲十三軍。又由於此部隊在建制上並無直屬之統帥,例由天子差遣諸衛將軍監臨指揮罷了,以故筆者謂其實際尚未完整編成建制軍,而僅是一支常候軍將遣來指揮的常置野戰軍罷了。據前估計,此部隊應至武德六年,因天下大定,纔與十二軍第一度罷廢之約同時而「悉罷遣歸」。此舉蓋與唐朝即將頒布新律令,以重整政府組織之政策有關。《武德律令》所重整的軍制主要本於隋《大業律令》之十二衛制,府兵須分隸於十二衛,以故知唐高祖欲將十二軍連同元從禁軍一併遣散,以便回歸常制也。根據武德新令,軍隊僅有天策府以及十四衛府之常制建制,基於此,面對「願留宿衛爲心膂」的元從軍人,高祖若欲不違反新令,則只能再以「行軍」之方式將他們留置。蓋征伐性質之「行軍」,是因事而置,事畢則撤,而爲隨機編制的軍隊,故以如此方式將之法外留置,庶幾一舉兩得,解決問題。

據上所述,舊編「元從禁軍」之編組建制原本不詳,甚可能也如十二軍般爲野戰編制。至於新編「元從禁軍」,則的確是以行軍方式編建,實際上是一支屯衛禁苑北門的常備野戰軍,以故其統帥爲隨機特派的性質,並依行軍慣例而得以「營」作爲下一級的戰鬥單位,且亦隨機派遣南衙中級將領來充任押領的指揮官(詳下)。因此,「元從禁軍」有「屯營」編制實是正常之事,而敬君弘於武德中爲驃騎將軍「掌屯營兵於玄武門」,正屬此制正常運作的情況。至於其有「屯營將軍」之稱,則的確是當時流行習慣的稱謂而已,並不是正式的官名或職稱;情況類同於人見「元從禁軍」父子相及,而稱之

爲「父子軍」也。

　　上面既已論及元從部隊如何由第一期轉變爲第二期，並及其兵源，於此欲就此論述理路，進一步解釋貞觀朝「屯營時期」之兵源兵役諸問題。

　　由於開國初時元從即已領於本官爲諸衛將軍之李仲威，總部在龍首監，武德六年重編以後仍然如此，因此，貞觀以後「屯營」等兵，其兵源實難與「元從禁軍」的歷史淵源脫離關係。儘管《家傳》所述太宗、高宗、武后三朝「元從禁軍」之後續發展不可盡信，要之其言則的確是在追述「元從禁軍」之發展史。〈兵志〉將此段文字改爲「貞觀初，太宗擇善射者百人，爲二番，於北門長上，曰百騎，以從田獵。又置北衙七營，選材力驍壯，月以一營番上。十二年，始置左、右屯營於玄武門，領以諸衛將軍，號飛騎。其法：取戶二等以上、長六尺闊壯者，試弓馬四次上、翹關舉五、負米五斛行三十步者。復擇馬射爲百騎，⋯⋯爲游幸翊衛」。其言也應是針對「元從禁軍」之發展而言，意謂此諸編制兵號，皆從「元從禁軍」發展而成。何況《家傳》已直謂「百騎」乃是「於元從揀善射者，⋯⋯太宗時亦然」，又謂「初，元從軍老及缺，必取其家子弟鄉親代之，謂之父子軍」耶。

　　根據上述〈兵志〉所載，元從部隊的演變，除了義寧元年至武德六年之「舊編元從禁軍時期」的第一期，武德六年重置以至貞觀初改編爲「北衙七營」之「新編元從禁軍時期」的第二期以外，接著還有從貞觀初以至貞觀十二年將「北衙七營」改編爲「左右屯營」的第三期發展，可名之爲「北衙七營時期」。至於貞觀十二年以後，則已進入第四期之「左右屯營時期」。或者廣而言之，第三期之「北衙七營時期」與第四期之「左右屯營時期」，究其實皆是「屯營時期」，蓋此時連軍號也撤銷了。據此而觀，起碼第三期之「百騎」與「北衙七營」，皆自「元從禁軍」中揀選而出，部隊間具有直接的歷史淵源，可以無疑。在這裏，只有選兵之法，尤其是第四期「左右屯營」選兵之法，令人或有所懷疑耳。

　　按：〈兵志〉此段載述沒有明述「百騎」與「北衙七營」之兵源來自府兵，也沒有明確謂「左右屯營」之兵源亦來自府兵或其他途徑，是則實不宜用置左、右屯營成立以後，尤其是高宗擴充禁軍以後，選取府兵甚至戶奴之制，以作擴大解釋。再者，「元從禁軍」約重編於武德六年，而《家傳》又謂太原元從願留宿衛爲心膂不歸者，「於渭北白渠之下七縣絕戶膏腴之地，分給義師家爲永業，於縣下置太原田以居其父兄子弟」，是則義師家以及其

父兄子弟其時必有戶籍。就算如〈兵志〉所言，「高祖以渭北白渠旁民棄腴田分給之」，其對象僅是指願留之元從義兵，但其有戶籍也仍是必然之事。因此，不論他們地著化——即開皇時「墾田帳籍，一與民同」——也好，或如十二軍復置時恢復軍管——即「軍坊置坊主一人，檢校戶口，勸課農桑」——也好，其有戶籍是顯然可信的。據此，貞觀初「北衙七營」之「選材力驍壯」者，理應從元從戶口之角度去作解釋；而貞觀十二年「左右屯營」之選「取戶二等以上、長六尺闊壯者」，似乎也應以此作為優先的解釋。蓋太原元從是從龍嫡系部隊，其能迅速攻入京城則必然是因材力驍壯之故，起碼此因素是高祖順利成功的必要條件之一。尚武之家其子弟之生理與日常好尚也應多有此遺傳及傳統，以故唐世猶能保持北朝以來「代北尚武」的地區性傳統風習。不論起義當年，太原元從之平均年齡是否皆在二、三十歲、或三、四十歲之精壯年，要之降至貞觀初，或許還能以淘汰的方式揀留其中之仍精壯者；然而再降至貞觀十二年，時隔約二十年，縱然法定年齡未老，而其生理年齡則必然已老將老，故太宗從其戶籍中選取材力驍壯之子弟以充兵員，應是可能而合理之事，此所以俗稱「父子軍」也。只是貞觀十二年成立之「左右屯營」，以後的確有非元從戶口被選入屯營之事實（詳下），故〈兵志〉所言「取戶二等以上」，應也確指旁取一般民戶。太宗蓋在改編「北衙七營」為「左右屯營」之時，順便依兩年前府兵定制的精神，兼從一般民戶中選取屯營飛騎，前引《玉海》之所謂「北軍亦從衛兵中選用，其法胐於太宗之飛騎」，當作如是解釋纔是。所論若是，則元從部隊發展至第四期時，兵源已開始從南衙衛士中選取，也兼從一般民戶中選取。

又按：自魏晉以降地方多有「軍」，此從刺史例帶「使持節某州諸軍事」銜即可知之；而隋唐之所謂「行軍」，則指中央派遣征伐的「軍」而言。其法是從各軍府抽調府兵而集結之，由朝廷遣將統率指揮，統帥或稱某道總管，或稱某道大總管，或稱某道元帥，皆有一定的編組制度，此即〈兵志〉所謂府兵耕於野，「若四方有事，則命將以出之，事解輒罷，兵散于府，將歸于朝」也。十二軍之所以也稱為「軍」，是因中央分置軍府至諸道，而另派「軍將」以為統帥，授予「督耕戰」之任務，事解輒罷，故其性質與行軍相同，因此建之為「軍」。如今史料文獻僅見唐初元從部隊已有「屯營」之稱，但從未見有「元從禁軍」營級以上建制主帥或其職稱的記載，是以認為其未正式成「軍」或非完整成「軍」。再者，唐初行軍編制，依《李靖兵法》之標準兵力規劃以

二萬人爲準，行軍分成七軍十九營。大總管自領中軍，另有左、右虞候軍及左、右四軍共六軍，凡七軍。中軍四千人曰大營，左、右虞候軍各兩千八百人各分三營，左、右四軍各兩千六百人也各分爲三營，因而有大總管之大營（四千人），六軍總管之中營（一千人），以及子總管之小營（八至九百人）三種等級之營編制，此即所謂七軍制。〔註21〕行軍之營級編制，就兵力與位階而論，實相當於十二軍或十二衛下一級之建制單位軍府——驃騎府或折衝府——而已。因此，筆者以爲，唐初元從部隊之所以早以「屯營」見稱者，殆爲太原起義軍攻入京城後，不久取銷了左、右領軍大都督各領三統軍——相當於常制的將軍——之野戰序列，而仍保留統軍之下軍頭——相當於常制的驃騎將軍——的「營」級編制，亦即仍然保持著中級之行軍編制，以屯衛於北門禁苑之故也。由是以知，諸屯營分以統軍級的諸衛將軍督領，而宿衛時則交由軍頭級的軍府將校分押，此在軍事體制上仍屬合理，以故唐初「掌屯營兵於玄武門」之驃騎將軍會擁有「屯營將軍」之稱。

又者，北魏軍中有「千人營主」的稱謂，而北周行軍也頗以儀同領千人，加上唐初《李靖兵法》之營編制兵力規劃，今假定元從之「屯營」也以一千人爲規劃兵力，則「元從禁軍」三萬人應有三十營。由於他們至貞觀初已老及缺，復因政變後危機意識及安全之需要，故講究訓養精兵而新即位的唐太宗，遂從中淘汰其不堪用者，以改編爲「北衙七營」。不過值得注意的是，從三十營改編爲七營，元從部隊可謂遭遇到空前的大淘汰，此應與當時太宗推動精簡及換血的軍事政策有密切關係，而被淘汰者恐怕以太上皇及故太子之舊部居多。〔註22〕及至貞觀十二年之再度將「北衙七營」改編爲「左右屯營」，左、右屯營大約有六營或以上，或許即是由此可信任的七營戶口中選取，並兼取一般府兵與民戶。此措施雖仍維持著「父子軍」部隊的史緣，並仍是軍中精銳而帶有一些世襲兵役的特色，但是終究已由元從父子軍跨出一大步，朝南衙諸衛的兵農合一體制過渡。無論如何，「元從禁軍」之由「軍」改編爲「營」，實爲禁軍編建之降格，要至左、右羽林軍成「軍」後始恢復；

〔註21〕宋以後之《武經七書》，收入的是《李衛公問對》。而《李靖兵法》又稱《衛公兵法》，杜佑於《通典·兵典》一再引用。唐初行軍七軍編制之分析，可詳孫繼民《唐代行軍制度研究》（臺北：文津出版社，民國84.4）之第七章，此不贅。

〔註22〕太宗於兵變後迅速用秦府腹心取代武德舊臣宿將，又大舉徵兵且徵及中男，並再度將十二軍罷廢，在在顯示其有促使軍隊換血以及予以整編之意，請詳註1前揭拙著第一及三之兩文。

復因太宗仍依行軍編制改編「左右屯營」，以故此後禁軍部隊遂確立以左、右序列作為編制之原則，亦與南衙諸衛之建制原則相一致。

至此可知，「北衙七營」及「左右屯營」之軍人當初選自元從或其子弟，應非如百官子弟所組成的三衛五府部隊般，用以充任內府宿衛；而其尤為精選的「百騎」，則更只是擔任皇帝「游幸翊衛」之特別任務罷了。作為一支北衙宿衛部隊，「左右屯營」擁有「飛騎」之獨立兵號；而作為特別勤務部隊的「百騎」，則更直以「百騎」為兵號，其軍事任務殆皆與內府宿衛無關。

總之，唐太宗於貞觀十二年之將「北衙七營」改編為「左右屯營」，是朝將「元從禁軍」進一步精簡、降格、分編，以及兵役統一、南衙分領的方向發展，無異是一種軍、衛統合而以諸衛為軍隊主體的軍事政策。關於這些問題，事涉此時北衙部隊之統率指揮以及政令關係，請容下論。

四、貞觀朝北衙屯營之軍事體制及其與諸衛之關係

筆者前面謂願留之元從既已重編為「元從禁軍」，但卻謂此軍無「軍」級的完整建制。對此，筆者於上文已作了初步的說明，謂蓋因史料文獻僅見唐初元從部隊已有「營」及「屯營」之名稱及編制，但從未見有「元從禁軍」營級以上主帥之建制機構及職稱，而且營級以上主帥亦只是由諸衛將軍兼充，是以認為其在建制上尚未正式完整編成建制軍，蓋僅是一支常備北門的野戰部隊罷了。今試將論據較詳細地解釋如下。

據前註所揭第二與第三篇拙文，論及武德朝十二軍之建制時有改變，其軍令系統為軍將（軍副）——驃騎將軍——車騎將軍——校尉——旅帥——隊正六級，或軍將（軍副）——驃騎將軍（副：車騎將軍）——校尉——旅帥——隊正五級，後者即為貞觀定制後府兵建制為衛府——折衝府——團——旅——隊之所本。至於十二軍統帥——軍將——之地位，則約介於十二衛大將軍與將軍之間，而常由十二衛大將軍或將軍兼充。其下之驃騎府驃騎將軍、車騎府車騎將軍則為中級建制單位及主帥官稱，所部也得稱為軍。〔註23〕至於團——旅——隊，不論於常制或戰時編制中則皆為基層戰鬥單位，其主帥校尉——旅帥——隊正因是基層戰鬥軍官，故皆不置府。今見唐初北衙部

〔註23〕「軍」自魏晉以來泛指將軍府所統之部隊，故稱軍府。武德朝驃騎府與獨立車騎府亦為軍府，貞觀定制後，改驃騎為折衝都尉，改車騎為果毅都尉，為折衝之副，故折衝府仍依慣例稱為軍府。行軍時，折衝都尉慣常編充為總管，而果毅都尉則為子總管，對大總管而言則是中級將校。

隊，「元從禁軍」未見有法定建制統帥之職稱，就連營級主帥之職稱或官稱也未之見，而且營級主帥也不見有置府之制，以故推斷其非編建完整之軍，可以無疑。

於此，筆者欲從禁軍之基層編組及軍官論起，逐層級往上分析，以窺其詳。由於武德朝北衙部隊之基層組織及軍官暫無直接證據，茲舉貞觀稍後之例以供參考說明。

如馮師訓，其墓誌謂其先是長樂郡人，父祖皆仕州縣長吏，而他於「貞觀十三年，起家應材官之選，釋褐拜左屯營飛騎隊正，累遷飛騎校尉。……（高宗）顯慶……五年，除游擊將軍，守左武候輔賢府左果毅都尉。……旋蒙追入。麟德二年，擢拜右驍衛郎將，令北門侍奉，押左營飛騎。……（武后）垂拱元年，正除右監門將軍」。〔註24〕此為貞觀十二年置「左右屯營」之翌年，非元從戶口應選入禁軍，而屯營有「飛騎隊正」、「飛騎校尉」等基層建制，基層軍官由建制內遷轉，以及屯營飛騎番上北門時由南衙諸衛中級將領押領之顯例。

再如劉觀，其墓誌謂父祖仕於周隋，而他在唐則「起家以飛騎除幽州樂土府左果毅」；〔註25〕又如馬神威，三代皆任刺史以上之官，他則「初以翊衛簡充羽林飛騎，從班例也」，後來累遷果毅、長上折衝、刺史、都督、將軍，最後授鷹揚衛（即武衛）將軍，「仍檢校右羽林衛將軍」，〔註26〕此亦是貞觀十二年至武后時期，由非元從戶口簡充飛騎，甚至是由內府（翊衛）部隊簡轉入飛騎之例。

要之，「飛騎」是「左右屯營」之兵號——因未成「軍」，故筆者稱之為兵號，劉觀、馬神威均起家為飛騎兵，而馮師訓則自左屯營飛騎最低之隊級軍官——飛騎隊正——做起，累遷為團級之飛騎校尉，顯示屯營飛騎的確有隊正以至校尉之基層建制，而飛騎兵則常由此基層建制逐級內部昇遷，至營級即無建制主帥，以故勢將外調。

師訓等稍後均出遷為外府——即折衝府——的果毅都尉，亦有復入為內府郎將或外府折衝，奉令於北門長上，以押領飛騎者。另有隴西成紀人李璿，

〔註24〕其墓誌見《全唐文補遺》，第三輯，頁 5～8。
〔註25〕劉觀死於武后垂拱元年，春秋八十有三，是則應生於隋文帝仁壽中，至太宗置左右屯營時已三十餘歲，其墓誌見《全唐文補遺》，第七輯，頁 311～312。
〔註26〕馬神威死於武后久視元年，春秋七十九，是則生於武德中，太宗置左右屯營時才十餘歲，恐怕是在高宗建羽林軍時，直接從內府翊衛簡充羽林飛騎者，故曰從班例也，墓誌見《全唐文補遺》，第五輯，頁 256～258。

墓誌謂「初任飛騎校尉，又任右武衛太原府長上左果毅都尉。……又詔授定遠將軍、左武衛溫陽府長上折衝」，〔註 27〕亦同此例。表示北衙部隊基層軍官可得調昇爲內、外府之中級正副主帥，而內、外府之中級正副主帥也得奉令於北門長上，並押領屯營飛騎。

至於武德、貞觀間元從部隊是否有飛騎驃騎與飛騎車騎兩級將軍——即定制後外府之折衝與果毅都尉——之建制，筆者今暫未見其明證；有之則恐怕皆是外府驃騎、車騎或內府中郎將、郎將，奉敕令領屯營於北門宿衛之例。此類例子除了上述馮師訓等例之外，另如前述之敬君弘，以驃騎將軍「掌屯營兵於玄武門」，至武德九年六月四日秦王兵變時，與中郎將呂世衡均被東宮、齊府反攻部隊殺死於玄武門，〔註 28〕是則兩人皆應是以內、外府中級將領奉令押領北門屯營之例。又據〈常何墓誌〉，謂常何於唐初爲車騎將軍，武德「七年，奉太宗令追入京，令於北門領健兒長上。……九年六月四日，令總北門之寄」，兵變成功後，同年八月，「除眞化府折衝都尉（按：此時軍府主帥之官稱應爲統軍。〔註 29〕），特令長上」，至貞觀十二年纔入爲右屯衛將軍，明顯表示常何是在武德初以外府車騎將軍身份，奉當時領十二衛大將軍的天策上將‧秦王李世民之令，追入京師以領北門屯兵，事後昇一級，又特令以驃騎將軍（統軍）之官長上宿衛。內、外府之中級將領不僅宿衛玄武門時得奉敕令押領配屬之屯營飛騎兵，當天子行幸或親征時恐怕亦然。如薛仁貴，史謂貞觀中末期從太宗征遼東，因功擢「雲泉府果毅，仍令北門長上。……尋遷右領軍郎將，依舊北門長上。永徽五年，高宗幸萬年宮，甲夜，山水猥至，衝突玄武門，宿衛者散走。仁貴……登門桄呼叫，以驚宮內，高

〔註27〕 李璿死於武后臨朝之文明元年（684），春秋五十有二，故應生於貞觀中，而初任飛騎校尉則在高宗初，然任飛騎校尉前的資歷則不詳。其墓誌見《全唐文補遺》，第二輯，頁 288～289。

〔註28〕 按君弘是太原南方之絳州人，故可能是元從，但本傳未詳，而他任驃騎將軍時是否直隸於元從部隊，或隸其他諸衛諸軍亦未詳，然舊、新兩傳均謂事後贈左屯衛大將軍（舊傳參《舊唐書》卷一八七上，新傳參卷一九一）。又，《新唐書‧宰相世系表‧敬氏》條則繫君弘之銜爲「右衛將軍‧黔昌公」（卷七十五上，頁 3251），待考。世衡同見於君弘傳，其中郎將則僅內府始有此建制。

〔註29〕 據《新唐書‧百官四上》，謂武德「七年，改驃騎將軍府爲統軍府，車騎將軍爲別將（《舊唐書‧職官一》同，而《唐會要‧府兵》則別將作「副統軍」）。……貞觀十年，改統軍府（《唐會要‧府兵》無「府」字）曰折衝都尉，別將曰果毅都尉」。卷七十二，頁 1298。

宗遽出」。〔註30〕按：唐制東都或行宮之北門均名玄武門，此例表示貞觀、永徽間，不論天子在長安或東都或行宮，輪番宿衛玄武門之部隊例有屯營兵駐守（亦詳下釋〈萬年宮銘〉），而配屬於奉令北門長上之內、外府中級將領實際指揮管制。

由此可知，元從部隊不論是武德初第一期之舊編「元從禁軍」，或是第二期之新編「元從禁軍」，以及貞觀初第三期之「北衙七營」與貞觀中第四期之「左右屯營」，由於皆採行軍編制，以故平常都以「營」級作編組。第四期之「左右屯營」雖有團（飛騎校尉）——旅（飛騎旅帥）——隊（飛騎隊正）之基層常制，如同南衙諸衛，但其上均無軍府級（飛騎驃騎將軍、飛騎車騎將軍）、衛府級（飛騎大將軍、飛騎將軍）之建制。恐怕此諸飛騎兵，平常分團編組為營，直接配屬於皇帝所信任的某些諸衛大將軍、將軍督領，而於玄武門宿衛執勤時，則分由奉敕指定的內、外府中級將校押領指揮也。蓋唐朝府兵制團——旅——隊之基層建制採二進位，團以上之編制則數目不定，即一個軍府（武德制名驃騎府或統軍府，貞觀制名折衝府）可統三至六個團，一衛府則可統四十至六十個軍府，故《唐律疏議》依《軍防令》解釋，謂「每一旅帥管二隊正，每一校尉管二旅帥。……果毅、折衝隨所管校尉多少，……每府管五校尉之處，亦有管四校尉、三校尉者」，〔註31〕建制原理頗同於西魏的大統軍制。又，編制五十人為隊，則一旅有一百人，一團有二百人，若以一屯營編制一千人算，則每營編有五個校尉團，恰好相當於一個軍府之編制。也就是說，屯營之兵力及地位相當於軍府，以故「北衙七營」也就相當於七個軍府，其實就可逕直配屬給由某一南衙衛府大將軍或將軍所督領。至於李仲威於武德朝若一人督領「元從禁軍」三十營，而又總南、北衙兵，若非李繁自我誇耀，則是所統兵力不免有些過大了。不過，從後來的史料判斷，太宗與高宗朝其實常將諸營分配給若干大將軍或將軍督領，且是一將領一營（詳下），恐怕與其父子之政變危機意識以及軍事安全考量有關。由於「北衙七營」之番役為「月以一營番上」，是則適可交給一員南衙軍府將校來押領宿衛，以故禁軍遂不編建中級以上之直屬建制單位及主帥，逕依行軍慣例而臨時派將充任，以使將不知兵、兵不知將，以確保宮廷安全歟。

〔註30〕引文詳見《舊唐書》卷八十三仁貴傳。

〔註31〕參《唐律疏議》（臺北：臺灣商務印書館，民國79.12，臺六版）《擅興律》第五條並疏議，卷十六，頁208～209。按：武后時定軍府為上、中、下三級，上府一千二百人，中府一千人，下府八百人，即因所轄團數而異也。

由上述諸例可證，南衙押領屯營之中級軍府將校類多分屬於他衛，而不專屬於左、右屯衛。當其押領配屬的屯營兵執行宿衛時，則在軍令系統上仍須接受該衛之高級將領統率監督，甚至受到他衛高級將領憲兵式的警戒，以確保宮禁安全，而這些高級將領也不一定為左、右屯衛大將軍、將軍。

如高祖外戚之獨孤開遠即為其例。〈獨孤開遠墓誌〉載開遠於武德九年為右衛將軍，「貞觀元年，奉敕宮城內長上守捉。二年秋七月，奉敕檢校左武候將軍別捉，屯兵其上，日本衛供奉。〔註32〕三年，奉敕檢校左衛將軍事。五年春，兵馬大教習，奉敕令檢校右箱六衛事。……十年，詔授右衛將軍，奉敕總檢校外內左右留守。十一年，奉敕捉屯兵及苑面」。〔註33〕按：京城、皇城及宮城之內外皆置有捉道守鋪，猶如警備崗哨，以捉行為犯法之人兵。〔註34〕故此處所謂宮城內守捉與捉屯兵及苑面，應即指對大內以及北門禁苑之守兵實施警戒，當是北衙七營時期之事，由此可見太宗在兵變後對宮廷禁衛的戒心甚濃，故一面敕令諸衛中級將校押領屯兵守衛北門禁苑，另又敕令親戚獨孤開遠以諸衛高級將領守捉屯兵及苑面，以確保宮禁之安全也。

宿衛如同作戰，故實際上，奉敕押領屯兵以宿衛北門的諸衛中級將校，原本皆各有其統率系統，以故他們除了須受其統率系統的諸衛高級將領之統率監督外，尚且另須接受奉敕檢校屯營之其他某些諸衛的高級將領所指揮。這些高級將領，依行軍作戰的慣例，就是押管屯營兵宿衛之諸衛中級將領的頂頭監臨上司，〔註35〕也就是該屯營之實質主帥。這些獲得監臨授權的實質主帥，本職並不固定是何衛的大將軍、將軍，更未必專委左、右屯衛大將軍、將軍來檢校攝判，茲亦試論如下。

按：《五代史志・百官志下》載隋開皇府兵十二衛制，謂置「左右衛、左右武衛、左右武候、左右領、左右監門、左右領軍等府，分司統職焉」，其後煬帝改革，改左右領軍府為左右屯衛，為十二衛之一，而「十二衛各置

〔註32〕 此句之標點令語意不易明白，似應標點為「奉敕檢校左武候將軍別捉屯兵，其上日本衛供奉」為宜。「曰」殆為「日」之誤。若是，則與後來以右衛將軍於貞觀「十一年，奉敕捉屯兵及苑面」之例相同。

〔註33〕 獨孤氏為隋文帝皇后，與唐高祖之母均為獨孤信之女，開遠即是獨孤信孫，死於貞觀十六年正月，墓誌見《全唐文補遺》，第三輯，頁325～327。

〔註34〕 參《唐律疏議・衛禁律》第二十一及二十三條並疏議，卷八，頁121～122。

〔註35〕 《唐律疏議・名例律》第十六條解釋檢校、攝判「即是監臨」（卷二，頁33）；而《衛禁律》第五條則解釋諸衛所管應宿衛人，謂是「諸衛當上人兵各有本部主帥，雖從別團配隸亦是監當之限」（卷七，頁111～112）。

大將軍一人、將軍二人，總府事，並統諸鷹揚府」，遂皆成爲實際的統兵機關。由於煬帝對十二衛各授予軍號，而左右屯衛之軍號爲「羽林」，以故容易令人誤會此軍即是宿衛北門的禁軍；然而究其實際，則僅是煬帝採漢魏以來禁衛軍曾有之佳名而號之而已，並無確證可證明其宿衛責任區即專在北門。此猶如唐初十二軍中，屯駐於同州道之軍亦號「羽林」，但卻非專責宿衛於北門一樣。另者，大業體制文臣亦有奉敕宿衛或長上北門者，如皇太子進馬斛斯政則於「大業九年，從至江都，尋追北門宿衛」是也。〔註36〕此慣例唐初亦援用之，如〈曹欽墓誌〉，謂其於「武德元年，⋯⋯拜正議大夫，即於北門長上」；〔註37〕又如前述楊炯所撰之〈唐右將軍魏哲神道碑〉，即謂魏哲於「貞觀十五年起家補國子博士。⋯⋯十六年，敕授左翊衛北門長上，⋯⋯仍令爲飛騎等講禮」等均是也。

因此，《鄆侯家傳》謂「義寧元年，初下京城，（臣高祖李仲威）爲右驍衛將軍主之。貞觀初，以尉遲敬德權領。後二年，復入領焉，累轉右衛大將軍，主禁旅凡二十年」；又謂「臣高祖仲威，從神堯（唐高祖）入長安，爲左屯衛將軍，兼主太原從義之師，於龍首監總南、北禁軍之任」云云。其較可能的解釋是武德朝初下京城時，李仲威以右驍衛將軍主領元從部隊，稍後轉左屯衛將軍而仍兼主之。所謂「於龍首監總南、北禁軍之任」也者，蓋指一方面統率左屯衛直屬之番上本兵（南軍），另一方面也兼指揮配屬之元從宿衛部隊（北軍）也。除此之外，筆者檢索兩《唐書》及《通鑑》等書，此時別無任何元從部隊，在建制上專隸於左、右屯衛的確實證據，是則李繁之所謂「主」或「領」，蓋指奉敕檢校、攝判或兼領罷了。以此類任用方式名義監臨某官某事之官，的確是某官某事的主官，但非正拜正授之官，其實爲隋唐人事行政制度運作之所常見，不僅施行於軍令系統而已。

就以李嶠所撰之〈攀龍臺碑〉爲例，謂武士彠於武德元年授散騎常侍兼檢校井鉞軍將，三年拜工部尚書，餘如故，「爾後高祖行幸，常令帝（士彠）總留臺事，兼知南、北牙兵馬，判六曹尚書」。據《冊府玄龜》所載，士彠也的確曾在「武德中檢校右廂宿衛」，前揭第二、三篇拙文已考述之。不過，所謂「右廂宿衛」，通常是指十二衛番上宿衛時配屬於右廂之部隊，屬南衛部隊；而此時「元從禁軍」既然配屬於諸衛指揮，故曾以工部尚書奉敕檢校

〔註36〕參見《全唐文補遺・斛斯政則墓誌》，第二輯，頁231～233。

〔註37〕參見《全唐文補遺》，第三輯，頁404～406。

右廂宿衛的武士矱，於留守時亦以工部尚書本官奉敕「兼知南、北牙兵馬」，蓋是不足爲奇之事。又所謂「兼知」，在人事行政制度上猶如兼領，即實際監臨南、北牙兵馬而主其事也。若就「貞觀初，以尉遲敬德權領」一事而言，其實《舊唐書》本傳已謂敬德於武德九年六月玄武門兵變成功之後，尋因第一功，而由秦府左二副護軍遷爲太子左衛率，貞觀元年更進拜右武候大將軍，三年出爲襄州都督。是則貞觀元年，尉遲敬德實際上是以右武候大將軍「權領」元從禁軍，亦非正拜的元從禁軍長官。

唐長孺曾引〈左屯衛周孝範碑銘〉，謂孝範於武德九年六月「授太子右內率，仍檢校北門諸仗。……貞觀元年授右屯衛將軍，於玄武門領兵宿衛」，而自注云：「按此可見九年玄武門之變以後，北門重地皆太宗私人掌其事矣。」並以此證明屯營隸於屯衛。〔註38〕按：太宗從兵變爲太子以至即位，先後任用秦府宿將爲東宮諸率以及十二衛諸帥，以取代武德舊將，並積極而低調地廢罷十二軍，註1第一篇拙文已論之。唐氏謂兵變後「北門重地皆太宗私人掌其事」，可謂事實；但是禁軍自始即由諸衛將軍領之，故其所論則僅得部分之真相。貞觀元年尉遲敬德以右武候大將軍「權領」元從禁軍之事固無論矣，今按〈張士貴墓誌〉，謂其在義寧二年拜通州刺史，東都底定，錄前後戰功除虢州刺史，太宗授秦王府右庫眞驃騎將軍，除太子內率。「貞觀元年，詔公於玄武門長上，統率屯兵，俄轉右屯衛將軍，還委北軍之任」。〔註39〕是則士貴是先以太子內率、後以右屯衛將軍，於貞觀初在玄武門統率屯兵。元從禁軍分「營」編組，並配屬於諸衛大將軍、將軍，故尉遲敬德、周孝範、張士貴可能在兵變後先以東宮諸率身份權宜統領北門屯兵，及至太宗即位而遷諸衛大將軍、將軍之後，乃恢復以諸衛大將軍、將軍統領的慣例，只是敬德時爲右武候大將軍，而孝範、士貴皆恰爲右屯衛將軍罷了。其後，李仲威「復入領焉，累轉右衛大將軍，主禁旅」，約至貞觀十二年置「左、右屯營」而止。據是，則「元從禁軍」或「北衙七營」，蓋未可證實此時曾專隸於左、右屯衛也，否則置右武候大將軍尉遲敬德及右衛大將軍李仲威於何地？鄙意大概太宗因玄武門屯兵政變而爲新太子，掌握政權之後，基於危機意識及安全考量，乃將屯兵分由東宮親信諸將權領，稍後順勢淘汰改編爲「北衙七營」，仍分領於諸衛（包括屯衛），蓋此時其親信諸將已分任諸衛大將軍、將

〔註38〕詳唐著前揭書，頁85。
〔註39〕參《全唐文補遺·張士貴墓誌》，第一輯，頁40～43。

軍矣。所推若是，則此措施實為唐初北衙屯兵分別配屬於諸衛兩將以上指揮之明證。亦即武德朝「元從禁軍」原來可能由一員南衙將軍管領，秦王兵變為太子後立即分用東宮親信諸將權領，及至即位後將「元從禁軍」改編為「北衙七營」，遂順勢確立了屯營分由若干南衙大將軍、將軍分領的人事行政慣例。不過，儘管貞觀初李仲威曾任左屯衛將軍，而周孝範、張士貴均任右屯衛將軍，但卻也未能據以確證屯營在軍制上專隸於左、右屯衛，否則即難以解釋「貞觀初，以（右武候大將軍）尉遲敬德權領」，其後李仲威「復入領焉，累轉右衛大將軍，主禁旅」，以及貞觀七年契苾何力以左領軍將軍「尋令北門宿衛，檢校屯營事」，九年阿史那社爾以左驍衛大將軍「典屯兵於苑內」（均詳下）等事實也。

由是，則貞觀十二年十一月，《通鑑》載謂「初置左、右屯營飛騎於玄武門，以諸衛將軍領之」，而不逕謂以屯衛將軍領之，其說與《通典・職官十・左右羽林衛》、《唐會要・京城諸軍》及〈兵志〉相同。由此以觀，諸書蓋謂左、右屯營雖以「飛騎」作為獨立之兵號，但仍無「軍」之完整建制，以故部隊並無專職之中級以上主帥，而僅沿襲先前「元從禁軍」、「北衙七營」之舊例，由「諸衛將軍領之」罷了。也正因為營級的軍事單位不能比於軍級單位，所以屯營總會沒有軍號，而以「飛騎」作為營號，亦即是其兵員之兵號，以故屯營兵即是飛騎兵。至於所謂「諸衛將軍領之」也者，在軍制上當解釋為指揮與配屬之關係，亦即指北門屯兵採用行軍編制，以「營」為單位，配屬於指定的諸衛大將軍、將軍，並由諸衛驃騎將軍、車騎將軍或折衝都尉、果毅都尉等相當於營級的軍府將校，奉敕押領以宿衛北門，為實際之指揮。由於是配屬的關係，故在軍制學上，屯營實際上就分為諸衛大將軍、將軍所統率，而諸衛府也實際上就是配屬屯營之統率機關。〔註40〕此與十二軍各有統帥編制，統帥之下有各級主帥建制，而統帥在軍令系統上直屬於最高統帥之皇帝，僅因其是差遣軍職而非常制軍官，故例由諸衛大將軍、將軍以及他官兼充或檢校之制度有所不同罷了。

此理既明，則下面所述左、右屯營成立前後，貞觀時期之屯兵統領情況，遂可得而明確解釋。

〔註40〕據《唐律疏議・名例律》第十六條解釋檢校、攝判「即是監臨」；而《衛禁律》第五條則解釋「諸衛當上人兵各有本部主帥，雖從別團配隸亦是監當之限」。下文對此仍有論述，於此暫不贅。

　　如鐵勒別部酋長契苾何力於貞觀六年內附，舊傳謂太宗處其部落於甘、涼二州，而徵何力入京爲左領軍將軍。七年從征吐谷渾，師還，「尋令北門宿衛，檢校屯營事」。《通鑑》所載同，但繫此事於九年七月，然胡注引《會要》云：「貞觀十二年於玄武門置左右屯營，以諸衛將軍領之，其兵名曰飛騎。何力檢校屯營，蓋十二年以後事，史究言之。」〔註41〕筆者按：「元從禁軍」出現前後，其屯兵已經有「屯營」之稱，如敬君弘之被稱爲「屯營將軍」即是其例，「北衙七營」既以營爲編制，恐怕習慣上仍會被稱爲「屯營」，是則契苾何力此時以左領軍將軍於北門宿衛，指揮所配屬之屯營，應不宜如胡注般解釋爲十二年以後事；不過，胡注謂左、右屯營之「兵名曰飛騎」，則甚是。因此，此亦可證貞觀十二年建置左、右屯營以前，不論「元從禁軍」或「北衙七營」，於習慣上已有「屯營」之稱；「北衙七營」是否有兵號不詳，但均配屬於若干諸衛大將軍或將軍。

　　又如貞觀九年突厥處羅可汗之子阿史那社爾內附，太宗授以左驍衛大將軍，「敕處其部落於靈州之北，留社爾於長安，尚皇妹南陽長公主，典屯兵於苑內」。十四年，從平高昌，「仍令檢校左屯營」〔註42〕此亦可證貞觀十二年建置左、右屯營以前，屯於「苑內」之禁兵——亦即「北衙七營」，實由諸衛大將軍、將軍所統率，而未專隸於左、右屯衛也。並由此可知，阿史那社爾於左、右屯營建置前，已於禁苑之內，以左驍衛大將軍典領「北衙七營」之屯兵；建置以後，則改領左屯營。

　　前謂內、外府之中級將領不僅宿衛玄武門時得奉敕實際押領配屬之屯營，當天子行幸或親征時亦然。事實上，天子行幸或親征時，也仍令特定的諸衛將軍統領屯營，如太宗親征遼東之時，左武衛將軍王君愕「從太宗征遼東，兼領左屯營兵馬，與高麗戰於駐蹕山，君愕先鋒陷陣，力戰而死」是也。〔註43〕

　　至於貞觀間明載其人以左、右屯衛將軍領屯營者，其初僅見有上述之李仲威、周孝範與張士貴三人，後來則有秦府驍將、兵變功臣而曾累任右武衛、

〔註41〕何力於十六年遷右驍衛大將軍，高宗顯慶二年遷左驍衛大將軍，乾封元年行左衛大將軍，「仍檢校右羽林軍」，恐怕一直領禁軍，詳參其舊傳，見《舊唐書》卷一○九；而胡注則見《通鑑》該年月條，卷一九四，頁6116。

〔註42〕前引文據《通鑑》貞觀十年正月條（卷一九四，頁6117～6118），舊阿史那社爾傳（見《舊唐書》卷一○九）同；後引文則據舊傳。

〔註43〕君愕是王及善之父，戰死於此役，詳《舊唐書・王及善傳》，卷九十，頁2909。

左領軍大將軍之程知節，於貞觀十七年「轉左屯衛大將軍檢校北門屯兵」。其墓誌載述較詳，謂：

> （由幽州都督）追授左屯衛大將軍，於北門檢校屯兵。惟彼北營，羽林之騎。選兼七萃，任重八屯。……廿三年（太宗崩），自翠微宮奉敕統飛騎，從今上（高宗）先還。即於左延明門外宿衛。經乎百日，俄加鎮軍大將軍。永徽中，轉拜左衛大將軍，兼檢校屯營兵馬。〔註44〕

是則知節亦是先以左屯衛大將軍，後以左衛大將軍，而檢校屯營飛騎。知節以左衛大將軍檢校屯營之時已為唐高宗永徽（650〜655）中時事，史謂高宗永徽之政多仍貞觀之舊，今舉永徽另一例，更足以明確證實屯營委由皇帝指令的若干諸衛大將軍或將軍統率，並且是一將領一營之制。

按：前述薛仁貴以右領軍郎將長上，於萬年宮玄武門救駕之永徽五年，高宗御製御書〈萬年宮銘〉以建碑，並敕令隨駕之中書、門下見從文武三品以上並學士，自書其官名於碑陰，凡列從官有四十八人之多。其中官拜諸衛大將軍、將軍者計有二十人，而與屯營有關者則僅有四人，此即：

> 左武衛大將軍・撿挍右屯營・上柱國・薛國公臣阿史那忠
>
> 左武候大將軍・撿挍右屯營・上柱國・雁門郡開國公臣□達□
>
> 右衛將軍・撿挍右屯營.上柱國・蠡吾縣開國公臣豆盧承基
>
> 左武候將軍・撿挍左屯營・上柱國・神泉縣開國男臣權善才

其他如左武衛系統之左武衛將軍竇智純、史元施二人，與左武候系統之左武候將軍趙道興一人，及右衛系統之右衛大將軍・趙王李福、兼左衛將軍・駙馬都尉・檢校右衛將軍賀蘭僧伽二人，均未掛「檢校屯營」之職銜，其餘隨行諸衛大將軍、將軍則更無論矣。〔註45〕

根據前面所舉前後諸證以及論述綜合觀之，是知不僅左、右屯營例由「諸衛將軍（或大將軍）領之」，而且揆其實際制度與及運作，則是禁軍性質之左、右屯營各營，平時委由若干諸衛大將軍及將軍以檢校、攝判、兼領等形式，分別統領一營；而當屯營番上北門時，則敕令諸衛中級軍府將校押領所配屬

〔註44〕括號內引文見《舊唐書・程知節列傳》，但舊傳記其履官省略而有誤，故徵其墓誌，見《全唐文補遺》，第二輯，頁203〜205。

〔註45〕該銘及跋尾見《金石萃編》（臺北：藝文印書館影印函本）卷五十，頁7〜18。又，左武候大將軍・撿挍右屯營・上柱國・雁門郡開國公臣□達□，檢索兩《唐書》無所得，不詳何人，待考。

的屯兵，以爲實際之指揮也。

　　此種情形，就法律面而言，據《唐律疏議・名例律》第十六條解釋，檢校、攝判「即是監臨」，以故領營的諸衛大將軍或將軍，於法並非該屯營之法定常制主帥，而僅是以他官「監臨」管制之署理主帥；至於兼領則是兼職性質，也非正拜主官。就軍事體制而言，屯營是諸衛的特敕配屬部隊，據《衛禁律》第五條解釋，則「諸衛當上人兵各有本部主帥，雖從別團配隸亦是監當之限」，是則配屬的屯營與監臨的諸衛大將軍或將軍，於軍制上實際有隸屬與統率的關係。因此總括而言，就上級而論，諸衛大將軍或將軍奉敕監臨配屬的屯營時，實際上就是其統帥；相對的就下級而論，配屬屯營監當於諸衛大將軍或將軍時，實際上就是其所統率的別部部屬。既然如此，因而飛騎兵實應另有法律上之常制「本部主帥」才是。就此而論，筆者認爲，飛騎常制「本部主帥」既已設定以團級的校尉作爲直屬的最高級主官，再上別無其他職級及長官，是則飛騎諸團最高統帥應即是皇帝。只是作爲飛騎法定統帥的皇帝，平時並不親統飛騎諸團，而是將其若干團依戰時編制組成若干營，授權若干諸衛大將軍或將軍於統率其本軍府之外，以監臨方式各分別統領一營，成爲該衛的特別配屬部隊。因此，屯營的實際統率指揮系統應爲：

圖一：屯營飛騎統率指揮圖

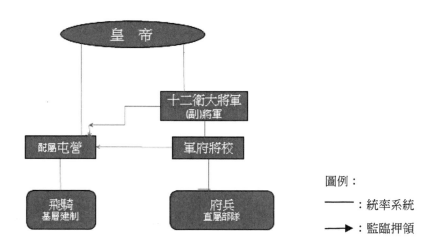

據〈萬年宮銘〉另值注意的是，左系諸衛可能檢校右屯營，反之右系諸衛也可能檢校左屯營，視情況而配，固無定制也。更有進者，由於左武衛大將軍與左武候大將軍同時檢校右屯營，而此兩大將軍在軍制上並不互相隸

屬，故知應是各領一右屯營；又由於右衛將軍此時亦領一右屯營，則知右屯營在編制上應該至少有三營，是以分由二大將軍及一將軍領之。相應的，左屯營亦應至少編有三營，今見左武候將軍權善才已檢校其中之一，恐怕另外兩營因為沒有隨駕，以故其統帥未列名於碑陰耳。

筆者以上推論若是，則於此可對唐初北衙禁旅之編建發展，作成如下的綜述：

第一、唐初元從諸軍為太原起義軍，攻入京城後，取銷了左、右領軍大都督各領三統軍之上層編制，入屯禁苑龍首監而改編為「元從禁軍」，改由諸衛大將軍、將軍監臨攝領。約在武德六年，因元從部隊不願被解散，遂以行軍編制方式重編為軍，專責屯衛北門玄武門，因有「營」級編制，以故出現了「屯營」的流行稱謂。諸營不置專任主帥，而委由諸衛大將軍或將軍以檢校、攝判、兼領等監臨形式統領之。「元從禁軍」是其軍號，但無完整的軍建制；不過，此軍具有禁軍性質以及保留行軍野戰的編制，而屯駐於禁苑北門，遂成此後之慣例制度，所以被泛稱為北衙（北門）禁軍。

第二，太宗利用此軍一部份實行兵變而即位，軍中應該尚有不少擁護太上皇以及故太子之人，所以太宗特別重視此軍的整編。貞觀初基於禁軍已老及缺，兼且太宗有意推動軍隊精簡換血之軍事政策，因此對原有三萬人、可能有三十營之多的「元從禁軍」予以整編，大量讓元從軍人退除役，而僅揀選其中「材力驍壯」者約數千人，改編為「北衙七營」。由於此時禁軍之兵源主軸為父子兄弟世襲當兵，是以此部隊具有世襲兵役制之特色，因而有「父子軍」之稱。至貞觀十二年府兵定制以後，為了兼顧回歸府兵制兵、農合一的精神，太宗又將之改編為「左右屯營」，軍號「飛騎」，營以下之基層建制主帥為飛騎校尉——飛騎旅帥——飛騎隊正，與南衙諸衛基層建制的職級相同。「左右屯營」兼從府兵及民「戶二等以上，長六尺闊壯」者中徵選，故仍能保持其精銳驍壯的特質，並依慣例仍以營為單位配屬於常制的南衙諸衛。

第三，約自貞觀初改編「北衙七營」以來，「屯營」即開始分由兩員以上諸衛大將軍或將軍，以檢校、攝判、兼領等名義統領之，以故在軍制上這些諸衛大將軍或將軍即是各該屯營之實際統帥，而各該衛實際上就是配屬屯營的統率機關，直至高宗朝左右羽林軍獨立建軍而止。正因此故，所以唐初「屯營」在軍制上之法定最高統帥實為皇帝，並未專隸於左、右屯衛，也非一直是「屯衛分部」。

第四，作為「屯營」實際統帥之諸衛大將軍、將軍，分配所屬「屯營」番上宿衛於玄武門時，例由宿衛玄武門之當值諸衛內、外府中級將校押領，以實際監督執勤。此時此等中級將校——武德朝稱驃騎將軍、車騎將軍——與所配押之屯兵，實際關係也有「指揮／配屬」之關係，故有「屯營將軍」之稱。

第五，屯營兵雖然宿衛北門禁苑，但是另有其他諸衛高級將領奉敕警備監護，守捉屯兵及苑面，頗有憲兵的性質，以確保宮禁之安全。

總之，誠如《玉海·兵制三》所言，禁軍是指「在禁苑者也」，而且由於禁軍保持行軍野戰的編制，以故在律令上並無北衙禁兵營級（軍府級）以上之建制主帥，而配屬於南衙諸衛，亦即尚無專隸。尤其在貞觀朝的「屯營時期」，常由各衛一將領一營，以故諸營實質上分由諸衛所統率，而由諸衛軍府級將校所押領，成為各該衛府的特別配屬部隊，所以〈兵志〉謂「夫所謂天子禁軍者，南、北衙兵也。南衙，諸衛兵也；北衙，禁兵也」，蓋指此時禁、衛一體，而禁軍其實是總南、北衙的執勤禁衛兵而言。只因北衙兵屯駐於禁苑，唐初兵力不大，配屬於南衙諸衛而未獨立成軍，以故事實上是南衙諸衛兵中之一支常川駐苑部隊罷了，其制至此可以明矣。

至於唐長孺誤謂左、右屯營隸屬於左、右屯衛，貞觀十二年「屯營」中始置「飛騎」，也隸於「屯衛」；並在「屯營」獨立改為羽林軍後，仍隸於「屯衛」如故等說，蓋與唐初史實發展不符，可無需再贅辯。不過，筆者於此仍宜作一補充說明。即隋煬帝大幅改革開皇體制，而將其中的左右領軍府改為左右屯衛後，至唐高祖建國，於武德五年改革，「改左右翊衛曰左右衛府，左右驍騎衛曰左右驍騎府，左右屯衛曰左右威衛，左右禦衛曰左右領軍衛，左右備身府曰左右府，唯左右武衛府、左右監門府、左右候衛仍隋不改」；但降至七年三月因天下大定而初定《武德令》，於天策上將府之下，又依次定左右衛、左右驍衛、左右領軍、左右武候、左右監門、左右屯、左右領為十四衛府。即將左右威衛撤銷，不過卻仍置有左右屯衛，雖基本上沿襲大業體制，實際上卻是雜採開皇體制，以故使十二衛制度有些混亂，筆者於〈試論唐初十二軍之建軍及其與十二衛的關係〉篇已敘之。更有甚者，其後高宗與武后復一改再改，加上府兵制崩壞，遂致連唐人也不詳十二衛沿革之所以。如《大唐六典》卷二十四之〈左右威衛〉條謂左、右屯衛「至（高宗）龍朔二年改左右威衛，別置左右屯衛」，又簡載「凡飛騎宿衛者」一句，其意似謂左、右

屯衛復爲左右威衛，而又別置左右屯衛，以爲飛騎宿衛的統率機關；故《通典·職官十》左、右屯衛條似據之，但卻謂「龍朔二年改左右屯衛爲威衛，而別置左右屯營」，似乎表示此時的左、右屯衛改爲左右威衛，與左、右屯營無關。不僅兩書互相矛盾，抑且兩書亦自相矛盾，蓋與撰者將屯衛與屯營，屯衛軍號「羽林」與「羽林軍」等事制混淆有關。揆諸《唐會要》及兩《唐書》官志〈左右威衛〉條，皆未載有與屯衛或屯營有關之言，但其於〈左、右屯衛〉條載述屯營飛騎，似亦有誤。諸書記載如此，不易一一釐清，也就難怪唐長孺先生會有所誤。這些問題並非本篇論述的中心，容或以後再做耙疏。

五、關於「飛騎」與「百騎」

「飛騎」是屯衛北門禁苑之「左右屯營」的兵號，「百騎」則是陪侍皇帝田獵遊幸之特別部隊兵號，上面已略有論述。相較之下，「百騎」的史料較「飛騎」益少，其情形如何，二者關係如何，於此實有略爲補充的必要。

根據上面第一點之綜述，貞觀十二年太宗將「北衙七營」改編爲「左右屯營」，營號「飛騎」，兵員皆取「長六尺闊壯」者，故仍能保持其部隊之精銳驍壯特質。由於此部隊有禁軍、騎兵、驍壯之特質，故是天子最重要的親衛部隊，前舉貞觀十九年太宗親征高麗時，左武衛將軍王君愕「兼領左屯營兵馬」以從，並爲保護太宗而力戰殉陣；而在同年十月退兵還至營州時，太宗聞太子李治奉迎將至，乃「從飛騎三千人馳入臨渝關」，可見其因驍壯親衛之故，幾乎已全軍侍從出征。也正惟此故，叛軍若聞飛騎部隊來攻即爲之喪膽，例如貞觀十七年太子李承乾發動唐史上第二次玄武門兵變時，其弟齊州都督·齊王李祐亦反，太宗「詔兵部尙書李世勣等發懷、洛、汴、宋、潞、滑、濟、鄆、海九州兵討之。……時李世勣兵未至，而青、淄等數州兵已集其境，齊府……左右紿云：『英公統飛騎已城矣。』」遂擒李祐。〔註46〕可見「飛騎」兵種之聲威。

由於「飛騎」驍銳親衛，而有威懾力，故太宗於十七年四月廢承乾而改立晉王李治（高宗）爲新太子後，乃於閏五月丁巳「詔太子知左、右屯營兵馬事，其大將軍以下並受處分」。胡注於此謂「左、右十二衛，屯營也」，應

〔註46〕詳《通鑑》該年三月條，卷一九六，頁6187～6188。

是誤解，或是近人標點致誤。〔註47〕蓋左、右十二衛之軍事總部在皇城之內，其宿衛執勤時則分爲左右廂配置，前舉武士䂍之「武德中撿挍右廂宿衛」，〈獨孤開遠墓誌〉謂他在貞觀三年奉敕檢校左衛將軍事，「五年春，兵馬大教習，奉敕令檢校右箱六衛事」，即是其例，以故左、右十二衛應非屯駐北門而兵號「飛騎」之屯營。因此，此處所謂「左、右屯營兵馬」，應以確指左、右屯營飛騎之兵馬爲是。退而求其次解，如將胡注標點爲「左、右十二衛屯營也」，而其意是指配屬於十二衛之屯營，亦勉強可以，只是十二衛並非每衛皆配置屯營而已。正因屯營配屬於諸衛指揮，以故太宗詔令諸衛大將軍以下並受新太子處分，蓋欲讓新太子早日與此勁旅發生關係，鞏固其繼嫡之地位也。正因如此，是以貞觀二十三年五月二十六日太宗崩於翠微宮時，從臣密不發喪，《通鑑》謂長孫「無忌等請太子先還，飛騎、勁兵及舊將皆從」。〔註48〕按：此處似乎也應點作「飛騎勁兵及舊將皆從」。蓋此處之「飛騎、勁兵」，即是《舊唐書・太宗紀》所載之「遣舊將統飛騎勁兵從皇太子先還京」。前舉〈程知節墓誌〉，謂知節於貞觀末「追授左屯衛大將軍，於北門檢校屯兵……二十三年，自翠微宮奉敕統飛騎從今上（高宗，即前文之太子）先還，即於左延明門外宿衛。經乎百日，俄加鎮軍大將軍。永徽中，轉拜左衛大將軍，兼檢校屯營兵馬」，也就是指此事而言。由於程知節統「飛騎」此勁兵保護太子先還京城，並在左延明門外警備百日，使太子順利即位，立有功勳，故先進階爲從二品之鎮軍大將軍武散官，而後職事官由左屯衛大將軍轉拜爲十二衛首席之左衛大將軍，並仍兼檢校屯營兵馬。由此可知，屯營飛騎因其親衛精銳，所以被時人視爲「勁兵」；而不是當時在「飛騎」之外另有其他勁兵，甚至另有一支號爲「勁兵」的兵種也。

另外，關於「百騎」。

〈兵志〉謂「貞觀初，太宗擇善射者百人，爲二番，於北門長上，曰『百騎』，以從田獵。又置北衙七營，……十二年，始置左、右屯營於玄武門，領以諸衛將軍，號『飛騎』。……復擇馬射爲『百騎』，衣五色袍，乘六閑駁馬，虎皮韉，爲游幸翊衛」，是則太宗曾於貞觀朝兩置「百騎」也；然兩《唐書》他處均無是載，而《通典・職官十・左右羽林衛》、《唐會要・京城諸軍》、《通

〔註47〕詳《通鑑》該年月條並胡注，卷一九七，頁6199。
〔註48〕詳《通鑑》該年月條，卷一九九，頁6267。

鑑》皆僅載「百騎」於十二年置。至於對分二番而於北門長上的特別部隊，則無太大質疑；但對其兵源，卻頗有異說。於茲先略考貞觀時「百騎」究竟有一次建置抑或有兩次？

據《舊唐書‧王毛仲傳》云：

> 太宗貞觀中，擇官戶蕃口中少年驍勇者百人，每出遊獵，令持弓矢於御馬前射生，令騎豹文韉，著畫獸文衫，謂之「百騎」。
> 〔註49〕

按；此「貞觀中」當即就是上引文之貞觀十二年，然選官戶爲兵則是高宗時事；不過，〈王毛仲傳〉雖誤將高宗以後取民戶甚至戶奴以充「飛騎」之事實攔入，但其意謂貞觀中僅置「百騎」一次，語意則相當明確。若是，則〈兵志〉謂有兩次設置，或可能有失？今據《鄡侯家傳》之憶，謂：「初，高祖好畋獵，於元從揀善射者百人，分兩番於北門長上從獵，謂之『百騎』。太宗時亦然。」〈兵志〉述唐初北門禁軍多據《家傳》，據是，則〈兵志〉所言蓋失之在略。其正確事實殆爲：高祖時已置有「百騎」爲親從，太宗兵變即位後，陸續撤銷高祖所置的十二軍，並可能亦將高祖之「百騎」取消，其後於貞觀十二年整編「北衙七營」爲「左右屯營」飛騎之同時，又重置「百騎」此一兵種而已。

假定貞觀十二年置「左右屯營」，並從中選拔才力驍健善射者號爲「百騎」，以從遊幸之記載爲眞，則其事最早見載於《唐會要‧京城諸軍》與《通典‧職官十‧左右威衛》，而兩書記載相同，蓋皆本於同源之史料。〈兵志〉敘述兼採《家傳》，反而頗有疏略。《通鑑》於諸書中較後出，亦謂貞觀十二年十一月「初置左、右屯營飛騎於玄武門，以諸衛將軍領之。又簡飛騎才力驍健、善騎射者，號百騎，衣五色袍，乘駿馬，以虎皮爲韉，凡遊幸則從焉」，〔註50〕是則最後確認「左、右屯營」之兵號爲「飛騎」，「初置」於是年；而再度重置後之「百騎」，則是從「飛騎」中簡選而成，可補〈兵志〉之疏略。因此，諸書雖皆未述「高祖好畋獵，於元從揀善射者百人，分兩番於北門長上從獵，謂之百騎」，然而《家傳》所述恐怕仍有可信之餘地。蓋太宗經常模仿高祖，李樹桐先生已詳論之，而高祖喜好田獵閱武，太宗亦然，筆者先前

〔註49〕參《舊唐書‧王毛仲傳》，卷一〇六，頁3252。按：從前論阿史那社爾等曾典領屯營之事例看，貞觀中末期恐怕的確有蕃口充百騎。

〔註50〕見《通鑑》該年月條，卷一九五，頁6141。

亦已有論，〔註51〕是則高祖由元從中選置「百騎」以從畋獵，這些元從並不為政變的太宗所放心，以故將之取消；其後始從新編之左、右屯營「飛騎」中選置新「百騎」，是北衙勁兵中之勁兵，其事可明。

至此，筆者需指出，儘管貞觀十二年始置「左右屯營」於玄武門，領以諸衛大將軍或將軍，兵號「飛騎」，復又從「飛騎」中選擇善馬射者為「百騎」，但是卻也未謂「百騎」隸屬於「飛騎」，其故安在？

按：「飛騎」作為左、右屯營，是北衙禁軍勁旅，身份性質特殊，以故分由位階高於營級的南衙諸衛大將軍或將軍監臨統領，當其宿衛北門時則命與營同級的軍府將校分押，已如前論。不過「百騎」雖從「飛騎」中選擇，但其勤務卻非屯衛北門，而是一支分兩番長上侍從天子田獵遊幸的特別部隊，故諸書均謂其「衣五色袍，乘六閑駁馬，虎皮韉，為游幸翊衛」，服裝特別，易於辨識。由於此故，此特別部隊殆亦由皇帝直接統率，而亦為諸衛中級將校所押領。如前引在隋朝為皇太子進馬，「大業九年，從至江都，尋追北門宿衛」之斛斯政則，墓誌續謂其歸唐後仍參掌馬政，太宗即位後乃「轉右驍衛宜□府右別將，俄遷明威將軍、守右屯衛永樂府折衝都尉。……十八年，從幸洛陽宮（按：指太宗親征遼東之役），……有敕令統百騎，以參六軍。……即以勳授右監門中郎將，累加上柱國」，顯示此部隊不僅侍從天子田獵遊幸，兼且也侍從親征，並由折衝都尉等諸衛中級將校押領之。

「百騎」是從「飛騎」中選擇而特置，具有「貼身帶刀侍衛」性質，任務以侍從天子田獵遊幸為主，但與另一支同樣具有「貼身帶刀侍衛」性質的律令建制兵種——千牛衛部隊——卻無相關。左、右千牛衛在隋開皇體制原名左、右領左右府，各置大將軍、將軍，掌侍衛左右，供御兵仗。其下統領千牛備身十二人，掌執千牛刀；備身左右十二人，掌供御弓箭；備身六十人，掌宿衛侍從，並置有長史以下幕僚。降至大業體制，改府名為左、右備身府，唐朝改為左、右千牛衛，組織亦有調整。〔註52〕大體而言，「百騎」與「千牛」員額差不多，但是「百騎」是侍從天子田獵遊幸之「貼身帶刀侍衛」，而「千牛」則是天子朝會見客時之「貼身帶刀侍衛」；「百騎」從「飛騎」中選拔，

〔註51〕李說詳其〈論唐高祖之才略〉（收入其《唐史考辯》，臺北：臺灣中華書局，民國 54.4）及〈唐太宗的模仿高祖及其對唐帝國的影響〉（收入其《唐史新論》，臺北：臺灣中華書局，民國 61.4），拙說參同註 1 第三文。
〔註52〕領左右府之建制改變可詳《隋書》卷二十八《五代史志·百官下》，以及《大唐六典》、《通典》、兩《唐書》官志〈千牛衛〉等條。

有「才力驍健、善騎射」的特質，故是北衙勁兵中之勁兵，而「千牛」則是貴戚高官的子弟，唐高祖即曾爲隋文帝的千牛備身，故有親貴的特質。並且，「千牛衛」是律令上正式的南衙衛府機關，置有正三品大將軍以下官員，其下之屬員皆是官，故統有府兵衛士；而「百騎」若以百人計算，則僅是一個「旅」級編制（兩隊爲旅）的侍從隊伍，甚至沒有編置常制主帥──旅帥，而依禁軍之例由南衙諸衛中級將校押領，以故兩者地位相差甚遠。

今據上論，知太宗朝屯營飛騎，平時實際上是配屬於南衙諸衛將軍統領，宿衛玄武門時則由當值諸衛中級將領驃騎將軍或車騎將軍押領，以俾指揮執勤，故官爲折衝都尉（即驃騎將軍）之斛斯政則，「有敕令統百騎，以參六軍」也者，不過僅是援此軍制而已。在他之上，或許尙應有更高級之頂頭上司，姜行本疑即其例。《舊唐書・姜謩傳・行本附傳》云：

> 行本，貞觀中爲將作大匠。太宗修九成、洛陽二宮，行本總領
> 之，以勤濟稱旨，賞賜甚厚。有所遊幸，未嘗不從。又轉左屯衛將
> 軍。時太宗選趫捷之士，衣五色袍，乘六閑馬，直屯營以充仗內宿
> 衛，名爲「飛騎」，每遊幸，即騎以從，分隷於行本。〔註53〕

《新唐書》同傳所載略同，而《冊府玄龜・環衛部・寵異》目則謂行本「爲左屯衛將軍，轉蒙思顧，於玄武門宿衛及園苑之務皆以委之，其屯營飛騎亦分隷於霍。每有遊幸，即領騎以從焉」。〔註54〕由於行本之父爲太原元從，故行本是元從之子弟，其所領之部隊，論服色及任務則應是「百騎」，而此三書皆謂「飛騎」，或有誤；而唐長孺據之，疑兩者「應同有此服色」但亦不敢確。〔註55〕筆者以爲，行本於貞觀中末期轉左屯衛將軍，管領一部份屯營飛騎以宿衛，正合貞觀、永徽間之制度。「園苑之務」另有他司管理，此處謂「園苑之務皆以委之」也者，蓋因行本蒙太宗之寵信而獲授權耳；否則「園苑之務」，應是園苑田獵之事務的簡略，不由左屯衛將軍所管。按：宿衛北門的屯營「飛騎」與特別部隊之「百騎」各有獨立的兵號，據此以推，可能行本以左屯衛將軍領某屯營「飛騎」，又因太宗常於禁苑遊獵之故，所以得蒙寵異的他，另獲授權兼管「園苑之務」──即園苑田獵之事務，以故並領一隊「百騎」以

〔註53〕行本是姜謩之子，《新唐書》同傳謂其名「確，字行本，以字顯」，引文據《舊唐書》卷五十九，頁2333。

〔註54〕《冊府玄龜・環衛部・寵異》（台北：大化書局，民國73.10）條稱行本之名爲霍，見卷六二六，頁3317下～3318。

〔註55〕唐謂「此說姑爲臆測，亦未敢斷言也」。參前揭書，頁88～90。

侍從遊獵罷了，此所以謂「每遊幸，即騎以從，分隸於行本」也。

　　要之，「百騎」兵力若以百為額，則是一個旅下轄兩個隊的編制，以故分兩番執勤。在貞觀中期此段時間，折衝都尉斛斯政則曾奉「敕令統百騎」，以其位階而言恐怕僅統其中之一部分——大約一隊——而已，殆非全統「百騎」兩隊。疑另一隊蓋由左屯衛將軍領某屯營「飛騎」之姜行本所親統，故謂「分隸於行本」。至於「百騎」全部隊，或許也由行本以左屯衛將軍所檢校，亦即若是兩人同時領「百騎」的話，則很可能是行本以左屯衛將軍領某一屯營「飛騎」，另檢校或兼領「百騎」，以故「百騎」之一隊「分隸」於行本，另一隊則由折衝都尉斛斯政則所統。史傳語焉不詳，而又或將「飛騎」與「百騎」相混，以致誤歟？「百騎」在武后以後擴充為「千騎」、「萬騎」，仍分左、右營編制，但置使而命他官押領，加入北門宿衛序列，以至玄宗時正式獨立為「左右龍武軍」而止，蓋是此慣例之沿用發展罷了。〔註56〕

　　是知「百騎」與「飛騎」雖同屬北衙禁軍系統，要之皆配屬於南衙諸衛，為諸衛高級將領所監臨管制，而分由諸衛之中級將校所押領指揮，皆無專屬而獨立之中級以上主帥建制，此為可以肯定之事，所以〈兵志〉逕曰「夫所謂天子禁軍者，南、北衙兵也」，蓋因唐初禁兵實際配屬於南衙諸衛，源出屯營飛騎之百騎亦然也。

　　至於谷霽光所言，謂「宿衛有南、北衙之分，十六衛屬南衙是為衛府之兵，另有禁兵屬北衙。……南衙以文臣主兵事，屬宰相所領，可以奉敕調遣武臣和軍隊；北衙以武臣主兵事，宰相一般不參與，而由皇帝直轄」。究其實際，其實唐制宰相非授權則從來不領兵，更遑論「南衙以文臣主兵事」矣，此是其不明軍令系統與軍政系統之別也。彼又謂「南北衙宿衛，不獨屯營與直宿互相交錯，而且兵將也互相滲透，乃唐代南北禁軍一個特點。……兵的滲透，更為特殊。……是衛府之兵歸北衙統領以司宿衛的例證」。其言大誤，蓋不過是想當然耳，更未得到唐初南、北衙部隊統率指揮管制運用之真相，固可不辯而明。

〔註56〕《舊唐書·職官三·左右龍武軍》條，謂「太宗選飛騎之尤驍健者，別署百騎，以為翊衛之備。天后初，加置千騎，中宗加置萬騎，分為左右營，置使以領之」，即指此而言（卷四十四，頁1903〜1904）。同書卷一八五上《田仁會列傳·子歸道附傳》謂武后末期，歸道「甚見親委。累遷左金吾將軍、司膳卿，兼押千騎。未幾，除尚方監，加銀青光祿大夫。轉殿中監，仍令依舊押千騎，宿衛於玄武門」，則是其實例。

六、結 論

隋末大業十三年李淵「起義」於太原，進攻長安，其時太原起義部隊已有「元從」之稱。此後元從部隊的發展可以分為四期：第一期是武德初的「舊編元從禁軍時期」，第二期是武德六年至貞觀初的「新編元從禁軍時期」，第三期是貞觀初至十二年的「北衙七營時期」，第四期是貞觀十二年以後至高宗中期成立左、右羽林軍的「左右屯營時期」。

「太原從義之師」原編制有左、中、右三支野戰軍，左、右二領軍大都督分由李建成與李世民擔任，其下各統三個統軍。攻入長安後，此號稱「元從」的部隊似已入屯禁苑。其後建成為太子，世民為秦王，仍常統兵征戰，以故「太原從義之師」未必就立即解散，只是建制不詳。及至唐高祖在關中整編軍府創建為十二軍之約同時，似也曾將元從部隊予以整編，使之長期留置於禁苑以為「元從禁軍」，此是元從部隊以軍為名之始。「元從禁軍」之指揮總部設於龍首監，而指揮官則由與高祖同為八柱國家子弟之李仲威，以諸衛將軍的身份來「兼主」。此種派遣諸衛常制高級將領統領某軍的方式，是一種任務差遣，與十二軍及行軍之命將慣例正同，故究其實際，元從部隊自始即是一支以屯衛北門為主的常川駐苑野戰軍。約至武德六年十二軍首次罷廢之時，此軍也曾予以解散；然因元從三萬人不肯復員，反而「願留宿衛為心膂」，以故高祖再予整編，仍於「龍首監置營以處」，並仍由李仲威以諸衛將軍的身份繼續監臨，於是元從部隊進入第二期發展。

第二期的新編「元從禁軍」，繼續以行軍方式編組，實際上仍是一支屯衛禁苑北門的常置野戰軍，以故依行軍慣例而得以「營」為下一級的戰鬥編制，而委由南衙諸衛將軍兼領之，並於番上宿衛時得派遣諸衛軍府將領來充任押隊指揮。因此，「元從禁軍」有「屯營」編制實是正常之事，而敬君弘於武德中為驃騎將軍「掌屯營兵於玄武門」，亦是正常之事；然而之所以會有「屯營將軍」之號，則的確是當時之流行稱謂。「元從禁軍」營級以上之不置專任建制主帥，表示此軍並無完整的「軍」建制，亦即其性質不是常制軍而僅是野戰軍，並且常川屯駐於禁苑北門，此後遂成慣例，因此被泛稱為北衙（北門）禁軍。「元從禁軍」此體制特徵在第三與第四期的「屯營時期」更為明顯。諸衛大將軍、將軍常以檢校或試攝等名義來「監臨」屯營，而由軍府將校實際押領，此在《唐律》上雖有實質主管之權，但並非法定主官。「元從禁軍」的法定統帥應是皇帝，以故「營」級以上之實質主帥與其配屬部隊的關係，在

軍制學上是指揮／配屬的關係；當然，監臨主管對其配屬部隊事實上具有統率之關係。此關係遂成為第三、第四期禁軍發展的慣例，直至高宗朝成立「左右羽林軍」而止。

要之，「元從禁軍」既然不是一支完整的建制軍，其獲得此稱號的由來，蓋與其由元從組成、進駐禁苑，與及採行軍編制等三個因素有關。不論舊、新編的兩個「元從禁軍時期」，抑或此後兩個「屯營時期」，元從部隊諸「屯營」自始即委由皇帝信任的常制諸衛將領來實際統率，本身並無常制建制主帥，而且也未專隸於「左右屯衛」。也就是說，「屯營」與「屯衛」自始即無法定建制上的統屬關係，即使屯衛將軍獲授權統領屯營時，也無左屯衛將軍必然領左屯營，而右屯衛將軍必然領右屯營的制度。

「元從禁軍」兵力有三萬人，約編成三十個營，總部置於宮北禁苑之龍首監，此與十二衛總部置於宮南之皇城不同，以故《玉海》謂「北衙，即北軍之在禁苑者也。……北軍左、右兩軍皆在苑內」，陳述可謂甚明確。「元從禁軍」軍事任務以屯衛北門玄武門為主，而高祖也曾從中選取驍勇者置為「百騎」——相當於一個「旅」的編制，以為田獵時之親從特別部隊。

及至太宗利用部分禁軍兵變即位，基於政變危機意識及軍事安全考量，推動了精簡及換血的軍事政策。他不但將十二軍撤銷而使之回歸十二衛建制，抑且也對「元從禁軍」予以改編，將其老及缺者淘汰——或許以高祖、建成父子當年的舊部為主，整編為「北衙七營」。七營兵力估計不滿一萬人，以故其實是大淘汰，留營者或「以其子弟代，謂之父子軍」，因此北衙禁軍此時帶有世襲兵制的特質；不過，其統率指揮系統則仍然保留著上述的慣例傳統，並分由多員諸衛大將軍或將軍來統領，以免形成一將專領之局。此為第三期的發展。

降至貞觀十二年，府兵定制以後的兩年，當年元從老者更多，北衙部隊面臨第三次改編。太宗本於府兵制兵、農合一的精神，將「北衙七營」改編為「左右屯營」，可能有六營或以上，兵號「飛騎」，基層組織有飛騎校尉——飛騎旅帥——飛騎隊正三級建制，當時號為勁兵。「飛騎」是北衙部隊正式具有兵號之始，而不是在「左右屯營」之下或之外另置一個新兵種。此外，太宗效法其父皇，又從飛騎兵中選取其尤驍壯者再置「百騎」，以為遊幸之親從侍衛隊。由於此次改編，「左右屯營」的飛騎兵開始有從現役府兵轉役者，也有徵自二等以上民戶者，甚至可能有蕃口，因此兵源基礎擴大，成為高宗中期以後擴充「左右屯營」為「左右羽林軍」，玄宗繼而擴充「百騎」為「左

右龍武軍」之濫觴。此爲第四期發展的概略。

「屯營」分成左、右序列，分由南衙諸衛大將軍、將軍監臨統制，並且左序諸衛可能檢校右屯營，反之右序諸衛也可能檢校左屯營，固無定制也。至於番上時仍由諸衛中級之軍府將校分押，則傳統慣例不變。只是每一南衙諸衛大將軍、將軍分別檢校一個屯營，顯示太宗仍對禁軍未放心，以故無意使之獨立成軍，如後來的「北門四軍」一般。總之，太宗將「北衙七營」改編爲「左右屯營」，是朝將元從部隊進一步精簡降格、分散整編、統一兵役，以及繼續令南衙諸衛監臨的方向發展，無異是一種軍、衛統合而又以諸衛作爲軍隊主體的軍事政策。揆諸後來的事實，左、右屯營擴充獨立爲左、右羽林軍，百騎擴編爲千騎、萬騎之後，即一再有力參與政變，輕易廢立皇帝，以故太宗之舉或許尙未算失策。

至此可知，「北衙七營」及「左右屯營」之軍人當初選自元從及其子弟，應非如百官子弟所組成的三衛五府部隊般，用以充任內府宿衛；也非如親貴子弟所組成的千牛部隊般，用以爲朝會之帶刀侍衛。作爲北門宿衛的禁軍部隊，「左右屯營」擁有「飛騎」之獨立兵號；而作爲侍從遊獵的特別勤務部隊「百騎」，則更直以「百騎」爲其兵號，皆與內府宿衛、千牛備身無關。屯營飛騎因其親衛精銳，所以被時人視爲「勁兵」，而不是在「飛騎」之外另有一支號爲「勁兵」的兵種。至於高祖朝始置、太宗朝再置的「百騎」，其統率指揮的原則同於「飛騎」，而互不隸屬，且因其也具有「貼身帶刀侍衛」的性質，以故更是北衙勁兵中之勁兵。

總而言之，誠如《玉海・兵制三》所言，禁軍是指「在禁苑者也」。唐初北衙禁軍不論兵種兵號爲何，皆始終保持著行軍編制而配屬於諸衛，但其法定建制的最高統帥則實爲皇帝。及至十二軍已再度罷廢，而貞觀十年府兵定制後，十二軍所屬軍府回歸律令而歸建於十二衛，以輪番宿衛京師。因此，以後十二衛大將軍、將軍不僅在律令上統率法定直屬軍府（折衝府）之本軍府兵，兼且也慣例地奉敕管領配屬之屯營「飛騎」以及特別部隊「百騎」，是以〈兵志〉逤曰：「夫所謂天子禁軍者，南、北衙兵也。南衙，諸衛兵也；北衙，禁兵也」，蓋指此時禁、衛一體，而禁軍其實是總南、北衙兵而言；只因北衙兵屯駐於禁苑，唐初兵力不大，配屬於南衙諸衛而未獨立成軍，以故事實上是南衙諸衛兵中之一支常川駐苑部隊罷了，其制至此可以明矣。

本文原刊於《中國中古史研究》4 及 5 期合刊　2005

從戰略發展看唐朝節度體制的創建

一、前　言

　　《新唐書》是正史中第一部撰有專門〈兵志〉之書，而涉及國策，以及國策指導下的國家戰略，國家戰略指導下的軍事戰略與軍事體制，乃至野戰（戰場）戰略與野戰體制等問題，〔註1〕此與杜佑《通典・兵典》集中論載野戰體制以及野戰戰術編制等大不相同，是則歐陽脩對於國家安全與軍事問題的注意，可謂甚矣。但因尚未涉及國策與大戰略的變動與關係，〔註2〕所以猶誤會「自高宗、武后時，天下久不用兵，府兵之法浸壞」，胥與此有關。正坐此故，所以又誤謂「太宗時行軍征討曰大總管，在其本道曰大都督。自高宗永徽以後，都督帶『使持節』者，始謂之『節度使』」云云。該志敘述玄宗以前國防軍事體制的建立以及演進時說：

　　　　蓋古者兵法起於井田。自周衰，王制壞而不復。至於府兵，始一寓之於農，……蓋得其（按：指周制）大意焉，此高祖、太宗之所以盛也。至其後世子孫，嬌弱不能謹守，屢變其制，……遂至於亡焉。

　　　　蓋唐有天下二百餘年，而兵之大勢三變：其始盛時有府兵，府兵後廢而為礦騎，礦騎又廢而方鎮之變盛矣。……

　　　　自高宗、武后時，天下久不用兵，府兵之法浸壞。……（天寶）八載，……停上下魚書，其後徒有兵額官吏。……及府兵法壞而方鎮盛。武夫悍將，雖無事時，據要險，專方面；既有其土地，又有其人民，又有其甲兵，又有其財賦，以布列天下。然則方鎮不得不強，京師不得不弱，故曰『措置之勢使然者』，以此也。

〔註1〕國策即是國家目標。通常在國策指導之下擬訂國家戰略，以為達成國策的方略。軍事戰略則是在國家戰略的指導下擬訂，野戰（戰場）戰略則是在軍事戰略的指導下擬訂。國防體制以及軍事體制，則是根據國家戰略以及軍事戰略而設置制定。

〔註2〕大戰略是英國的分法，美國則將之視為國家戰略的一個面向。按：戰略的本質僅是一種思想與方法，以故國家戰略是指國家發展及運用一切資源以求達成既定目標的思想與方法，大戰略則是指國家在既定目標下發展及運用國際一切資源與力量的思想與方法，因此大戰略應是國家戰略的一個面向。本文為了區分唐朝對開國統一、國內安全，以及對付國外強敵、謀求國際安全的思考與策劃，所以仍用國家戰略及大戰略之詞；至於單言「戰略」一名時，則包含了大戰略、國家戰略以及軍事戰略三個層面，但一般指國家戰略而言。

夫所謂方鎮者，節度使之兵也。原其始，起於邊將之屯防者。
唐初，兵之戍邊者，大曰『軍』，小曰『守捉』；曰『城』、曰『鎮』，
而總之者曰『道』，……此自武德至天寶以前邊防之制。其軍、城、
鎮、守捉皆有使，而道有大將一人曰『大總管』，已而更曰『大都督』。
至太宗時，行軍征討曰『大總管』，在其本道曰『大都督』。自高宗
永徽以後，都督帶『使持節』者，始謂之『節度使』，然猶未以名官。
景雲二年，以賀拔延嗣為涼州都督、河西節度使。自此而後，接乎
開元，朔方、隴右、河東、河西諸鎮，皆置節度使。〔註3〕

唐朝節度體系影響局勢之大，世所熟知。《新唐書‧兵志》所述，影響後世研
究節度體系，甚至唐朝整個軍事建制，亦無庸舉證。歐陽脩為一代文宗，但
對於唐朝前半期的大戰略、國家戰略、軍事戰略以及軍事體制，似乏深度認
識。是則〈兵志〉所述若有錯誤，在權威說法影響之下，後之研究者，遂難
於明辨清源。

《新唐書‧兵志》上述部份引起最多研究的，厥為節度使最早出現的時
間及其軍事體制等問題，其餘則較為治史者所忽略。至於研究此問題的方法，
往往參引他書不同的記載，互作校勘考證，著眼點是欲確定「節度使」一名
的確立問題而已，較少從常備軍事體系、行軍野戰體系及邊疆警防體系的轉
變作入手研究。此類軍事體系問題，與前期大戰略、國家戰略、軍事戰略、
野戰戰略以及國防軍事政策均有密切關聯，研治節度體系者更甚少由此入手
研究。

按：「節度」僅為戰略及國防軍事政策改變下，實施區域作戰的最重要授
權，是唐朝藩鎮體系的一環。藩鎮體系除節度體系外，尚有團練、防禦、經
略、鎮守諸體系，其長官率皆稱為使。唐朝後半期，常以節度團防為藩鎮的
總稱，且又往往以節度代表了團、防、經、鎮各體系。節度團防體系因戰略
及國防軍事政策的變動而逐漸建立，此類改變亦與國策有密切關係。太宗曾
向長孫無忌談及初期國策，曰：

朕即位之初，上書者或言人主必須威權獨運，不得委任群下；
或欲耀兵振武，懾服四夷。唯有魏徵勸朕偃革興文，布德施惠，中
國既安，遠人自服。朕從其語，天下大寧。絕域君長，皆來朝貢；

〔註3〕 見《新唐書》（臺北：鼎文書局新校標點本。本文以下所引正史均同此版本）
卷五十〈兵志〉（本文簡稱為〈兵志〉），頁1323～1328。

　　九夷重譯，相望於道。此皆魏徵之力也。〔註4〕

由此可知，太宗即位之初，即已發生國策抉擇的辯論。表面上，太宗採納了魏徵的先中國而後四夷，推行布德偃武的策略。事實上，從太宗征伐四裔的決策上看，他也兼採「耀兵振武，懾服四夷」的政策。換句話說，太宗的國策是綜合性的，他一方面以安定中國爲本，一方面向世界展示其國力，雙管齊下，王霸雜用。若要貫徹此國策，則必需修改其原有的國防軍事體制，這是節度體系建立的遠因。〈兵志〉對此實未詳敘，而本文則略欲對此加以探討。

　　由於本文前段以討論戰略策定及其變化爲主，而戰略形勢及其背景發展，論述應宜疏通，是以多依《隋書》、兩《唐書》、《通典》、《通鑑》諸書所載疏而通之，並爲免行文長徵累贅或內容割裂，故不一一爲之詳註，讀者覆按則請自行檢閱各該書傳。至於後段則以實例論證爲主，加以諸書所載常牴牾矛盾，時有闕文，是以行文稍呈冗辯，尚請恕諒。

　　又，本文當初應邀爲文化大學張其昀先生壽而作，撰寫匆忙，不免疏略，今將後大半段重寫，庶幾嚴謹而較具說服力，以就正於方家。

二、唐朝的開國戰略

（一）西攻東守的戰略

　　很明顯的，李淵的起事與突厥的入侵有關，與突厥－劉武周的聯合軍事壓力更有密切關係。按：李淵但任太原留守，利用突厥來犯爲藉口而實行兵變，但爲生存和發展起見，實須瓦解或緩和此聯合軍事壓力，才能抽軍遠征關中。劉武周在其大將宋金剛來歸之前，原無襲取太原而南向爭天下的大志；崛起初期，他僅是一個割地自雄的人，而且屈服於突厥之下，因此李淵交涉的對象不在此而在其後臺靠山的突厥。太原起事不久，李淵即命令其謀主劉文靜出使突厥，約定連和。

　　太原－突厥的連和關係非常值得注意。單就隋末中國局勢來說，黃河流域以北羣雄大多與突厥建立連和關係，甚至屈爲附庸；此等連和關係主要爲政治性的，但也往往包含有軍事性。太原集團與突厥的關係，爲追隨太原起事的名臣溫大雅撰入其《大唐創業起居注》一書之中，這是一部翔實記載太

〔註4〕參《貞觀政要》（臺北：臺灣中華書局，民國51.5 臺一版）卷一，頁16～17，及卷五，頁29。

原集團由起事至攻入關中建國的日記式作品。據溫氏記載，與突厥發生關係出於李淵的主動。李淵採取外交低姿態，直接與突厥始畢可汗通書，提出連和要求。李淵在書啓中，申述其舉義兵、寧天下，遠迎煬帝還京，與突厥和親修好的宗旨及計畫，要求突厥支持以及停止對太原的侵略。聲言突厥若以武力支持其行動，則征伐所得的子女玉帛皆歸可汗所有；若僅給予政治支持，互相「和通」，可汗亦得坐受寶玩，不勞兵馬。六月，始畢可汗覆書及使節先後至，李淵乃於翌月派遣策劃此關係的軍事幕僚長劉文靜報聘。

劉文靜啓程之時，李淵曾私下給予秘密指示，指出此舉外交作用大於軍事作用，平定天下依靠太原武力，突厥部隊多來無益復無所用之，當前與突厥建立有限度軍事同盟關係，一者爲透過突厥牽制劉武周，一者爲利用突厥聲勢製造有利形勢。因此，李淵的構想是在利用突厥的力量而又避免過分接受其影響。至於始畢可汗的看法，則與李淵大有不同。始畢計算李淵有能力平定關中，若李淵能以天子自爲，則有利可圖，此爲建立軍事同盟的先決條件；至於李淵攻入關中而迎還與之有宿怨的煬帝後，屆時突厥與中國的關係決不會改善，[註5] 而且李淵在煬帝猜忌政治之下亦必無好結果，更遑論主持改善兩國的關係了。是則始畢的構想乃在多扶植一個割據政權，以便支配而已。在國際間謀求最大的國家利益，此正爲唐朝開國前唐、厥雙方大戰略之展開。

先是，隋末天下大亂，羣雄並起。煬帝大業十三年（西元 617）二月，馬邑（治今山西朔縣）校尉劉武周刼殺太守王仁恭，據郡起事，自稱太守。隋將進兵圍攻，武周乃附庸於突厥，與之建立軍事同盟，因此突厥遣兵與劉武周集團聯合作戰，擊敗隋師，進陷樓煩郡（治今山西靜樂縣），佔領汾陽宮。突厥以狼頭纛立武周爲「定楊可汗」，而武周則私自建立帝制。當時，武周因得突厥支援，已經佔領了定襄郡（治今山西魯平縣西北），佔據地盤與突厥連接，且可直指太原。太原留守・右驍衛將軍李淵原奉命鎮守太原，與王仁恭共同抗突厥。李淵是年曾因抗戰無功，煬帝一度欲執之至江都問罪，故嘗自懼。此時離宮淪陷，保護無功，自忖罪當死。因此以徵召管內部隊討伐劉武周爲名，乃在五月兵變起事。[註6]

〔註5〕 兩年前（大業十一年）煬帝親巡北塞，一向關係良好的始畢可汗突率數十萬騎兵實施襲擊，圍攻煬帝行列於雁門。煬帝急召天下募兵勤王，作戰一月，始畢才撤退，兩國由此交惡。

〔註6〕 高祖起事的動機，《大唐創業起居注》及兩《唐書・高祖本紀》均有透露，不

始畢可汗的政策對李淵產生巨大壓力。當李淵堅拒突厥的先決條件時，麾下軍隊卻表示同意突厥看法。他們追隨起事，原多有從龍之志，以追求富貴。一旦李淵堅拒此條件，他們亦表示有解散而去之意，李淵因此被逼要求其智囊團謀求新的對策。以幕僚長裴寂爲首的智囊，建議確立彈性政策，此即入關擁立代王而廢煬帝以示義舉，爭取政戰優勢；另外則又更改隋朝國旗顏色以示突厥，表示與煬帝決絕，取得其承認與支持。李淵從之，將決議馳報突厥，始畢可汗乃遣使送馬匹至太原交市，並答允派遣部隊追隨作戰，兵力大小由李淵決定，這是劉文靜報聘的原因。

始畢及李淵各自對其政策作了適度讓步，故劉文靜圓滿完成連和的任務。突厥以小兵團作支援，並達定「若入長安，民眾土地入唐公（李淵封爵），金玉繒帛歸突厥」的協定，李淵對此也表示滿意。〔註7〕

李淵既與突厥同盟，解除北方強敵威脅，然後始能引兵南下以爭天下。李淵以攻取關中爲經營天下的基礎，分精兵三萬爲三軍，分道會攻長安，另留部份兵力交由第三子李元吉留守太原，以鞏固根據地。由七月發動南下至十一月西進長安，發展順利迅速的原因與政戰有關。李淵在太原時已開倉賑濟，爭取響應；而且他僅建立大將軍府以作爲總部，以「匡復」作爲政戰口號，因此沿途即已收編了不少其他起事部隊及隋朝政府軍，陣容日壯。及至進入京師，即遙尊煬帝爲太上皇，擁立留守於長安的代王楊侑，而以「義寧」爲新年號，這一切皆與既定策略相符。李淵經略方針之正確，直接反映出其大戰略構想的適當；從而亦反映了突厥當時的大戰略對李唐開國的影響力。

李淵攻入關中，兵力已發展至二十萬。二十萬之眾在當時羣雄中並不算最強大，力量更不足以言分兵經略天下，是則李淵勢須計算力量，部署戰略以統一全國。潼關以東羣雄眾多，力量強大者有李密、王世充、竇建德等集團，此皆非關中力量所能輕易摧毀，也非李淵統一戰略的優先對象。李淵的優先對象是肅清關中、河東的反對力量，以奠定根本；再次則爲摧毀河西、隴右的割據勢力，消除關中的側翼威脅；再次才是關東及江嶺的經略。基於此戰略指導原則，李淵僅在義寧二年（618）初命令長子建成及次子世民統兵七萬向東都洛陽作試探性的攻擊，同年四月即班師。約略同時，又命令宗室

贅引。

〔註7〕唐與突厥的初期關係，蓋據溫大雅《大唐創業起居注》的記載。該書收入《筆記小說大觀》（臺北：新興書局，民國64年影印本）第九編第一冊，頁373～506，共三卷。

名將李孝恭招慰山南，奠定將來經略長江流域的有利形勢。李淵控制關中後，於是年五月二十日，以受禪名義建立唐朝。他為了消除來自東方的威脅，俾能先全力進取西北，於是部署了適當的戰略措施。

當初於大業九年（613），煬帝徵募軍隊第二次親征高麗時，黃河流域羣雄紛紛起事。當煬帝度過遼水後，禮部尚書楊玄感起兵於黎陽（治今河南濬縣），其摯友兼謀主李密向他提供三種戰略：上策為揮軍北上，截擊煬帝的軍隊，然後傳檄南向定天下；中策為向西攻佔關中，取得地緣戰略優勢，據函崤而東制天下；下策為進攻附近的洛陽，與東都隋師作一沒有決定性的決戰。結果玄感認為百官家屬均在洛陽，宜先取之以造成心戰效果。由於東都部隊訓練精良，戰力不弱，故兩個月會戰不決，玄感尋為隋軍廻師所交攻而致敗亡。不久李密協助盤據東郡（治今河南滑縣）的翟讓再起，並逐漸取得領導權，轉戰東都附近諸糧倉，兵力發展至三十萬，與東都留守部隊相峙苦戰。李密曾為楊玄感策劃西攻關中的戰略，部屬亦有重提此戰略的人。但是李密卻基於內部尚未團結穩定，以及部屬多為山東人的理由，輕易捨棄此戰略。東都會戰諸役並無決定性的力量，李密乘此持久拉鋸作戰的機會，反而自稱魏公・行軍元帥，改元署官，甘於現狀，其志僅在與羣雄結盟，爭取盟主地位。李淵當時已佔領關中，深知其情，遂利用其自大心理，設定東線戰略。李淵認為長安仍然處於戰危之下，無力東略，當前無如推順於李密，驕其志而使之為唐師牽制東都隋軍，俾能全力對付關隴西線。〔註8〕不久，李密再次犯了戰略選擇的錯誤。義寧二年初，敵對東都的李密忽然接受東都官封及任務，放棄敵對行為而奉命向北移動，迎擊從江都西還的宇文化及兵團於黎陽。會戰結果，使關東形勢為之一變。宇文兵團主力雖被摧毀，但李密兵團亦元氣大傷。後者尋為東都王世充所乘，邙山會戰失敗後，李密引領殘部二萬奔入關中，不久為唐高祖所殺；部分殘部留在黎陽一帶，由徐世勣（即李世勣）指揮，歸降於唐，仍留原地與王世充及竇建德兩集團相峙，但實力已大削。至於宇文殘部亦不久為竇建德所消滅。李密原本主盟黃河流域羣雄，及其失敗，關東重心頗失。當時最強大者，莫如王、竇兩集團，淮南杜伏威、荊襄蕭銑次之。

唐朝對李密失敗後的關東羣雄並峙形勢，其策略以政治手段為主，以武力作戰為從。竇建德統有河北大部，北連突厥，精兵約二十餘萬，且不久即

〔註8〕 詳參《隋書・楊玄感列傳》、〈李密列傳〉，及兩《唐書》李密本傳。

兼併李密留在黎陽一帶的殘部。竇建德僅爲割據的梟雄，一直自稱爲夏王而不敢稱帝，甚至一度接受東都越王楊侗的官爵，因而與王世充關係良好。自北而南，一道由突厥－夏（竇建德）－鄭（王世充）三者構成的軸心集團，在戰略上威脅李唐王朝甚大。唐朝此時固然乏力擊破此軸心，反而東線卻需承受其沉重的壓力，所幸這種情勢維持不久，唐高祖武德二年（619）四月，王世充篡殺楊侗，自建鄭朝，竇建德乃與之絕交，且曾交攻，形成唐朝有利的戰略形勢。大體上說，竇建德雖曾擊破唐朝在河北的力量，俘虜其河北大使淮安王李神通及黎州總管李世勣（徐世勣賜姓李氏）等，但尋即遣俘修好。同年，雄踞涿郡（治今河北涿縣）的羅藝以地歸唐，高祖遙授其爲幽州總管·燕郡王，賜姓李氏，用之以牽制竇建德，使之無暇考慮西進戰略。佔據漁陽郡（治今河北薊縣）的高開道，地處李藝東北，與藝連兵抗竇建德，亦爲高祖賜姓李氏，拜蔚州總管·北平郡王。是則竇氏若不西與唐朝脩好，則需受唐東西夾攻的戰略威脅，而且南方亦受王世充集團騷擾。王世充於唐、夏、鄭三強中，力量較弱，既北與竇建德交惡，西受唐師東出威脅；更重要的是雄踞江東淮南的杜伏威，亦於是年歸順唐朝，受封爲東南道行臺尚書令·江淮安撫大使·吳王，且賜姓李氏。是則王世充也無異承受三面威脅，較竇氏更嚴重。竇、王爲唐朝戰略所制，各無力西圖，遂使唐朝有充足力量及時間蕩平西線羣雄。

西線給予唐朝壓力最大者爲建都於秦州（治今甘肅天水縣）的秦朝薛舉。薛舉庵有秦隴之地，與其子薛仁杲均以殘暴見稱，兵力號稱二十萬。尋而薛氏決定以東取長安作爲其國家戰略，以故將首都由蘭州遷至秦州，而前鋒兵力則進抵扶風郡（治今陝西鳳翔縣），距離長安甚近。由於其部隊先在扶風附近與唐弼集團激戰，因此李淵集團才得以乘機捷足先登攻入長安。不過，唐弼集團尋爲薛舉擊破吞併，扶風遂爲唐、秦交戰之地。義寧元年（617）十二月，李世民奉命統兵與其會戰，大破之，追逐至隴。薛舉畏世民兵團踰隴追擊，一度欲降，尋爲其大臣郝瑗所止。郝瑗爲薛舉策劃新的大戰略：一方面與盤踞朔方的梁師都結成聯合進攻長安的軍事同盟；一方面與突厥結成軍事同盟，引突厥兵反攻長安。儘管突厥爲長安的使臣所說止，但薛舉與梁師都的合勢，使李淵感受極大威脅，注意力分散。武德元年（618）六月，薛舉再次東攻，主力在涇州（治今甘肅涇州縣），世民以西討元帥迎戰，大敗於高墌（今陝西武長縣北）。高墌會戰的大敗，唐師損失十分之六，長安危急。薛舉

將直驅長安，不幸與郝瑗突然先後去世，作戰中斷，唐朝乃得乘機整編軍隊，由李世民統率再戰於高墌，同年十一月即大捷於淺水原，乘機追擊合圍，舉子薛仁皋力屈投降。

淺水原之戰固然爲李世民戰略的成功，而薛仁皋則敗於內部攜貳及補給困拙。事實上薛氏朝廷未能切實結盟於突厥，而且與梁師都集團未能達成統一的軍事行動，實爲其致命之傷。另外，薛氏父子殘虐，素爲佔領河西地區的李軌集團所懼。李軌在薛舉之西，唐高祖爲之全力結納，策之爲涼州總管‧涼王，使薛仁皋後來既失後援，亦無轉戰退卻之餘地。薛氏滅亡的同月，李軌自稱大涼皇帝，欲脫離唐朝勢力。唐高祖乃因其國內政情種族複雜，運用政治及心理等手段促使其內亂，翌年四月，李軌爲其胡將安修仁所執，兵不血刃地消滅了此新建王朝，河隴關內形勢始告穩定。〔註9〕

（二）東線經略與北線衝突

大體上說，唐朝在潼關以西，締造兩次高墌大會戰，兩年之內即全境平定，根基已穩。降至武德二年（619）底，由於李藝、李開道、李伏威先後來附，而竇建德與王世充又互相決裂，使東線出現空前的統一良機，因此武德三、四年間便成爲唐朝經略關東的關鍵時段。唐高祖將潼關以東劃分爲幾個戰區：河北東北部以李藝兵團爲主力；陝東地區以秦王李世民爲統帥，統率中央派遣軍及陝東戰區野戰部隊攻擊王世充；長江中游地區以趙郡王李孝恭及其參謀長李靖爲主，經略蕭銑的梁朝及嶺南地區；而長江下游則以吳王李伏威兵團作爲牽制王世充，以及經略淮南、江東的武力。因此，唐朝此時共有四個戰區以遂行經略。此四個戰區歸由唐朝直接指揮者，事實上僅有兩個野戰方面軍，此即：黃河流域中原戰區的李世民方面軍，以及長江、珠江戰區的李孝恭方面軍。至於河北東北部的李藝兵團以及淮南、江東地區的李伏威兵團，則因分別受隔於竇建德及蕭銑，以致唐朝鞭長莫及，而未能直接指揮經略。

此時，唐朝若向東線發動全面作戰，則顯然深受北線劉武周及梁師都兩集團，甚至突厥本身南下戰略威脅之苦。所以欲發動東線攻擊，必須先化解來自北線的壓力。劉武周得其兩個妹婿苑君璋及宋金剛的協助，策劃進取太原，以南向爭天下作爲國家戰略。惜其發動太遲，坐失良機。武德二年閏二月，劉武周以宋金剛爲前鋒，統兵二萬，聯合突厥部隊一路勢如破竹，進圍

〔註9〕正文之綜述，請參《舊唐書》薛舉及李軌兩列傳，《新唐書》兩傳載略同。

太原。右僕射裴寂率師救援大敗，留守太原的齊王元吉棄城逃歸長安。這時竇建德俘虜淮安王李神通及黎州總管李世勣，盡有山東之地，使李藝兵團更孤懸於河北，以致太原以北及太行以東之地皆非李唐的勢力範圍。當劉武周大軍突破晉州（治今山西臨汾縣）、澮州（治今山西翼城縣）防線時，附近未淪陷地區已有起兵響應者。以前李淵進攻關中，勢如破竹的戰略路線，已產生不穩狀態，關中因而震動。高祖急令李世民統兵進駐栢溪，自己則親幸蒲津關（在今山西永濟縣西、陝西朝邑縣東的黃河西岸）督師。劉武周大軍以後勤補給困難，而突厥又未傾力支援，退師被追，大敗，盡棄佔領之地而逃入突厥，不久為突厥所殺。武德三年四月，唐朝盡復河東地區，始徹底解決了此地區之威脅。

　　盤踞河曲南部朔方地區的梁師都，當劉武周南攻時亦乘機進攻靈州（治今寧夏靈武縣），為唐師大敗追擊。梁師都眼見劉武周的毀滅，畏懼唐師進逼，遣使說服突厥大舉全線入侵。處羅可汗分兵四路，且聯合竇建德，故唐朝形勢甚危，幸處羅適時去世，危機始解。嗣後梁師都亦無復單獨南進的能力，是以李唐的北線戰略壓力遂化解，給予唐朝全力經略關東江嶺的從容時間。〔註10〕

　　洛陽在中國戰略地緣上，素為兵家所重視，唐師東出，勢必與之接觸。王世充內政的失策，引起其內部人心的浮動，授予唐朝大舉進攻的機會。武德三年七月，高祖詔李世民統兵進戰。王世充一度要求割地約和，為世民所拒，自後唐師步步進逼，世充被逼發動東都保衛戰，並遣使向竇建德乞師結盟。竇建德原本僅欲與唐、鄭鼎立，全力經略山東地區。不過王世充的危亡，使其意識到齒寒之憂，急促調整其原有戰略構想。站在夏國國家安全立場上看，聯鄭抗唐，然後徐圖日後發展，實極正確；然而夏國的中書舍人劉斌，為竇建德所策劃的戰略則犯了嚴重的錯誤。劉斌的戰略是：唐師攻擊鄭國已兩年，鄭國已至危亡階段，夏國此時應放棄鼎足相峙的國策，以武力支援鄭國。夏國二十餘萬總兵力，最佳的作戰戰略為全軍進兵洛陽，與鄭國內外夾攻唐師。待唐師退卻後，若鄭國可圖即取之，合二國力量長驅西征關中。〔註11〕其所犯錯誤有二，一為全力勞師遠征以尋找決戰，急欲以會戰勝果來決定形勢；二為忽視了李世民兵團的強勁戰力，而且戰後西征關中的遠程目標太大。按：唐朝於關中另有

〔註10〕北線情況請詳兩《唐書》之劉武周與梁師都兩傳，不贅。
〔註11〕詳參兩《唐書》建德傳。

其他部隊，〔註12〕世民所統並非其全部，即使會戰失敗，尚難一舉滅唐；何況竇建德基於滅鄭攻唐的構想，而傾全力急於主力決戰，苟若一敗則不可再復，顯然不是上上之策。李世民洞識其戰略，一方面留兵圍攻東都，逼使王世充全力自保；一方面分兵向北集結於虎牢關（今河南汜水縣西北），以逸待勞，據險會戰。竇建德兵團進入唐軍作戰位置，遭受唐軍襲擊以及補給被截斷，始對於唐師的精銳有瞭解，因而軍心動搖。當時建德部屬曾有留重兵對峙，分兵西入太行逕攻河東，並請突厥南下攻關中的構想，此為「圍魏救趙」兼徇略土地的良策；但為建德所否決，遂決定在武德四年五月發動決定性大會戰。決戰結果夏師大敗，建德被俘送長安斬首。夏國在世民威脅下，舉國自動投降。

　　虎牢會戰固然是夏國毀滅之戰，事實上亦為鄭國毀滅之戰。八日之後，王世充因救援已滅，勢屈力拙，遂開城投降。山東河南之地，至是平定，黃河流域羣雄暫告蕩清。然而，由於唐朝對部分夏國高級官員採取殺戮政策，引起已經解散的建德集團疑懼恐怖，乃於建德在長安被斬之同月（四年七月），其舊部擁護建德摯友兼部將的劉黑闥復起，河北蜂起響應，突厥頡利可汗亦遣兵助戰，不到半年而盡復建德故地。唐朝為之數易統帥，於武德五年（622）十一月，甚至任命皇太子李建成領兵出討，指揮一切關東部隊以伐之。劉黑闥於翌月兵敗被殺，始使山東河北地區在竇建德滅亡後，延長了兩年多才正式平定。

　　竇建德滅亡，劉黑闥復起之際，唐朝在江嶺地區亦有極大成果。武德四年十月，李孝恭及李靖趁蕭銑梁朝各野戰系統權力衝突，罷兵營農之際，採用速戰奇襲，消滅了梁朝。梁朝雖然統有長江中游馳南而至交趾的廣大地區，擁兵且有四十萬之多，卻於僅僅三個多月即告潰亡，而且嶺南九十六州亦為李靖運用政治手段迅速撫定，幾如未經戰爭，〔註13〕成果顯然較李世民兵團在黃河流域之連連大捷戰果更佳。

　　長江下游至五嶺，羣雄力量較為弱小，而且頗常互相攻戰。武德四年，淮南李伏威兵團南下，迅速平定此區。按：李伏威原為東部最強大的集團，曾在形式上歸順東都楊侗朝廷，受命為東南道大總管・楚王。李世民進攻王

〔註12〕　請詳本書之〈從政局與戰略論唐初十二軍之興廢〉篇，不贅。

〔註13〕　詳《舊唐書・蕭銑列傳》、〈河間王孝恭列傳〉及〈李靖列傳〉。三人在《新唐書》亦有傳，所載略同。筆者曾撰《李靖——天可汗制度創成者，民間托塔李天王》（臺北：聯鳴文化有限公司，1980.7）一書，內中對其襄助李孝恭經略荊楚以及獨力經略嶺南已有詳述，於此不再贅。

世充，與之聯絡以資牽制，高祖因拜他爲東南道行臺尚書令‧江淮安撫大使，改封吳王而賜國姓。四年七月，唐師大舉討伐劉黑闥，兵鋒披及伏威勢力範圍，使之產生心理震撼，於是入朝長安，留京不歸。東南事務由行臺左僕射輔公祏負責。輔氏原與伏威有權力衝突，值此機會實行奪權，起兵抗唐。他在武德六年（六二三）八月起兵，距劉黑闥滅亡雖僅半年，然而長城以南此時大體已略定，故輔公祏集團在戰略形勢上，無異只是偏踞一隅而又沒有腹地以及同盟的孤立集團。雖然事起倉促，但唐軍卻在李孝恭及李靖指揮下，翌年三月即告將之平定。因此武德七年可以說是中國重新統一的一年，自後唐朝可以集中力量，成爲五年之後唐太宗命令李靖率軍滅亡突厥的基礎之年。

三、大戰略的施展

（一）隋末唐初東突厥的大戰略

突厥崛起於南北朝末葉第五世紀中期，漸成北亞強國。其對中國的策略是維持北齊、北周的均勢，從中取利，而稍偏袒於北齊。其對西方的策略則爲挑動東羅馬帝國與波斯的戰爭，而與東羅馬聯盟以制波斯。是則不論其亞洲東、西兩方的戰略，顯然皆含有分化制衡、遠交近攻的意義。降至隋文帝開皇三年（583），突厥王朝分裂爲二，大約以金山（今阿爾泰山）山脈爲其分界。東突厥——隋唐慣稱其爲突厥或北蕃——與隋朝衝突，嗣因分裂及孤立，而爲隋朝所屈服，向之稱臣。西突厥則把注意力集中於波斯問題，經常戰鬥，亦與東突厥爲敵。東突厥始畢可汗怨恨隋朝分化政策，乃於大業十一年（615）發動雁門事變，圍攻煬帝一個月，從此脫離隋朝的勢力而獨立。此後東突厥對中國的大戰略，仍依其傳統故智，而與隋朝對東突厥的大戰略——分化制衡——相當。因此隋末羣雄並起，黃河流域各集團多與東突厥有關係。根據兩《唐書》有關列傳記載，較大的起事集團與東突厥的關係如下。

表一：群雄與東突厥關係

領袖姓名	地　盤	兵力	是否有主從關係	是否有非主從政治關係	是否有軍事同盟關係	備　註
李密	今河北省黃河流域一帶。	三十萬	無	無	無	僅據《隋書》、兩《唐書》羣雄本傳，故略其卷頁。

王世充	今河南省黃河以南一帶。	不詳	有		不詳	《隋書・突厥列傳》謂其雖稱帝號，猶北面事突厥。
竇建德	今河北省大部分地區。	二十餘萬	有		有	又參《隋書・突厥列傳》。
劉黑闥	同上	不詳	有		有	
薛舉	約今寧夏、甘肅、陝西一帶。	三十萬	有		先無後有	又參《隋書・突厥列傳》。
李軌	甘肅黃河以西。	十餘萬	有		有	《唐書》本傳謂其亦連結吐谷渾。稱臣於突厥則詳《隋書・突厥列傳》。
劉武周	今山西北部。	不詳	有		有	始畢可汗賜之狼頭纛，立爲定楊可汗。
梁師都	陝西北部朔方地區。	不詳	有		有	始畢可汗賜之狼頭纛，立爲大度毗伽可汗・解事天子。
李淵	太原以南及陝西關中地區。	攻入關中時二十萬	有	有	有	〔註14〕
李子和	陝西北部梁師都之北。	騎兵二千	有		有	始畢可汗原冊封爲平楊天子，不敢當，改署爲屋利設。
苑君璋	劉武周地盤北部。	不詳	有		有	原爲劉武周部將，武周亡，突厥立之爲大行臺。
羅（李）藝	河北東北部。	數萬	無	無	無	
高開道	河北涿縣一帶。	不詳	有		有	
徐圓朗	今山東一帶。	二萬	無	無	無	

〔註14〕李樹桐先生〈唐高祖稱臣於突厥考〉（收入其《唐史考辨》，頁214～246。臺北：臺灣中華書局，54.4初版，下引此書同此版）、〈再辨唐高祖臣於突厥事〉（收入其《唐史新論》，頁69～118。臺北：灣中華書局，61.4初版）兩文，對唐高祖沒有稱臣於突厥，反覆考證。最近朱振宏之〈「唐高祖稱臣於突厥事」的再檢討〉，則據筆者所疑而論其曾稱臣，（見其《隋唐政治、制度與對外關係》，台北：文津出版社，頁45～96，2010.8），姑從之。

　　據此可知，今日冀、晉、陝、綏、寧、甘沿長城一帶羣雄，大多與東突厥有軍事同盟關係。羣雄雖臣屬或不臣屬，程度上多少受其影響，尤其是戰略性影響。茲以梁師都爲例：他受始畢可汗策封，引突厥入居河曲以南之地以自雄。後因實力不強，爲唐朝延州部隊所大敗，又鑒於劉武周之亡，遂生畏懼，遣使遊說處羅可汗南侵。《舊唐書・梁師都列傳》載其使云：

> 比者中原喪亂，分爲數國。勢均力弱，所以比附突厥。今（劉）武周既滅，唐國益大。師都甘從亡破，亦恐次及可汗。願可汗行魏孝文之事，遣兵南侵，師都請爲鄉導。

其言顯示突厥與唐關係並非最密切，僅是其扶植的群雄之一，故梁師都王朝對之實有南進前鋒以及防禦屏藩的戰略價值，若梁氏滅亡，則突厥勢必與唐短兵相接。處羅可汗因此而採納其建議，分兵四道，一入原州（治今甘肅固原縣）；一入延州（治今陝西膚施縣）；處羅親征并州（太原）；而遣突利可汗統率契丹等東北邊族入幽州，欲與竇建德會師攻河東地區。〔註15〕是則突厥分化及維持羣雄均衡，以從中取利，佔得戰略主動權的情況甚明。前述劉武周、竇建德等用兵策戰，亦欲利用突厥爲本身奧援，希望借以在中國戰局中取得較大的軍事行動自由權，事亦可知。事實上，臣屬於突厥或與之有軍事同盟關係的列強，取得突厥的承認或支援，即無異取得其他臣屬於突厥的契丹、奚、吐谷渾、高昌等外國承認或支持，唐高祖謂李軌連結於突厥與吐谷渾，其故在此。反之，突厥利用中國臣屬的集團，威脅不臣的集團，復利用北邊臣屬諸國威脅中國，顯示其策略是利用外緣包圍潰裂的中國，使之無法統一以爲日後之勁敵，其理亦明。突厥領土廣大，雖謂控弦百萬，然而若不利用中國亂世而直接用兵於中國，以圖佔領兼併者，實是不甚可能之事，因其受到本身戰略條件所限故也。

　　從大戰略而言，突厥受到西突厥的牽制，臣屬的邊裔亦未誠心悅服，若舉國南征，則必有後顧之憂，何況當時唐朝意欲與西突厥結成軍事同盟的情報，突厥已經獲得耶。爲此，突厥急與西突厥修好，又不便立即大舉攻唐，其故在此。唐玄宗開元初期，突厥著名戰略家暾欲谷反對南侵，其戰略分析即指出突厥人口比不上中國，「所以常能抗拒者，正以隨逐水草，居處無常，射獵爲業，人皆習武。強則進兵抄掠，弱則竄伏山林。唐兵雖多，無所施用」。〔註16〕明顯的，突厥之戰略優勢在機動性強，人民的生活條件與戰鬥條件一

〔註15〕詳兩《唐書・梁師都列傳》。
〔註16〕《舊唐書・突厥列傳上》，卷一五〇，頁5174。

致；但其兵力雖然號稱百萬，卻需用以對各屬國監視鎮守，不能全力南進，而南侵兵力若消耗過大，亦無法迅速補充，此則是其戰略的弱點。揆諸武德及貞觀初，突厥或騷擾邊疆，或雖深入，然皆淺嚐即止，職此之故。並且，侵略劫奪本就是北狄的經濟行為之一，故突厥除了因本身安全而須維持中國分裂狀態之外，若能不用侵略手段而分化中國，進而從中漁利，則更是其上上之策。〔註17〕唐高祖的約盟取兵以及後來唐太宗多次賄以厚利使其退兵，即已足夠顯示突厥用兵多為滿足其物質需求而已，並無君臨整個東亞的大志。

　　從東突厥的國策、大戰略、國家戰略及其實際南下作戰所能遭遇到的困難上觀察，突厥實無法以武力征服中國，而也並無此意。從其目標及兵力分散的問題上看，殆亦無力貫徹其維持中國分裂的均勢形態。

（二）唐朝對突厥的戰略反應及其大戰略的形成

　　唐高祖既與突厥有軍事同盟，亦瞭解突厥貪財的性格，所以一直容忍其對邊疆的侵擾以及使節的橫暴，盡量利用賄賂手段以避免正面衝突。但是唐朝欲統一國家，此政策自與突厥的分化制衡政策互相矛盾，日後的全面衝突自在意料之中，戰爭為政治衝突的延續，古今不殊。

　　基於上述考慮，唐朝勢須尋求一個力量足以制衡突厥的同盟。七世紀初期，亞洲其他強國尚有西突厥、波斯、東羅馬，但後二者疲於互攻，為西突厥所乘。西突厥聯盟東羅馬攻伐波斯，使其勢蹇。自波斯以東，金山以西，西突厥穩操霸權，諸國多接受其封誥及監護，是當時亞洲唯一有足夠力量制衡東突厥的強權。唐高祖欲施展其大戰略，重心必在聯盟西突厥，幾乎無選擇的餘地。

　　武德三年（620）為唐初大戰略扭轉的一年。東突厥處羅可汗自竇建德手中迎接隋煬帝的蕭后及其孫楊政道於定襄（山西平魯縣西北），立之為隋王，行隋正朔，建立朝廷，並統有東突厥境內的中國人。〔註18〕隋朝流亡政府由

〔註17〕 史載北朝後期突厥可汗「佗鉢控弦數十萬，中國憚之，周、齊爭結姻好，傾府藏以事之。佗鉢益驕，每謂其下曰：『我在南兩兒常孝順，何患貧也！』」（《隋書・突厥列傳》，卷八十四，頁1865）顯示突厥對周、齊進行分化以取利，正是此經濟行為的和平方式展示。

〔註18〕 蕭后及政道在宇文化及江都兵變時被劫持西還，宇文氏被李密所敗，尋為竇建德所消滅。處羅尚隋義成公主，故從竇氏手中將蕭后母子迎至突厥。詳《舊唐書・竇建德列傳》及〈突厥列傳〉。

東突厥扶植創建，對中國羣雄自會產生巨大的政治心理作用，尤對篡隋自立的唐朝而言，震撼更大。東突厥原先要求李淵自爲天子，表示承認及支持其政權，如今則扶植隋朝流亡政權，其意義與直接擾邊及支持羣雄抗唐，顯有不同。換句話說，東突厥因與羣雄有某種關係而協助其抗唐，尚有向唐自我辯護解釋的餘地。今既扶植唐朝所篡之王朝，政治敵對的意義已甚明顯，亦即不論唐朝能否統一天下，均將得不到東突厥善意的對待。

楊隋流亡政權建立稍前，唐朝佈置了一齣微妙的謀殺案——即西突厥前任可汗處羅被殺事件，〔註19〕意圖嫁禍於東突厥，引發東、西兩突厥的緊張關係。按：處羅雖是西突厥前任可汗，但當此西突厥最爲強盛，控弦數十萬，與東突厥爲敵之際，此事殆不免對西突厥仍會有所影響。就在處羅事件爆發的同年，時爲西突厥元首的統葉護可汗遣使入唐，贈送禮物，似乎亦欲尋求東方盟友。高祖把握良機，厚加撫給，與之並力對抗東突厥，統葉護可汗遂與唐高祖約定於武德五年多採取聯合軍事行動；而唐高祖之重建十二軍，亦與大擊東突厥的戰略決定有關。〔註20〕

此時東突厥頡利可汗繼爲元首，依俗復尚隋義成公主，仍支持楊隋流亡政權，故其截獲此情報時，大爲震懾，乃遣使至西突厥通和，協定互不侵犯，使唐朝聯西擊東的大戰略計畫遭到擱置。不久，統葉護復遣使來請婚，高祖考慮雖透過和親政策，使兩國元首關係更密切，但西突厥路隔懸遠，危急之際不能得其助力，以此與大臣會議。中書令封德彝建議權許和親，建立遠交近攻的形勢以威脅東突厥，待中國盛全後，再徐圖其宜。〔註21〕這是太宗撻伐政策施展以前，對東突厥基本戰略所在。東突厥不悅唐朝與西突厥的和親政策，遂採取了兩種反應：一是以遮斷至唐通道要脅統葉護，逼其砍斷和親關係；一是多次遣兵，甚至大舉侵唐，作爲懲罰。

頡利可汗對唐發動多次攻擊，厥以武德四年（621）爲分水嶺，此正是唐朝欲建立聯西擊東大戰略的時期。蓋是年三月，義成公主之弟楊善經與王世

〔註19〕處羅可汗爲西突厥元首，隋煬帝恨其不聽命，挑撥其部下兵變自立，是爲射匱可汗。處羅投靠隋朝，受封爲曷薩那可汗，唐封之爲歸義王，居於長安。武德二年，東突厥可汗與之有宿怨，遣使入唐請殺之，高祖初不許。後因羣臣策劃，召宴處羅，縱東突厥使者殺之於中書省。事詳《舊唐書·西突厥列傳》；傅樂成〈突厥大事繫年〉頁245對此有考證，收入其《漢唐史論集》（臺北：聯經出版事業公司，民國66.9）。

〔註20〕事詳本書之〈從政局與戰略論唐初十二軍之興廢〉篇。

〔註21〕詳兩《舊唐書·突厥列傳》。

充使者王文素，共同遊說頡利，請他扶助楊政道重爲中國天子，以報答先前隋文帝協助啓民可汗復國的大恩。頡利或許亦基於懲罰唐高祖之故而採納之，遂驕視唐朝的屈己卑禮，頻頻遣兵，寇侵益急，關係急轉直下，並互相拘留對方使節。稍後唐朝雖仍遣使賄賂頡利，且許之和親，但情況並未好轉，於是乃欲遷都樊、鄧（今河南西南一帶）以避其鋒，而爲秦王世民所諫止。

　　武德七年（624）八月，頡利、突利二可汗大舉親征，長安戒嚴。秦王世民統兵北上，相峙於豳州（治今陝西邠縣），責之以盟約道義，又利用分化反間手段，離間頡利與統治東部的突利兩叔姪，不戰而退其兵。李世民運用內部分化手段的成功，遂成爲日後唐朝繼封德彝建議的建立遠交近攻政策之後，又一對突厥外交之重要政策措施，開創了新的機運，爲五年後徹底摧毀東突厥之主因。兩年之後，玄武門兵變爆發，唐朝政局一度陷於危機。是年七月，頡利乘機統兵十萬進寇至渭水便橋，隨時可進攻長安。太宗恐怕即位日淺，國家未安，戰敗則己身危亡，戰勝則突厥必更報復，爲患不細，因此決定以賄賂手段，屈己刑白馬於長安城西，與頡利結盟罷兵，是爲太宗最遺憾的「渭水之恥」〔註22〕。此次白馬之盟對東亞局勢影響甚大，頡利因勝利而益驕恣；唐朝則發憤圖思報復。可以說，唐朝報復突厥的國家目標，達到了空前強烈的程度。不過，武德末至貞觀初，西突厥與唐朝的關係僅停滯於外交聯絡的層面，沒有提升至軍事同盟的程度，加上當時西突厥捲入東羅馬與波斯的戰爭中，無暇經略東亞；且在貞觀二年（628）底，國內兵變，統葉護被殺，內部連兵不息，屬國亦紛叛，更無能力與東突厥爲敵。唐朝處此形勢，最佳對策莫過於徹底執行封德彝策定的政策，一方面加緊練兵，一方面另找有力同盟，以徐圖大舉擊敵。

四、唐朝前期大戰略的策定與實行

（一）東突厥的征服與善後模式

　　唐朝與東突厥的關係日益惡化，一切外交戰略措施，僅能對之產生抵抗、拖延、分化、制衡諸作用，減輕唐朝承受的壓力而已，其最後的階段，必然訴諸大舉擊敵之決戰，始能求得徹底的解決，是則戰前之武力建設，誠爲急務。退一步而言，唐之對東突厥，求和則必須先能守，能守則必須先能戰。

───────────────

〔註22〕詳李樹桐先生之〈唐太宗渭水之恥本末考實〉，收入其《唐史考辨》，頁 247
　　　～275。

攻守乃是戰略的一體兩面，戰略上並無永久單純的防禦，也無永久單純的攻擊。敵對雙方——尤其雙方皆是強國時——在決戰前，均欲爭取得較對方更大的戰略主動權以及軍事行動自由權，此為戰略設施之目標，而需依靠政治、外交、心理、財經以及軍事等綜合國力來取得，並且必以軍事行動作為最後的解決手段。這種戰略理論今人稱之為總體戰，古代雖無此名詞，但其瞭解與施行的原則，古今蓋無太大的殊異。

唐高祖開國，對社會政治財經作了不少建設，喜歡模仿其父作為的唐太宗，在此基礎上遵而勿替，而又更勵精圖治，因此兵變即位才僅三、四年，於是厚植國力的成果乃漸見。《貞觀政要》載其情況云：

> 太宗自即位之始，霜旱為災，米穀踊貴，突厥侵擾，州縣騷然。然帝志在憂人，銳精為政。……是時，自京師及河東、河南、隴右，饑饉尤甚，一匹絹纔得一斗米，百姓東西逐食，未嘗嗟怨，莫不自安。
>
> 至貞觀三年，關中豐熟，咸自歸鄉，竟無一人逃散。……官吏多自清謹，……無敢侵欺細人。商旅野次，無復盜賊，囹圄常空，馬牛布野，外戶不閉。又頻致豐稔，斗米三、四錢，行旅自京師至於嶺表，自山東至於滄海，皆不賣糧，取給於路。入山東村落，行客經過者，必厚加供侍，或發時有贈遺，此皆古昔未有也。〔註23〕

此段引文尚未提及國力之軍事要素，實則唐朝對武力建設有極明白的理會，蓋在武德初高祖即已創建十二軍，以軍將督導耕戰，準備以此武力統臨四方。同時，有兩件大事值得注意；一為派遣秦王世民統率諸軍討伐東都王世充；一為派遣皇太子李建成統兵坐鎮蒲州（治今山西永濟縣）以防突厥。顯然十二軍之建設，初期雖以統一中國為主，但也已包含了防禦突厥的構想。事實上，武德三年二月處羅可汗扶植了楊隋流亡政權於定襄；三月西突厥遣使至唐，擬訂軍事同盟以擊東突厥；四月李世民大破劉武周－東突厥的聯合南侵行動，而使劉氏集團摧毀，在在顯示出十二軍的創建，意義不同尋常。六年二月劉黑闥叛亂平定後，雖一度罷廢了十二軍；不過，卻因東突厥之患嗣後日重，以故復於八年五月予以重建，準備在適當時機用以大舉打擊東突厥。〔註24〕此正是封德彝建議的戰略精神所在。

〔註23〕《貞觀政要》為太宗君臣之語錄，或有溢美，要之可以參見唐朝國力要素大幅改善的情況。見該書〈論政體〉篇，卷一，頁21～22。

〔註24〕關於十二軍之建廢以及建軍目標，請詳本書〈從政局與戰略論唐初十二軍之

建設武力以圖大舉與東突厥決戰，乃是唐高祖已經施行的政策之一，十二軍雖在玄武門兵變後爲太宗所罷廢，但是建設武力以圖大舉與東突厥決戰的政策仍爲太宗所遵行。以射著名的太宗，爲了洗刷「渭水之恥」，命令精通陰陽方技的學者呂才教練飛騎戰陣圖法，而其本人則在白馬之盟頡利可汗退兵後，開始每日抽調衛士親於顯德殿前教練射擊，目的在「北逐獫鬣」，使「兵士唯習弓馬」，戰鬥時「前無橫敵」。〔註25〕是則練兵目的及戰術，實皆針對善於騎射之突厥而擬定。長弓可以及遠，馬匹任以奔馳，唐朝練兵實以培養攻擊性及機動性爲主，故急需戰馬。除了軍隊現役之戰馬外，太宗又特置官方馬坊以養馬。據開元名相張說所撰〈隴右羣牧使頌〉云，唐承喪亂，貞觀初僅得牝牡三千，牧於隴右，命張萬歲主馬政；其後匹數日增，至高宗麟德（664～665）中，四十年間增至七十萬六千匹，分牧於隴右、河西、朔方之地。〔註26〕馬匹的漸增爲培養機動打擊力的基礎，此所以其後李靖、李世勣諸將皆能率軍奔襲北狄也。至於戰略最重要的資源——人口，此時唐朝人口亦遠多於東突厥，而總兵力約爲六十萬，〔註27〕顯示唐朝國力應已可以獨力討伐東突厥，只是時機未至而已。

由此可知，降至貞觀三年（629），正是政局日趨穩定，社會經濟蒸蒸日上之時，而此時北亞恰巧出現了新情勢，遂成爲唐朝對突厥用兵的良機。

首先必須瞭解，東突厥統治北亞，除本部之外，尚有許多屬部屬國。這些屬部屬國皆各有首領而稱臣於突厥，接受其嚴密的軍事與政治監護，財政經濟亦受其控制。因此東突厥無異爲一個類似聯邦式的遊牧封建國家，眾多

興慶〉篇。

〔註25〕 詳《舊唐書‧呂才列傳》及〈太宗紀〉武德九年九月丁未條。太宗善用大弓大箭，倍於常制，則詳《新唐書‧劉黑闥列傳》。

〔註26〕 見《唐會要‧軍雜錄》（臺北：世界書局，57.11 三版）開元十三年條，卷七十二，頁 1302～1303。

〔註27〕 東突厥謂控弦之士百萬，恐爲誇張之辭。兩《唐書‧突厥列傳》謂武德九年渭水之役，頡利統兵十萬，但其使節向唐太宗誇稱百萬，可爲其例。突厥人民的生活條件與戰鬥條件一致，壯男皆可爲兵作戰，但貞觀三年李靖大破頡利時，東突厥人民及境內中國人來附者男女共一百二十萬，兩〈太宗本紀〉皆載之。若頡利各殘部人數以兩倍估計，則估計其總人口約在三至五百萬之間。貞觀初戶口不詳，然而據高宗永徽三年（652）戶部統計，此年戶數三百八十萬，若以每戶五人評估，此年約有二千萬人。此年距貞觀元年（627）已二十五年，顯示貞觀初起碼應有千萬人口以上。詳《唐會要‧戶口數》及〈雜錄〉類永徽三年條，卷八十四，頁 1550～1552；同書〈府兵〉類貞觀十年條，卷七十二，頁 1298。

屬邦共同以東突厥大可汗爲最高君主，與隋朝先前的羈縻體制不盡相同。蓋隋朝雖是天朝上國，但皇帝對屬國內政大體不加干預，或許僅能視隋朝與其屬國的關係，是類似於邦聯制或國協。〔註28〕

史謂頡利在武德三年繼爲東突厥大可汗後，屢次逼脅唐朝，獲利甚多，遂自驕恣，有憑陵中國之意。然而其內政方面，頡利每委任胡人，而胡人貪冒反覆，使突厥汗國法令滋彰，兵革歲動，爲國人所患。東突厥領土東西漫長，頡利爲便於統治，任命其兄始畢可汗嫡子突利統治東部，爲小可汗，建牙於幽州之北，契丹等國均聽命之。突利可汗對東部諸國橫徵暴斂，引起怨恨，所以貞觀初期，東部諸國相率背叛突厥而內附於唐，使唐朝東北部出現牽制突厥的戰略條件。突利與李世民在武德末已結爲兄弟，爲世民厚結以施行分化的對象，故頡利、突利兩叔姪的衝突，殆造因於此。頡利由於內政失修，引起諸國部離貳及國人不滿，其中最重要的是鐵勒諸部，包括薛延陀、迴紇等相率反叛。這些部落驍勇善戰，爲突厥精銳部隊來源之一，此時卻聯合行動，擊敗頡利之子欲谷設的十萬兵團。頡利因而徵召突利所部北征，結果亦大敗，突利僅以身免，遂爲頡利所囚禁撻罰，結怨益深。貞觀二年，突利由其東部地盤逕自上表太宗，請求入朝，事爲頡利獲悉，興兵討伐，內戰遂起。突利既失東部契丹諸國支持，無力抗拒中央，乃遣使乞師於太宗。兵部尚書杜如晦提出「因其亂而取之」的建議，爲太宗所採納，遣軍屯駐太原以圖進攻；〔註29〕然而突利失敗甚速，不久即率眾來降，使計畫不果。不過，嗣後突厥東部，已成爲唐朝對東突厥具有潛在戰略力量的地區，使頡利分散其注意力，若非因西突厥當時內戰，則突厥之東、西、北以及在南的唐朝，實已漸可形成四面包圍的戰略態勢。

唐朝既一時無法與西突厥聯合行動，勢需另尋有力同盟。鐵勒諸部散居磧北，原分別臣屬於東、西兩突厥，以薛延陀與迴紇最強。西突厥內戰既起，臣屬諸國部紛紛附於東突厥。諸國部尋因頡利政衰，相率叛亂，前後多次擊敗東突厥討伐部隊，聲勢甚盛，雄踞磧北。鐵勒諸部原無共同領袖，缺乏統一指揮。既盛以後，諸部欲推薛延陀領袖夷男爲共主，夷男不敢當，因之鐵勒亦無法給予頡利更大的威脅。太宗把握機會，遣使間道冊封夷男爲眞珠毗伽可汗，使之成爲唐朝屬邦兼磧北廣大地區諸部的共主。貞觀三年，眞珠可

〔註28〕隋之國際關係筆者曾有詳論，見拙著《隋史十二講》（北京：清華大學出版社，2012.1）之第八及第九講，頁153～198。

〔註29〕請詳《舊唐書・突厥列傳上》，卷一九四上，頁5161。

汗遣使來朝，太宗賜以寶刀及寶鞭，授予統治漠北全權。至此，唐朝對突厥之東、北及南三面包圍的大戰略已形成。〔註30〕此時，東突厥適值橫遭連年雪災，人口銳減，財經困拙，陷於內外交困之局，正是封德彝所謂徐圖其宜的時機已出現。

據載太宗征伐東突厥的理由為頡利在盟和之後復以武力支持梁師都。事實上唐朝建國十餘年以來，東突厥與唐朝保持外交關係而又支持羣雄與唐敵對，其行為已成習慣，只是唐朝一直隱忍不發而已。因此，當頡利戰敗，被擒至長安時，太宗責以渭水之盟以來「未有深犯」，〔註31〕故捨棄重罰而任之以官，顯示此次出征，太宗是鑒於時機已到，又不欲背負背盟之名，遂以此為征伐藉口耳。

滅亡東突厥之戰自貞觀三年十一月至四年三月，短短五個月即告結束。主戰部隊為唐軍，北、東兩面部落兵力僅用以作為戰略牽制。唐朝征伐軍統帥為兵部尚書李靖，是以奇襲著名的將領，其作戰序列如下：

表二：貞觀三年定襄道行軍作戰序列〔註32〕

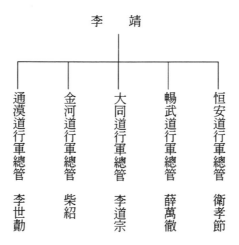

諸軍節度、定襄道行軍大總管
李　靖

| 通漠道行軍總管 李世勣 | 金河道行軍總管 柴紹 | 大同道行軍總管 李道宗 | 暢武道行軍總管 薛萬徹 | 恒安道行軍總管 衞孝節 |

〔註30〕詳《舊唐書·突厥列傳》及廻紇、鐵勒、契丹諸列傳，《新唐書》所載略同。又記載邊疆問題，諸書在時間上頗多矛盾，除參《資治通鑑》外，尚可參前揭傅樂成之〈突厥大事繫年〉一文，見其《漢唐史論集》頁227～273。

〔註31〕詳同註30，頁5159。

〔註32〕此行軍序列諸書記載不詳細，李靖麾下諸總管的本官亦多混亂。今為避免煩瑣詳考，略據兩《唐書》諸本紀、相關將領以及突厥列傳、《資治通鑑》等作成此表，其詳細出處不一一贅註。

頡利被擒，汗國瓦解，大部分投降，小部分殘餘投奔漠北或西突厥。唐朝動用的兵力僅為十萬。事實上，唐高宗以前，出征部隊常在十至二十萬之間，唐太宗親征高麗之役亦不違例。至於高宗調露元年（679）裴行儉指揮的定襄道行軍，連同東、西兩翼兵團共約三十萬人，已是「唐世出師之盛，未之有也」。〔註33〕由此可知，唐軍此戰以少擊眾，滅一世界強權，展示武德、貞觀時代練兵之精，應無可置疑。若鑒於突厥之盛，而懷疑唐朝武力不能及之，須賴突厥危困才得以乘機取勝的推論，雖然頗為事實，但是論者也顯然對唐初武裝力量缺乏深度認識。此戰顯示了唐朝征伐外國的一個模式，此即：運用對敵內部分化，結合敵人之敵形成統一戰線；待適當時機之至，乃大舉以武力征服之。這種大戰略模式，唐朝經常運用，不遑贅舉。

作戰模式既如上述，戰後處理的善後模式亦自此役開始出現。太宗君臣處心積慮欲報復國恥，但貞觀三年之戰，唐朝成功得太快太易，此當然與練兵精銳，以及統帥與各級指揮官的才幹，尤其李靖的野戰戰略極為成功有關，不待贅辯。然而唐朝中央最高權力階層，籌劃全程戰略的速度卻比不上戰事的發展。因此，如何處理戰後問題，太宗君臣不得不利時展開激烈的辯論。

討論處理東突厥的問題，乃是事關唐朝國家安全的重大戰略問題。唐朝官員對此大體分為兩派意見：一由文化立場以及較長遠的戰略考慮作為出發點，主張徙置同化政策；一由民族主義以及現實國防為出發點，主張留置分化。兩派辯論激烈，前者以中書令溫彥博為代表，屬於多數派的意見，認為可援引漢朝對匈奴的先例，處突厥於塞下，全其部落以為國之屏藩，且可充實邊疆的戶口；並且將之列入州縣管制，教以禮法，可使之同化，消融日後的危機。後者以參與朝政的秘書監魏徵為代表，認為傳統政策在先中國而後四夷，胡蕃民族性不同於中國，不可強加同化，若徙置十萬突厥於河曲之南，數年之後勢必成為禍患。總之，他們多反對將突厥遷徙入唐朝國內的任何地方，甚至有主張仍然留置突厥於其故國，因其風俗制度加以改革，依其現行部落制度分官設職，劃分為力量相當的小集團，達至「權弱勢分」的分化制衡效果，使之永遠無法統一壯大以威脅中國者。〔註34〕

兩派各自又有歧說，不過大體而言，兩派爭論焦點不僅在應處突厥於何

〔註33〕詳《舊唐書・裴行儉列傳》，卷八十四，頁2803。下文論述節度使的創置，對行軍兵力尚有論述，故於此不複贅。

〔註34〕《貞觀政要》卷九〈安邊〉貞觀四年條對此辯論有詳載，茲不冗敘。

地始能致國家安全的問題，兼且亦各引歷史事例用以質疑文化上的寬容含育，能否使「百萬強胡，可得而化為百姓，則中國有加戶之利」的民族同化問題。當然，遷突厥於塞下或內地，日後必形成潛在的威脅；但如魏徵所言，「不能誅滅，即宜遣還河北，居其故地」，久之亦一樣有威脅。單就國家安全來看，全部誅滅東突厥部眾是不可能之事，而太宗亦堅決不允許隋朝扶植啟民可汗復國而其後卻反隋的歷史事件重演，亦即不允許東突厥回居故地復國。最後，太宗決定以溫氏意見為前提，綜合各種說法，作成決策，一方面將東突厥降眾收居內地，從我指揮，教以禮法；另一方面則因其離散，隨其本部，署其君長，使不相臣屬。因而析置東突厥部落為十個羈縻府州，散處塞下，而接受唐朝地方長官的節制；至於其酋長則入居長安為官，使之宿衛，以示無猜，且亦含有質押的意義。〔註35〕這是唐朝處理突厥善後問題的第一種模式，此模式後來也頗用於處理其他內附種落。

將東突厥部落分散安置於塞下，使之永久權弱勢分而聽從指揮，這是國家安全最理想的狀態。即使某些部落叛亂，但在缺乏統一指揮之下，當能迅速為唐朝邊疆警防及行軍作戰體系武力所敉平〔註36〕，此戰略構想亦不難瞭解。據此以知，唐太宗裁定此模式，似欲盡量避免大幅改變其原有的國家戰略以及依此戰略而部署的國防體制。不過，隨著新形勢之發展，唐朝國家戰略以及國防軍事組織的改變，殆為不可能避免之事。

（二）監護措施與遠程防禦

東突厥霸權滅亡後，北亞諸國部頓失共主。唐朝新勝，初時仍未能完全取代東突厥原先的地位。當此北亞霸權真空之時，周遭列強群起而覬覦之，較弱小的國部也在國際關係以及戰略選擇上處於相對自由的狀態，因而先後或同時與唐朝發生競爭。最明顯的乃是吐谷渾、薛延陀、高昌、吐蕃以及西突厥，甚至東突厥在復國之後，更曾一度侵入河北本部，遂迫使中國調整其戰略，逐漸建立起遂行國際戰爭的國防軍事體制。茲依唐人所稱的「三邊」，略論其戰略體系的變化如下。

〔註35〕 羣臣的意見與辯論，以及太宗之決定，可綜參《舊唐書・突厥列傳上》（卷一九四上，頁5162～5163），《唐會要・安北都護府》（卷七十三，頁1313～1314），《資治通鑑》（臺北：宏業書局，61.4標點本）貞觀四年四月戊戌至五月丁丑條（卷一九三，頁6074～6078），此處不分別贅引。

〔註36〕 關於唐朝前期警防體系及行軍作戰體系諸問題，請詳拙著《隋唐中央權力結構及其演進》（臺北：東大圖書公司，84.2）第五章第二節。

先論西邊的吐谷渾與吐蕃。

吐谷渾國位於現在青海一帶，為東突厥臣屬，曾屢恃突厥之勢入寇，威脅河西、關隴地區。貞觀九年（635），由李靖組成西海道行軍，兼統突厥、契苾等外族兵團大舉討伐之，征服其國。唐朝處理吐谷渾戰後問題的方式與東突厥不同，而是採用全師撤退，另立親唐政權為主。吐谷渾新主慕容順久質於中國，其國人不服，遂為兵變所弒。唐朝乃遣兵部尚書侯君集再度統軍前往安撫，另建親唐政權，以和親方式加強雙方關係，並在沿邊諸州置兵，聯絡附近諸國監視吐谷渾。降至高宗時代，吐谷渾屢與吐蕃交戰，雙方均要求唐朝支持，為唐朝所否決。及至吐蕃大舉攻擊，吐谷渾不敵，走投涼州（治甘肅武威縣）。唐朝為維護西部均勢，乃以薛仁貴為統帥，將兵二十萬支援吐谷渾。咸亨三年（672），唐軍主力與吐蕃主力會戰於大非川（今青海西之布喀河），唐軍大敗，吐蕃遂佔領吐谷渾。〔註37〕

吐谷渾局勢的發展，在唐史上具有重大的地位。第一、唐朝皇帝自滅亡東突厥以後已成為西北各國天可汗，得以天可汗名義及「天子信璽」徵召外國力量來維持東亞世界秩序。李靖的聯合兵團，實象徵了天可汗體制的威力，其第一次大非川之役，使吐谷渾舊政權滅亡，乃是唐朝運用天可汗體制扮演國際警察角色的結果。薛仁貴第二次大非川之役，乃為唐朝首次在國際武力衝突中慘敗的紀錄，並失去維持西部國際均勢的力量。唐朝基於此次教訓，引起國家安全政策及戰略問題的長期辯論，高宗後來放棄安西、安東，乃至對已復國的東突厥不作積極處理的原因，實植根於此。第二、第一次大非川之役後，唐朝沒有派遣軍隊長期進駐吐谷渾，這是導致吐蕃、吐谷渾勢力失衡的遠因。及至二吐交爭，唐朝並沒有積極的調停措施，是則忽視了吐谷渾戰略地位的重要性。因此，待吐蕃全勝後，屢次入寇唐朝，嚴重威脅河西、關隴地區，首都亦處於吐蕃戰略威脅之內，唐朝遂被逼部署重兵於河西、關隴，構成縣密的防禦系統，經常處於戰爭狀態，使全國注意力集中於此，以迄於開元時代，顯示高宗朝對吐蕃採取近程防禦及本土決戰的策略顯然失當。從武則天到唐玄宗，歷朝欲扭轉劣勢，然績效不佳。此時，唐朝西部邊防軍經常攻擊吐蕃軍事要塞，欲將防禦線推入吐蕃國內，但吐蕃已坐大，且擁有優越的戰略地勢，唐朝遂僅能實行永久屯兵、長期對峙的戰略。另外，從武則天開始，為了贏得戰略優勢，不得不重新經略安西地區以資制衡；甚

〔註37〕詳《舊唐書·吐谷渾列傳》及吐蕃、李靖、侯君集、薛仁貴等傳。

至越過蔥嶺，長程攻擊勃律國，將天竺、波斯收入安西監護體系之內，重新實施太宗的大戰略，使東起劍南、隴右、河西、安西、西突厥、天竺、波斯，構成一道隔絕吐蕃與突厥，而又圍堵吐蕃的戰略網。這道戰略網——幸好當時大食甫崛興而未東進——完全以唐朝武力為主力，導至國力的長期消耗。當安史之亂，使唐朝無力貫徹此戰略部署的時候，此道戰略網即告崩潰，不但中亞落入吐蕃的控制，而唐朝劍南、河隴西線亦全面暴露於吐蕃攻擊之下，甚至連首都也曾淪陷，因此上述沿邊地區，遂成為高宗以後的國防軍事重心。

次論北邊的東突厥與薛延陀。

東突厥亡國後，漠南成為唐朝正北的特別地區，權弱勢分的突厥部落，均置於唐朝寧朔大使監護之下。寧朔大使的責任似在安寧北方，故曰「寧朔」，因此除了撫慰東突厥餘部外，尚負保護之責任，性質介於後來的都護與軍大使之間，或謂是「舊朔方節度之號」。〔註38〕這是由於漠北的薛延陀及西域的西突厥，均有覷覦漠南，爭霸東北亞的野心。東突厥亡國第三年，西突厥統葉護可汗即大舉與薛延陀交戰，尋以兵敗引發內變，國人迎立咄陸可汗。咄陸遣使內附，受唐朝策立，直至貞觀十二、三年間分裂為二國部止，而與唐關係尚稱良好。此時北方主要威脅來自薛延陀。

唐與漠北各國保持三重君主體制，即各國部自有其君主，漠北各君主又須接受薛延陀君主真珠可汗的號令，真珠可汗則需臣屬於唐朝。唐太宗賜真珠可汗以鼓纛刀鞭，令其「汝所部有大罪者斬之，小罪者鞭之」，〔註39〕益增其威勢地位。真珠可汗在東突厥亡國之前即已稱雄漠北，設有南進政策，故將牙庭自鬱督軍山（今外蒙杭愛山北）南遷至獨邏水（外蒙土拉河）流域，勝兵二十萬，欲兼併漠南。唐朝的對策，一方面維持西突厥與薛延陀的均勢，利用前者牽制後者；另一方面則考慮在漠南重建東突厥政權以打消其野心。貞觀十二年（638）為北亞形勢大轉變之年。西突厥因內戰，以伊列水（伊犁河）為界，分裂為兩部；翌年又分裂為南庭與北庭，仍以伊列水為界，交戰不已，是以唐朝顯然再難依靠西突厥力量來牽制薛延陀。太宗惟恐真珠可汗的強大與兼併，直接逼近北邊以危害國家安全，不得不採取緊急措施，此即

〔註38〕《舊唐書・太宗本紀下》貞觀十四年（六四〇）三月戊午條謂是日「置寧朔大使以護突厥」。謂是「舊朔方節度之號」則見於《唐會要・節度使・朔方節度使》條。按：《舊唐書・竇威列傳・竇靜附傳》謂竇靜被特命為寧朔大使以撫北邊，然而竇靜卒於貞觀九年，恐誤。

〔註39〕詳《舊唐書・北狄・鐵勒列傳》，卷一九九下，頁5344。

分化薛延陀以及重建東突厥。

眞珠可汗當初爲了有效控制漠北，曾將漠北劃爲南北兩部，任其兩子各爲小可汗以統治之。貞觀十二年，太宗遣使正式冊封其子爲小可汗，實行所謂「外示優崇，實欲分其勢」的政策，〔註40〕其後果然收到漠北猜疑失和的效果。翌年四月，入居長安的小部分東突厥貴族爆發了九成宮兵變。這是一次意外而又孤立的事件，卻給予以留置分化派爲主的羣臣再度議論的機會。他們重新檢討對東突厥的處置政策，力言留置國內之危機，太宗亦爲之後悔，遂決定重建東突厥政權。同年八月，太宗命令右武候大將軍・化州都督・懷化郡王李（阿史那）思摩爲俟利苾可汗，統率沿邊部族渡過河曲北還建國，建牙於定襄故城。

唐朝沒有派遣武力監護東突厥的復國，李思摩忠於唐朝，爲國人所不服；且國家新復，無力抗拒眞珠可汗，因而不敢北還。眞珠可汗亦以東突厥復國，將影響其地位及國家安全，乃欲冒險用兵以驅逐之。太宗爲了貫徹政策以及安撫眞珠可汗，乃賜璽書申明讓東突厥復國的原因，飭令冊薛延陀在先，東突厥在後，「後者爲小，前者爲大」，表示不影響眞珠可汗的地位；且警告眞珠，謂兩國分統大漠南北，若蹢越交侵，唐朝將以武力問罪。〔註41〕這道璽書以世界盟主的資格提出，宣告唐朝兩種基本政策及戰略，此即：第一、唐朝不貪圖別國人民土地，不滅他人之國，歸附者乃列之爲羈縻府州，其君長的統治權不加更改。第二、唐朝決心以武力維持世界均勢秩序，扮演國際警察的角色。爲貫徹第一種政策，唐朝乃實施監護體制，設立都護府；爲貫徹第二種政策，乃有國外駐軍的遠程防禦戰略出現。

按：薛延陀與東突厥兩雄並存之狀態勢不穩定，據唐太宗上述的警示已可知之。眞珠可汗爲解決突厥的威脅，曾經幾乎與高昌（今新疆吐魯蕃地區）、靺鞨（約在松花江、混同江流域）結成同盟以抗唐。事實上，早在東突厥復國後不久，眞珠可汗即曾大舉進攻東突厥；而太宗履行其警告，最後任命李世勣等分道支援，大捷於「諾眞水」。眞珠兵敗謝罪而求和親，答應與突厥和平共存。當時，唐太宗籌思二策以徵求羣臣的意見：

> 北狄世爲寇亂，今薛延陀崛強，須早爲之所。朕熟思之，唯有
> 二策：選徒十萬，擊而虜之，滅除凶醜，百年無事，此一策也；若

〔註40〕詳同上註。
〔註41〕詳《舊唐書・突厥・李思摩列傳》，卷一九四上，頁5163～5164。

遂其來請，結以婚姻，緩彎羈縻，亦足三十年安靜，此一策也。未
知何者為先？

宰相房玄齡以國力未復，且兵凶戰危，力主短期安定的和親政策，太宗遂許
以公主妻之。貞觀十六年，太宗親幸靈州來會眞珠可汗親迎之禮，但因眞珠
後期而又聘財未備，乃下詔絕婚。尋又復因眞珠數度與突厥交戰，璽書亦數
度責讓之。降至貞觀十九年，太宗親征高麗，曾對眞珠使人曰：「語爾可汗，
我父子並東征高麗，汝若能寇邊者，但當來也！」顯示其防範之深；事實上，
高麗也曾透過靺鞨游說眞珠，欲建立抗唐聯盟的大戰略。俄而眞珠可汗卒，
其子嗣立，內政失修，而又發兵寇邊，太宗遂決意徹底解決北邊問題，以謀
長治久安。翌年，太宗遣突厥配合唐軍聯合進兵，並親幸靈州督師，大捷，
迴紇等部相率降，並請列為州縣，北荒悉平。太宗為之下詔，謂：

> 自朕臨御天下，二紀于茲，粵以眇身，一匡寰宇。……曩者聊
> 命偏師，遂擒頡利；今茲始弘廟略，已滅延陀。……鐵勒諸姓，……
> 委身內屬，請同編列，並為州郡。……混元已降，殊未前聞；無疆
> 之業，永貽來裔。……即宜備禮，告于清廟，仍頒示普天。

於是又翌年，遂各因其地土置為十三個羈縻府州，拜其酋長為都督、刺史，
而置燕然都護以統之，〔註42〕一如稍早已前設置的安西都護府辦法。

按：自太宗撻伐東突厥至高宗時單于大都護府二十四州突厥大叛亂，逐
漸漫延至漠北為止，唐朝約歷半個世紀北方無巨變，北蕃直逼渭水的情況不
再發生。又自東突厥大叛亂至玄宗八十餘年之間，北方有變則多先在國外交
戰，即使東突厥雖曾多次突入中國邊區，終因唐朝沿邊軍團以及駐在外國的
軍團對其產生背後封鎖的威脅，故皆不旋踵而退，勢難持久。是則唐太宗的
遠程防禦戰略構想，顯然極為正確，似無須責其窮兵黷武。

再次復論高昌及西突厥。

都護體制自漢朝創立以來，隋朝唐初均無此制，貞觀十四年寧朔大使的
創設，可以說是唐朝對北狄實行都護乃至節度體制的濫觴；然而唐朝第一個
正式的都護體制，實在西域首先創置，而與高昌及西突厥有關。

高昌國地居西域入唐必經之道，極具地緣戰略價值。其國有二十一城，
兵力且萬人，在天山南路中最為強國，初時依違於東突厥與隋唐之間，均北
面稱臣。貞觀初，高昌對唐貢奉，關係良好，為唐朝瞭解西域各國的情報中

心。及至東突厥亡國，高昌漸與唐朝疏遠，而與西突厥關係則日益親密，使唐朝逐漸喪失其西域監聽基地。尤其在東突厥亡國後，伊吾國（今新疆哈密一帶）內附，唐朝置為西伊州（尋改伊州），收入大唐版圖為正州。伊州西鄰即為高昌，故其為高昌所直接威脅乃是必然之事。

　　唐朝的西進，殆與西突厥及薛延陀的交戰有關，而伊吾國原本臣屬於西突厥，不過伊吾附唐後當然亦相對的對高昌產生戰略威脅。高昌不滿伊吾的內附，聯合西突厥武力攻擊之，使唐朝西北國土正式出現危機。此時，唐朝對高昌的無禮雖甚重視，但對高昌阻塞天山南路各國與唐交通，以及攻擊西域親唐諸國的作為更表重視。事實顯示，唐朝要保障正北國防安全及利益，則須維持漠南地區以為緩衝區，不能讓薛延陀有南下兼併，而西突厥有東進恢復突厥一統的機會。薛延陀既備受西突厥的攻擊，若西突厥的霸圖成功，則唐朝難保不受其威脅，這是唐朝經略西突厥的原因。然而唐朝若對付西突厥，在戰略上實是鞭長莫及，勢須在西域尋找及建立軍事基地始可有為。因此，西域基地的建立，不但在攻勢戰略上具有意義，而且另有兩個必須建立的因素：一是西突厥財政來源多來自西域臣屬諸國，唐朝若在西域建立基地，一者可以切斷諸國與西突厥的政治財經關係，削弱西突厥國力；一者又可以保護諸國與唐的關係，增強唐朝的實力。另外，唐朝若經略西突厥，兩國必引發軍事衝突，是則唐朝若欲確保關隴安全，則須先保河西；欲保河西，則須先越出瓜（今甘肅安西以東）、沙（今甘肅安西以西）二州，在西域建立軍事基地，甚至在西域尋求盟邦如伊吾國，乃至如波斯等西突厥世仇，以達成同盟戰略的構想，這是一種遠程防禦及國外決戰的典型戰略構想。唐朝後來在此地帶率先創置隴右、河西、磧西（即伊西）、安西四個節度使，實與此息息相關。

　　伊吾國之內附既可作為河西西部的屏藩，且對唐朝實施上述戰略構想極為有利，是以無論採取攻勢國防或守勢國防，解決高昌以及西突厥的問題乃是遲早之事。相對的，二國對此發展形勢亦備知之，因此西突厥北庭政權早已遣兵駐屯可汗浮圖城（今新疆孚遠縣），犄角支援高昌，而高昌亦已作好備戰準備。戰爭之所以延至貞觀十四年（640）才爆發，其原因在唐方面是由於保守派的優勢，他們認為以固本安民的政策為優先，且大兵行經沙漠，萬里作戰，效果難測，縱使征服高昌，然地居絕域，不可久守。此類言論直至侯君集受命出征前，羣臣仍競以為諫。在高昌、西突厥方面，他們頗滿足於目

前形勢，而又恃其優越的地緣戰略，輕估唐朝的遠程作戰能力，誠如高昌王所說：「吾往者朝觀，見秦隴之北，城邑蕭條，非復有隋之比。設今伐我，發兵多則糧運不給，若發兵三萬以下，吾能制之；加以磧路艱險，自然疲頓，吾以逸待勞，坐收其弊，何足為憂也。」〔註43〕以故不採取更積極的先制作為或加強防禦。高昌王不想己所恃之天險優勢，正是唐朝所以必須在西域建立軍事基地的原因。蓋高昌王曾在貞觀四年入朝，對唐朝西部經喪亂後的社會經濟蕭條，一直印象停滯而無進一步的認識，沒有瞭解到唐朝已日益安定繁榮，漫長的後勤補給線已不足以對軍事行動產生決定性的影響。

貞觀十三、四年，唐朝獲得對西域用兵而又必須用兵的絕佳機會。蓋此時高昌王欲建立高昌－西突厥，以及高昌－薛延陀兩個同盟，挑撥薛延陀真珠可汗與唐抗衡。高昌的大戰略若成功則對唐極為不利，但真珠可汗此時尚對唐朝友善，其注意力集中於阻止東突厥復國的問題，因而將高昌的大戰略構想報告給唐朝，並願意作為唐軍前鋒攻擊高昌。另外，吐蕃此時為求與唐和親，故與唐處於關係最為友好的狀態，致唐若用兵則補給線不虞被騷擾或截斷；而西突厥南庭政權亦屢遣使入貢，關係不至於有虞。因此，貞觀十三年（639）年底，太宗一方面命令民部尚書唐儉至薛延陀計畫聯合行動，一方面與備受高昌、西突厥攻擊的焉耆（今新疆焉耆縣地）結盟，任命吏部尚書侯君集組織交河道行軍，兼統東突厥、鐵勒、契苾等兵團數萬人，實行遠征高昌，並於翌年八月平定之。此役令西突厥北庭可汗大為震懼，西走千餘里，其可汗浮圖城駐軍全部投降。戰後唐朝基於前述戰略考慮，遂將高昌國改置為西州，在此建置安西都護府，留兵鎮守。這是唐朝第一個都護府，其設置約晚寧朔大使半年。〔註44〕貞觀二十年（646），西突厥因內戰，其新主射匱可汗遣使入貢，並請和親，割龜茲（新疆庫車、沙雅二縣間）等五國為聘禮。龜茲乃與西突厥別部連兵拒唐，為唐師十餘萬騎所征服，太宗遂移安西都護府於其地。自後從天山南路諸國至波斯，皆漸列入安西都護府的監護範圍，俾使結合唐朝在西域之各地駐軍，以及附屬於唐而接受唐朝軍號改編的諸國部隊，組成對抗西突厥的軍事體系，遂行遠程防禦、國外決戰的戰略構想。

〔註43〕 詳《舊唐書‧高昌列傳》，卷一九八，頁5295。

〔註44〕 前註引《舊唐書‧太宗本紀下》謂寧朔大使置於貞觀十四年（六四〇）三月戊午，《通鑑》同；然據《冊府元龜‧外臣部‧備禦》（台北：大化書局，民國73.10），則謂十四年九月置安西都護府，十一月置寧朔大使（卷九九一，頁5130）。今據前二書。

兩年之後，唐朝又安置西突厥舊主咄陸可汗殘部於可汗浮圖城附近，建置庭州，後置為北庭都護府，勢力深入天山北路。

安西、北庭兩都護府及駐軍原本用以對抗西突厥，高宗顯慶（656～659）間蘇定方征服西突厥，而吐蕃坐大以後，安西體系之另一作用即為牽制吐蕃。後因高宗與吐蕃競爭失利，主張固本安民之呼聲大盛，故放棄焉耆以西地區，將安西都護府撤回西州，於是自西域、河右、隴右至劍南，全面暴露於吐蕃攻擊之下，第二次大非川之戰的大敗即在此情勢下發生，唐朝被迫採取近程防禦、本土決戰的策略，導致戰略主動權喪失而採用守勢國防，使軍力疲於應付。武則天朝重新檢討戰略，決定恢復太宗的構想，全力經略西域，使之在側翼牽制吐蕃，減輕河隴的壓力。因此在長壽元年（692）王孝傑兵團收復天山南路後，再度將安西都護府推進至龜茲，西北國防及戰略體系至此回穩奠定。

最後論東北邊。

大體來說，唐朝向四面拓邊的政策，需賴都護府以及遠程防禦兩種體制的支持貫徹，前者工作偏重政治文經，後者則偏重軍事行動——即節度體制的作為。這種政策體制的推行，在東北方面顯然不甚理想。或謂唐朝重視西北國防，而於東北方面採「維持現狀之消極政略」，〔註45〕此點容或有商榷補充的餘地。

按：唐朝考慮東北安全，顯然有若干因素必列在考量之內，其大者可從兩方面作觀察：其一、朝鮮半島的形勢，因地理懸隔，實際影響唐朝國家安全遠不及兩突厥、薛延陀及吐蕃之大，高麗的國力亦不及此諸國之強大。隋唐屢次大舉征伐高麗，一方面是支援屬邦新羅，以維持共主的威信；一方面多少含有誇耀國力之意，原即無意於長期佔領。隋唐一再受挫，對國內外產生極不利的影響。例如隋煬帝親征失敗，在國外則引發東突厥獨立抗衡的野心，在國內則引起內亂。唐太宗親征不理想，亦曾引起薛延陀推行南進政策的決心及行動，觸發唐、薛之間的大戰。然而中國若不出兵膺懲高麗以支援新羅，其共主的聲譽地位亦將在國際間受到貶損。這是一個左右為難的問題。不過，唐朝在與薛延陀、西突厥關係緊張的時候，於貞觀十九年（649）由太宗親統聯合兵團征伐高麗，已顯示出唐朝的戰略決心。高宗在顯慶五年（660）

〔註45〕詳陳寅恪先生〈唐代政治史述論稿〉下篇，收入《陳寅恪先生論文集》（臺北：三人行出版社，民國63.5）上冊，頁274～279。

命蘇定方先平定高麗在朝鮮半島的盟邦百濟，然後徵募河南、河北、淮南六十七州四萬四千餘兵力前往鎮守，〔註46〕其鎮守兵力已超過先前鎮守安西的三萬人。從龍朔元年至總章元年（661～668），唐高宗屢遣大兵團攻擊高麗而終平定之，其貫徹太宗決心的表現不宜視爲消極。

　　其二、朝鮮半島征服後，唐朝對半島並沒有徹底滅亡其國家及反對勢力，而是因勢利導的建立羈縻體系，由安東都護府監護該地區；然而高宗不久即撤退安東的力量，其原因是基於國際局勢的改變與國家安全的威脅。蓋咸亨（670～673）間吐蕃崛起，將朝鮮半島的力量吸引西移，第二次大非川之役的統帥薛仁貴正是第一任安東都護，其後前赴隴右指揮軍事的劉仁軌也正是朝鮮駐軍的統帥。調露元年（679），單于都護府大叛亂事件發生，東突厥復興，大漠南北及西突厥領土，均逐漸淪陷，由西域東至海，唐朝整個北方防線備受威脅。就以叛亂該年作爲局面的轉捩時間看，是年唐雖派遣裴行儉統率空前龐大的三十萬兵團遠征東突厥，但在亂事猶未平定之時，翌年西突厥十姓可汗即與吐蕃連兵攻擊唐朝的安西，西域淪陷，唐朝力量退守西州。此期間，吐蕃又獨力大舉進攻川西，中書令李敬玄所統隴右兵團先後大敗於青海及湟中。因此可以說，唐朝此幾年間之局面是陷於數面受敵的狀態，除了安西、安東二地之外，自西邊往東北，唐朝本部之劍南，河西、隴右、朔方、河東、河北以至遼東諸地，全皆處於戰爭的威脅。因此，唐朝將安東都護府撤離平壤而先後退至遼東、遼西，將安西都護府撤離龜茲而退至西州，採取東、西兩線戰略退卻，實屬適當之決定。所謂適當，乃是指因應戰事需要而言，因爲唐朝府兵制的設置，自開國以來原本就是依本於「固本國策」，而以「近程防禦、本土作戰」作爲國家戰略所設計而成的軍事體制，〔註47〕如今將軍隊遠遣於境外，分駐在朝鮮半島及新疆西部，不但分散了唐朝本部作爲總預備隊的中央軍戰略力量，而且因補給線漫長，隨時皆會被契丹及吐蕃等國分別切斷，使兩地駐軍有成爲孤軍，甚至被消滅之虞。爲此，唐朝基於本土安全以及國力盈縮的考量，作成雙線退卻的戰略決定，應是適當的戰略決策，而與政略之消極與否殆無甚大的關聯。或許這就是陳寅恪先生所謂的「外族盛衰之連環性及外患與內亂之關係」應會出現的調整變動。

〔註46〕見《舊唐書‧高宗本紀》顯慶六年正月乙卯條，卷四，頁81。
〔註47〕唐初府兵制的設計以鞏固京師安全爲主，筆者稱之爲固本國策，請詳拙著《隋唐代中央權力結構及其演進》第一章第一節及第五章。

當然，雙線退卻對於長期的國家安全顯然不利，因為此必造成「近程防禦、本土決戰」的後果，甚至因為當前形勢與唐初已然不同，遂使根本不固的不利態勢漸漸呈現。從後來吐蕃進迫河隴以威脅長安，東突厥更是長驅河北逼臨洛陽之戰事看，〔註48〕即可知悉為何自武則天以至唐玄宗，皆不斷努力將國防線恢復向東、向西推進的主因。

武則天基於唐高宗朝保守的國防政策，已實際導致國家安全處於危機的狀態，因此在長壽二年（692）王孝傑擊敗吐蕃，收復安西四鎮後，遂決定將安西都護府遷回龜茲。然而，羣臣又為之大起辯論，反對恢復「遠程防禦、國外決戰」的戰略，而在邊境或國外設置軍事基地的羣臣，可以宰相狄仁傑的意見為代表。狄氏上長表給則天，提出如下四點意見：

第一、他認為四夷與中國懸隔，不必遠事征拓以消耗國力，為政之道需先安定中國，愛惜人力。故謂「今日之土宇，過於周漢前朝遠矣，若使越荒外以為限，竭資財以騁欲，非但不愛人力，亦所以失天心也」。這是保守派意見的大前提。

第二、狄氏接著檢討既往國防戰略之弊，並就當時國內的社會經濟問題借題發揮，說「近者，國家頻歲出師，所費滋廣。西戍四鎮，東戍安東，調發日加，百姓虛弊。聞守西域，事等石田，費用不支，有損無益；行役既久，怨曠亦多。……上是不恤，則政不行而邪氣作，邪氣作則蟲螟生而水旱起矣。方今關東饑饉，蜀漢逃亡，江淮以南，征求不息。人不復業則相率為盜；根本一搖，憂患不淺。所以然者，皆為遠戍方外，以竭中國，爭蠻貊不毛之地，乖子育蒼生之道也」。

第三、他解釋太宗禦外之道主要在羈縻政策，讓外國君主在接受羈縻之下，統治其國民，若「夷狄叛則伐之，降則撫之。得推亡固存之義，無遠戍勞民之役」。因此，建議則天「捐四鎮以肥中國」，將西域統治權交還當時為東突厥所擊敗，而率殘部入居中國尋求庇護的西突厥濛池都護・竭忠事主可

〔註48〕吐蕃之進迫是逐漸的，但東突厥之長驅則是突發的。東突厥在武周朝一度攻至相州（治今河南安陽市）附近，逼臨東都洛陽，則天兩次命將各統兵十餘萬往討，皆被殲滅，尤其神功元年（697）的第二次戰役更是被殲十七萬人，連統帥王孝傑也殉陣。是役之後，則天再命武懿宗等師師二十餘萬往討，甚至稍後連太子及宰相狄仁傑也奉命掛帥出征，計前後動員四、五十萬人之多，破了唐軍出師的紀錄。其詳請參下文論述天兵軍部分，及拙著《武則天傳》（北京：人民出版社，2001），頁321～446。按：則天之太子是指聖曆元年（698）重新復為太子的武顯——即曾被廢的唐中宗李顯。

汗‧右衛大將軍斛瑟羅，扶植其復國，「遣其禦寇」，並同時將安東都護府撤至遼西。認為如此則「國家有繼絕之美，荒外無轉輸之役」。

第四、狄氏建議將安東、安西兩線戰略撤退後，國防上可採本土決戰及堅壁清野避而不戰的兩種戰略戰術，故謂防禦戰略「莫若聚軍實，畜威武。以逸待勞，則戰士力倍；以主禦客，則我得其便；堅壁清野，則寇無所得。自然賊深入，必有顛躓之慮；淺入，必無虜獲之益。如此數年，可使二虜（吐蕃及東突厥）不擊而服」。

當然，狄氏之守勢戰略必然會導致戰略主動權以及軍事行動自由權的喪失，故欲徹底解決二虜問題將是難能之事；除非狄氏所言的「勅邊兵謹守，以待其自敗，然後擊之」的情況會發生。嚴格來說，狄氏意見是保守的、理想的。社會經濟的變動雖然與國外駐兵的策略有關，但若放棄此策而實行其第四點意見，邊防軍力部署未必遂能減少，恐怕為了沿邊防守，而使駐軍更多，所徵調的人力物力更鉅。又，且不論敵人淺入或深入，本土既已遭到蹂躪，則對人民及社會經濟傷害尤甚，可以無疑。其次，強敵若征服其四隣——如東突厥之擊敗西突厥可汗斛瑟羅，然後挾四隣以攻擊中國，則危機將會更大。為當時的國家安全計，中國實宜駐軍邊境或國外，支援各國抵抗二虜，使戰火不能燃及本土，始應是計之上者；至於欲待敵之「自敗」，然後才遣兵由國內遠征之，則將是可期而不可即的消極之事，與唐高祖與太宗之整軍經武，以己之不可勝待敵之可勝構想並不相同也。

為此，贊成遠程防禦的意見，以當時僅任右史，後來拜相的崔融最具代表性。崔氏反對狄氏的意見主要可歸納為兩點：

第一、夷狄自古為邊患，雖「種落與運而遷」，但率皆為「五帝不能臣，三王不能制；兵禍連結，無代不有」的局面。因此推崇太宗效法漢武帝的西域政策，將防線推至蔥嶺以西，使「南山至於蔥嶺，盡為府鎮，煙火相望」，只有建立起此種連綿緊密的防禦體系，始能確保國家的安全。

第二、崔氏批評高宗放棄安西的決策雖「務在安人」，但惡果馬上出現。吐蕃大入西域，佔領焉耆以西，「遂長驅而東，踰高昌壁，歷車師庭，侵常樂（今甘肅安西縣西，瓜州屬縣，為要塞之地），當莫賀延磧，以臨我燉煌」。是故基於戰略考慮，崔氏指出河西地區的重要性，謂「河西危則不得救矣。方須命將出師，興役動眾。向之所得，今之所勞；向之所勞，今之所逸」，故「拔舊安西之四鎮，委難制之西蕃（吐蕃），求絕將來之端」，是極為不智之

事。因而進一步警告申說：「今若拔之（四鎮），是棄已成之功，忘久長之策。小慈者，大慈之賊；前事者，後事之師。」〔註49〕

狄、崔二人之辯，可視爲鴿、鷹兩派之辯，其中心論點與太宗朝魏徵、溫彥博等人針鋒相對的論點頗爲相似。事實上，狄、崔之辯，固可視爲唐朝前半期兩條戰略方針之辯論。兩種意見勢力互有消長，大體而言，從唐太宗擊滅薛延陀而被西、北君長奉爲天可汗之後，即漸以實行「遠程防禦、國外決戰」的大戰略爲主，以故唐朝前半期考量國家安全與國家利益時，多以溫、崔所代表的意見爲衡量基準，因而國外駐兵、遠程防禦的戰略體系，自後得到長期的貫徹實行。不過值得注意的是，從狄、崔二人之第二點意見觀察，可知高宗、武后之世，實爲「頻歲出師」的局面，是故《新唐書・兵志》所謂「自高宗、武后時，天下久不用兵」之說，顯然爲失實的描述。

按：〈兵志〉之說，若謂因上述大戰略之施行而致國內無戰事勉強尚可，若謂不用兵於國際則顯然不當。〔註50〕蓋戰略上選擇東守西攻或東攻西守，甚或兩線以至多線作戰，皆須因時量力而訂。畢竟戰略之本質是一種思想方法，需要整理事件，將之建立優先次序，而始能選擇其中最有效的行動路線。〔註51〕因此，當高宗及則天面對國內外情勢有變時，其國家戰略包含大戰略在內亦須隨之而變，只是因上述大戰略之施行重心在國外，以故常會造成國內久不用兵之錯覺而已。由上述之析論可知，高宗、武后之時，不僅境外頻歲出師，抑且復因外患內侵而致本土亦有用兵，如此情勢變化若不能明瞭，則無從瞭解節度體制之所以緣起也。

〔註49〕狄、崔之辯似在神功元年（697）狄氏復相之後，距王孝傑收復四鎮已六年，當時吐蕃及其所扶植的西突厥政權屢次戰敗，遂要求中國罷四鎮之兵，並求分十姓突厥之地。狄、崔爭論，見《唐會要・安西都護府》長壽二年條，卷七十三，頁1326～1329。

〔註50〕自東突厥及薛延陀先後滅亡後，國外及邊境仍時常用兵已如正文所論，至於國內，除了武后時徐敬業之起兵討武以及前註所述之突厥內侵，中國內地基本上並無重大的戰事可言。此兩次戰爭雖甚嚴峻，但也很快被撲滅，是以若從國內長時段看，致有「天下久不用兵」的錯覺；但若從國際長時段看，則恐怕不然，何況「天下」一詞應兼指國內外而言也。

〔註51〕此處所述戰略之本質與目的，請參法國名戰略家薄富爾（Andre Beaufre）將軍所著之《戰略緒論》（An Introduction to Strategy，鈕先鍾譯，台北：軍事譯粹社，民國63.6）的〈導論〉部分，頁3～6。

五、新國防軍事體制的建立

（一）新邊防體系的推行

　　唐初推行「固本國策」，在此國策影響之下，中央政府的國家戰略構想是假設四方無事，而仍可繼續推行隋朝的禁武政策，於是集中部署常備兵力——府兵——於關內、河東、河南三道，尤其集中於關中地區，欲恃關中優勢兵力統臨四方，完成「內重外輕」的戰略部署。換言之，唐初建立軍隊國家化、軍人中央化制度下的府兵，是呈內斂形式集中於關中以拱衛首都及中央；至於各地要塞的鎮戍警防體系兵力，亦由府兵輪調配置，但建制上實非地方兵的性質。假若地方有變，則由警防體系先行防禦，然後由中央派遣軍——即以某道為名的行軍——馳赴作戰，所以整個國家戰略構想，是以「強幹弱枝」作為主要的考量。〔註52〕據此可知，隋唐的府兵制，是依「近程防禦、本土決戰」的國家戰略而設計；而非依長征遠戍的「遠程防禦、國外決戰」而設計，故鎮戍警防體系為第一線的警備部隊，而中央十二衛之兵力則是戰略預備部隊。

　　鎮戍組織配置於各地要塞，尤以邊疆為密集，烽燧警報系統由沿邊至於京邑，連縣踵接。不過，此種警防體系並不完全適用於唐太宗滅亡東突厥及薛延陀以後，所逐漸施行的國外決戰及遠程防禦戰略。尋其原因，主要有二。

　　第一、唐朝鎮將、戍主，品秩甚低，上鎮之將不過從六品下而已，不僅地位低於隋朝，更遠低於與州相當甚或略高於州的北魏。至於所轄兵力，上鎮五百人，中鎮三百人，下鎮三百人以下；上戍兵力五十人，中戍三十人，下戍在三十人以下，此與北魏大鎮動輒統兵數萬，以作為鎮區攻防之戰略及戰術力量，相差更大。〔註53〕是則品秩低微與上縣令相當的上鎮將，最多不過統率十個上戍兵力，若遇敵患較大，或動亂地區較廣時，勢無統兵攻剿的力量。假設外敵數千來攻，分散的鎮戍主要責任最多不過先行守禦，舉烽燧或馳報都督以示警訊。因此，唐朝鎮戍的作用是守勢的、被動的，僅是先期警防單位。這種單位若配駐於外國，很可能會被敵人各個擊破。

　　第二、鎮戍兵源來自府兵，制度上最初每年輪調一次，執勤時間不長，

〔註52〕請詳拙著《隋唐代中央權力結構及其演進》之第五章。至於下文所論鎮戍與禁衛體制，亦同見此章，不再贅註。

〔註53〕隋朝上鎮將從四品上。至於北魏軍鎮的情況，嚴耕望先生於其《中國地方行政制度史》乙部《魏晉南北朝地方行政制度》（臺北：中研院史語所，民國79.5三版）下冊，已有篇章多所詳論，於此不贅。

對配置地區形勢自難熟悉，作戰時遂易失利。加上鎮戍對配置地所屬的持節都督或持節刺史，平常僅受其軍政節制，危機時始受其指揮，但在軍制上卻無統屬關係。亦即軍事體制大抵上分有統率及監督兩系統，根據《唐律·職制律》及〈鬥訟律〉的《疏議》解釋，官署的統率系統是「州管縣，都督管州」，「鎮管戍，衛管（折衝）諸府」，因此作為文職事官的都督及其長史以下的督府眾幕僚，對所部武職官的鎮戍或兵府——唐制折衝府依魏晉以來慣例稱為軍府，但筆者因折衝都尉已無將軍之號，而又為了區別邊防諸「軍」及其主帥「軍使」，以故稱常制的折衝府為兵府，以免論述時混淆——並無軍隊統率權，而因都督「使持節督」或刺史「使持節某州諸軍事」而擁有軍隊監督權，因此平常可以對部內鎮戍或兵府實施軍政管制。在這種情況下即使督、刺於危機發生時權宜指揮這些部內部隊，並於事後申奏以獲取追認，但是亦可能會因兵將之間的陌生，而妨碍軍事指揮的效果。〔註54〕

　　按：唐朝將軍事體制劃分為統率與監督、軍令與軍政二元，又將總管改為文職的都督，給予處理軍政及監督之權而剝奪其傳統固有的統率權，原因是欲徹底消滅前朝的藩鎮武力體系；其將鎮戍主帥地位及所統兵力的降削，原因亦在此。不過，既欲長期施行遠程防禦、國外決戰的戰略，則勢須對此加以調整或強化，這是節度團防及唐型軍鎮兩種軍制形成的主因。節度團防制度，容後再詳，於此茲略述其唐型軍鎮制度。

　　唐朝的軍鎮制度，原在侍衛、警防兩種常制軍事體系中皆無建制。揆諸史實，隋朝唐初行軍野戰體系例以「某某道行軍」而名，而以行軍總管（大總管）或行軍元帥為其指揮官，故隋唐的軍，蓋指行軍而言；而唐初即使另有禁軍的建制，也仍具有行軍的性質。按：唐朝禁衛體系最早出現的乃是「元從禁軍」，兵力約三萬人，至安史之亂前，逐漸發展成左右羽林軍及左右龍武軍，合稱「北門四軍」，每軍兵力約一萬五千人。禁衛體系之所以以「軍」為最高編制單位，實由於「元從禁軍」原本為行軍野戰的部隊，為追隨唐高祖太原起事的元從野戰軍改編而成，此在本書〈元從禁軍之建置發展以及兵源問題〉篇已作論述。是則唐朝「軍」級編制乃是由行軍野戰體系轉變而成。所謂「某某道行軍」，即某某方面中央派遣軍的意思，是一種戰時臨時編制的野戰組織。因此，唐型軍鎮建制，乃是行軍作戰後，留駐部分或全部兵力的

〔註54〕關於鎮戍制度及其與都督、刺史的關係，請詳拙著《隋唐中央權力結構及其演進》，頁 776～809。

野戰體系，亦即遠征軍的留駐部隊；當然，也有基於邊防需要，由內地調兵駐防的因素存在。事實上，不論由野戰軍執行遠征留駐或派遣駐防，皆與鎮戍警防體系臨敵無力有關。〔註 55〕相對的，戰力較強的軍鎮制度，乃是因應遠程防禦、國外決戰的戰略改變而產生，且日漸被推廣普及，遂漸漸取代了原先部署於邊疆執行警防任務的鎮戍制度，並且最後因軍鎮遂行上述戰略的成效，遂導至國內長期太平盛世的出現，而反過來促成自北魏以來之鎮戍制度一再衰退，〔註 56〕最終退出中古時期的軍制舞台。至於高宗中末期因三邊壓力而一度採取國防收縮政策，將國防線撤退至邊疆以部署軍鎮，確保國內安全的措施，乃是刺激此新邊防體系更加興盛發展的關鍵，而非其形成的原始原因。〔註 57〕

　　蓋軍鎮制度的產生與遠征留駐或派遣駐防的政策有關，這是唐朝沿襲隋朝慣例而來，茲略舉一二事例以說明之。

　　《隋書・達悉長儒列傳》載云：

　　　　開皇二年，突厥沙鉢略可汗并弟葉護及潘那可汗眾十餘萬，寇掠而南，詔以長儒爲行軍總管，率眾二千擊之。遇於周槃，眾寡不敵，軍中大懼，長儒慷慨，神色愈烈。爲虜所衝突，散而復聚，且戰且行，轉鬪三日，五兵咸盡，士卒以拳毆之，手皆見骨，殺傷萬計，虜氣稍奪，於是解去。……

　　　　其年，授寧州刺史，尋轉廓州刺史，母憂去職，……起爲夏州總管三州六鎮都將事，匈奴憚之，不敢窺塞。……轉蘭州總管。高祖遣涼州總管獨孤羅、原州總管元褒、靈州總管賀若誼等發卒備胡，皆受長儒節度。長儒率眾出祁連山北，西至蒲類海，無虜而還。〔註 58〕

〔註 55〕菊池英夫認爲軍鎮制度乃行軍長駐化及鎮戍無力而且衰退下的新體系，詳其〈節度使制確立以前における『軍』制度の展開〉一文，刊於《東洋學報》卷四四、第二號（1961 年），頁 54～56。

〔註 56〕《唐六典・兵部職方》（臺北：文海出版社影印本，民國 51.11）條，謂天下有鎮二百四十五，戍有三百三十二，皆置烽候，相去三十里。注謂舊日關內、京畿、河東、河北置烽，在開元二十五年，「敕以邊隅無事，寰宇又安，內地置烽，誠非必要。量停近甸烽二百六十所」云。顯示因軍鎮制度能確保國家安全，遂促成鎮戍警防體系的衰退。詳該書卷五，頁 30～31。

〔註 57〕日野開三郎認爲高宗的政策導至軍鎮的產生，恐有再商榷的餘地。詳其《支那中世の軍閥》（東京：三省堂，昭和 17.11 初版），頁 710～734。

〔註 58〕見《隋書・達悉長儒列傳》，卷五十三，頁 1350～1351。

按：開皇二年（582）爲隋文帝簒周之翌年，達奚長儒爲行軍總管，以少勝眾，故嗣後遂屢被委以邊防重任，並加發附近兵團以配屬其「節度」之例。長儒除了鎮守本管之外，尚率本軍與配屬部隊遂行遠程防禦的戰略也。又，長儒之起爲夏州總管三州六鎮都將事，蓋當時仍沿用北周的州（軍區）總管制。至於附見於同卷的若干鎮邊名將，多以行軍總管領兵擊敵後轉爲州總管鎮邊，其中的陳永貴則更是「數以行軍總管鎮邊，每戰必單騎陷陣」，後亦轉爲州總管。

煬帝好大喜功，常事征伐外國，開疆拓土，同書卷六十三〈劉權列傳〉載其從征吐谷渾時云：

> 煬帝嗣位，拜衛尉卿，進位銀青光祿大夫。大業五年（609），從征吐谷渾，權率眾出伊吾道，與賊相遇，擊走之。逐北至青海，虜獲千餘口，乘勝至伏俟城。帝復令權過曼頭、赤水，置河源郡、積石鎮，大開屯田，留鎮西境。在邊五載，諸羌懷附，貢賦歲入，吐谷渾餘燼遠遁，道路無壅。

是則劉權以衛尉卿別出爲伊吾道行軍，竟攻至渾都伏俟城，戰後並留駐於新置的河源郡、積石鎮，鎮守西境。權在任上所施爲，是大開營田屯墾，實行的正是遠程防禦、國外決戰的戰略，只是當時未有節度使之稱而已。積石鎮至唐改編爲隴右道積石軍，是知劉權管內的積石鎮蓋爲鎮守軍之鎮，是野戰單位而非鎮戍警防單位之鎮，由此可見唐朝軍鎮制度的近世起源。此類事例《隋書》尚多有所見，不遑贅舉。

降至於唐初，此類事例也仍隨手可得，茲舉開國時期名將李孝恭、李靖之事以爲一例。

隋末據有江淮的杜伏威集團，在伏威歸唐入朝高祖時，留其大將輔公祏留後統部，而公祏尋於武德六年（623）反，李靖時爲嶺南道撫慰大使・檢校桂州總管，被詔參與討伐。《舊唐書・李靖列傳》載其事云：

> 輔公祏於丹陽反，詔孝恭爲元帥、靖爲副以討之，李勣、任瓌、張鎮州、黃君漢等七總管並受節度。……江南悉平。於是置東南道行臺，拜靖行臺兵部尚書，……其年，行臺廢，又檢校揚州大都督府長史。……
>
> 八年，突厥寇太原，以靖爲行軍總管，統江淮兵一萬，與張瑾屯太谷。時諸軍不利，靖眾獨全。尋檢校安州大都督。

按：李孝恭是役以襄州道行臺尚書左僕射・趙郡王爲行軍元帥，「李靖、李勣、黃君漢、張鎭州、盧祖尙並受孝恭節度」，〔註59〕李靖更是自統本軍之外而另爲全軍副帥。這是唐初行軍元帥「節度」諸軍征伐，也是大都督爲行軍總管率部進駐邊境，皆無節度使號之例。〔註60〕又按：《新唐書・兵志》謂「自高宗永徽以後，都督帶使持節者，始謂之節度使，然猶未以名官」。揆諸前朝故事，從魏晉以來，都督（總管）、刺史常例加使持節，至隋文帝楊堅篡奪北周之初月，詔羣臣皆重服漢魏衣冠之時，仍不忘記「令授總管刺史及行兵者，加持節，餘悉罷之」，而建立隋朝「州置總管者，列爲上中下

〔註59〕見《舊唐書・河間王孝恭列傳》，卷六十，頁2348。按：《舊唐書・河間王孝恭列傳》所載相同，但孝恭與李靖之外皆僅見有四總管之姓名而已。筆者據《通鑑》唐高祖武德六年所載是役，亦僅見齊州總管李世勣、懷州總管黃君漢、黃州總管周法明、舒州總管張鎭周（州？）而已，不知所缺者爲誰。據《舊唐書・盧祖尙列傳》云：「及宇文化及作亂，州人請祖尙爲刺史。……王世充立越王侗，祖尙遣使從之，侗授祖尙光州總管。及世充自立，遂舉州歸款，高祖嘉之，賜璽書勞勉，拜光州刺史，……從趙郡王孝恭討輔公祏，爲前軍總管」（卷六十九，頁2521）；新傳則謂祖尙在宇文化及之亂時，「據州稱刺史，……越王侗立，遣使歸地，因署本州總管。……王世充僭位，以州歸高祖，授刺史。」（卷九十四，頁2834）。祖尙爲光州人，是則當宇文化及之亂時，祖尙據光州而自稱刺史，後投東都越王侗而授光州總管，最後投唐高祖仍拜光州刺史。兩《唐書》本傳蓋失審或省文，而《通鑑》則漏載其人也。筆者又查兩《唐書》，見李襲志亦曾參與此役：舊傳謂襲志「武德五年入朝，授柱國，封始安郡公，拜江州都督。及輔公祏反，又以襲志爲水軍總管討平之，轉桂州都督」；新傳全同。按：戰事進行之間的武德七年二月，唐高祖詔改大總管爲大都督，故襲志參與此役時不應是江州都督而是江州總管，待戰事結束後才轉桂州都督。據此，則參與此役者已可證知有嶺南道撫慰大使・檢校桂州總管李靖、齊州總管李世勣、懷州總管黃君漢、舒州總管張鎭周、江州總管李襲志、光州刺史盧祖尙六人。尚缺一人可能是洺州刺史權文誕。蓋《通鑑》於七年二月載「行軍副總管權文誕」有歙州之捷，或許是「行軍總管」之訛耶？又，據《新唐書・宰相世系下・權氏》條，謂文誕爲洺、常二州刺史，平涼公（卷七十五下，頁3392），是則文誕既以刺史爲行軍副總管，則所謂七總管，不論其本官是現任州總管或州刺史，皆應指行軍總管而言也，只是權文誕不敢確定罷了。

〔註60〕唐制大都督（或大總管）常以宗王出任或遙領，而由其大都督府長史實際處理府事，其後節度使體制建立，宗王出任節度大使時亦援此慣例由「節度副大使・知節度事」實際行使節度大使職權。當李靖檢校揚州大都督府長史時，揚州大都督正是趙郡王孝恭，舊靖傳載自武德四年始，李靖即常攝孝恭長史，蓋唐「高祖以孝恭未更戎旅，三軍之任，一以委靖」故也。因此，李靖之爲檢校揚州大都督府長史實際就是揚州大都督，至於其檢校安州大都督則更無論矣。

三等。總管刺史加使持節」的制度。〔註61〕又降至唐高祖李淵篡隋的初月，也來一個東施效顰，亦詔令「諸州總管加號使持節」，並建立「大將出，賜旌以顯賞，節以顯殺」的制度。〔註62〕可見不論元帥出征或都督（總管）行兵，乃至在州督兵，隋唐制度皆依傳統慣例授之以節，而李孝恭與李靖之例，正是可以證實自高宗永徽以前，都督帶使持節者並無謂之節度使，更未用以名官的佳例。要之，唐制節度團防及其所轄新型軍鎮的制度，乃是征服經略的新軍制，是唐朝近沿隋朝甚至遠承漢魏漸變而成的「創制」。

此新軍制之成型而正式「名官」的時間，《新唐書‧兵志》斷之於唐睿宗之景雲二年（711），此與同書的〈方鎮表〉矛盾不合；但其所述節度體系下的軍鎮配置部署，雖仍不免是概略之辭，卻尚可略供參考，至於其詳則容後文論之。此處之所以贅引〈兵志〉載述「方鎮」的全文，蓋欲使人先行加強對此新軍制的印象，以便後文進一步的論辯。〈兵志〉述云：

> 夫所謂方鎮者，節度使之兵也。原其始，起於邊將之屯防者。唐初，兵之戍邊者，大曰軍，小曰守捉，曰城，曰鎮，而總之者曰道。
>
> 若盧龍軍一，東軍等守捉十一，曰平盧道。
>
> 橫海、北平、高陽、經略、安塞、納降、唐興、渤海、懷柔、威武、鎮遠、靜塞、雄武、鎮安、懷遠、保定軍十六，曰范陽道。
>
> 天兵、大同、天安、橫野軍四，岢嵐等守捉五，曰河東道。
>
> 朔方經略、豐安、定遠、新昌、天柱、宥州經略、橫塞、天德、天安軍九，三受降、豐寧、保寧、烏延等六城，新泉守捉一，曰關內道。
>
> 赤水、大斗、白亭、豆盧、墨離、建康、寧寇、玉門、伊吾、天山軍十，烏城等守捉十四，曰河西道。
>
> 瀚海、清海、靜塞軍三，沙鉢等守捉十，曰北庭道。
>
> 保大軍一，鷹娑都督一，蘭城等守捉八，曰安西道。
>
> 鎮西、天成、振威、安人、綏戎、河源、白水、天威、榆林、

〔註61〕 分見《周書‧宣帝紀》大象元年正月丙子條（卷七，頁118），及《隋書‧百官志下》州置總管條（卷二十八，頁784）。

〔註62〕 見《舊唐書‧高祖本紀》武德元年五月乙巳條（卷一，頁6），及見《新唐書書‧車服志‧符印》項（卷二十四，頁526）。

臨洮、莫門、神策、寧邊、威勝、金天、武寧、曜武、積石軍十八，平夷、綏和、合川守捉三，曰隴右道。

威戎、安夷、昆明、寧遠、洪源、通化、松當、平戎、天保、威遠軍十，羊灌田等守捉十五，新安等城三十二，犍為等鎮三十八，曰劍南道。

嶺南、安南、桂管、邕管、容管經略、清海軍六，曰嶺南道。

福州經略軍一，曰江南道。

平海軍一，東牟、東萊守捉二，蓬萊鎮一，曰河南道。

此自武德至天寶以前邊防之制。

其軍、城、鎮、守捉皆有使，而道有大將一人，曰大總管，已而更曰大都督。至太宗時，行軍征討曰大總管，在其本道曰大都督。自高宗永徽以後，都督帶使持節者，始謂之節度使，然猶未以名官。景雲二年，以賀拔延嗣為涼州都督、河西節度使。自此而後，接乎開元，朔方、隴右、河東、河西諸鎮，皆置節度使。

按：〈兵志〉記載各道的軍鎮，其數量及軍額頗與《唐會要‧節度使》、《舊唐書‧地理一》兩書所載相異，蓋〈兵志〉所載以武德至天寶以前為限，且不述及其沿革，而兩書則兼載安史之亂以後，且述及其沿革故也。無論如何，〈兵志〉此處之所謂「道」，蓋指節度道——即節度使行兵（行軍）之軍道而言，與此期間的按察道、採訪道未必完全重合。於今視之，此軍道無異就是節度區——即軍區。因此，此處所謂的「節度使之兵」，就是節度使管區內所配置的諸軍鎮兵；而諸軍鎮則是指管內諸軍、城、鎮、守捉等新邊防體系的單位而言。這些軍鎮部署於節度區內，各有軍號，兵力大小不一，大者數千數萬人，小者數百人，只是有大曰軍，小曰守捉，曰城，曰鎮之別罷了。此體制若明，則可知節度軍鎮各級主帥為何皆以「使」為名矣，因為他們原是奉使行兵而常駐於此的中央派遣征防部隊也，此由《舊唐書‧職官二‧尚書都省‧兵部‧兵部郎中》條之載述可以證知。該條載云：

　　凡天下節度使有八，若諸州在節度內者，皆受節度焉。……凡親王總戎，曰元帥，文武官總統者，則曰總管。以奉使言之，則曰節度使，有大使、副使、判官。若大使加旌節以統軍，置木契以行。凡將帥出行，兵滿一萬人已上，置長史、司馬、倉曹兵曹冑曹等參

軍各一人。五千人已上，減司馬。

　　諸軍各置使一人，五千人已上置副使一人，一萬人已上置營田副使一人。每軍各有倉、兵、冑三參軍。其橫海、高陽、唐興、恆陽、北平等五軍，皆本州刺史爲使。

　　凡鎮，皆有使一人，副使一人。萬人已上，置司馬、倉兵二曹參軍。五千人已下，減司馬。

　　凡諸軍鎮，每五百人置押官一人，千人置子總管一人，五千人置總管一人。

上文皆是敘述將帥奉使「出行」時諸軍鎮的幕僚編制。此處之所謂「鎮」，是指「鎮守軍」而言。「鎮守軍」屬於〈兵志〉所言之「大曰軍」級別，故統帥爲鎮守使或大使，與原有執行地方警防任務、屬於外職事官系統的武職事官鎮戍之鎮不同。茲舉涼州都督在本州之直屬野戰部隊爲例，以略窺其編制部署的變化概況。《新唐書・地理四・隴右道・涼州武威郡》條注云：

　　（涼州武威郡，中都督府）有府六，曰明威、洪池、番禾、武安、麗水、姑臧。又有赤水軍，本赤烏鎮，有赤青泉，因名之，幅員五千一百八十里，軍之最大也。西二百里有大斗軍，本赤水守捉，開元十六年爲軍，因大斗拔谷爲名。東南二百里有烏城守捉。南二百里有張掖守捉。西二百里有交城守捉。西北五百里有白亭軍，本白亭守捉，天寶十四載爲軍。姑臧，北百八十里有明威戍。西北百六十里有武安戍。……

按：睿宗景雲二年分隴右道別置河西道，常以涼州都督充河西節度使，〈兵志〉與《唐會要・節度使》均謂首任節度使爲賀拔延嗣，但這裏所列諸軍及守捉未必就是此年的編制。本條謂涼州「有府六」，蓋指隸屬於中央十二衛的折衝府而言，就算如此，則涼州都督境內原本部署的六府，即使是戰時所能指揮的兵力，也僅有兵力約六千人而已；若連地方武職單位的赤烏鎮及明威、武安二戍合計，總兵力充其量亦不過七千人左右。所以一旦發生較大的戰事，中央必須派遣野戰行軍至此以事征防，始能應付突厥與吐蕃的交侵。又據注文，可以推知原赤烏鎮已被改編爲赤水軍，明威、武安二戍則仍保留。就單以駐於涼州城內的赤水軍一軍兵力看，據《舊唐書・地理一・河西節度使》條所載，即已「管兵三萬三千人，馬萬三千疋」，兵力遠超原有的七千人了，更遑論還有其他諸軍。由此可知，促使原先地方警防鎮戍體系漸漸衰

退，以致被新邊防軍制所取代的原因所在矣。只是這些奉使行兵的征防部隊，後來被視為「方鎮」，因此才頗會與「鎮戍」相混淆。其實此時唐朝的「方鎮」體制，與北魏以來不斷變化的「鎮戍」體制，已然大大的不相同。

（二）早期軍鎮配置事例及其發展與作用

軍鎮是「節度使之兵」的基礎，而唐朝沿邊軍鎮陸續編置，創置時間多不可考。前引〈兵志〉謂軍鎮於高祖武德時已出現，又謂用「節度」一名以「名官」則始於睿宗景雲二年之以賀拔延嗣為涼州都督，充河西節度使。不過，據同書〈方鎮表〉，最早見列的卻是安西、河西、桂管與北都（即太原）四道。在安西的是以「安西都護四鎮經略大使」為名，在河西的是以「河西諸軍州節度支度營田督察九姓部落赤水軍兵馬大使領涼甘肅伊瓜沙西七州」為名，在桂管的是以「桂州管內經略使領桂梧賀連柳富昭蒙嚴環融古思唐龔十四州」為名，三者皆在景雲元年（710）置；至於列在景雲二年的，則只有在太原的「北都長史領持節和戎大武等諸軍州節度使」，顯見表、志之間互相矛盾混亂。按：〈兵志〉既謂景雲二年以賀拔延嗣為涼州都督，充河西節度使，《唐會要·節度使》所載亦同，若非〈兵志〉抄據後書，則是均採自同源史料。又，賀拔延嗣兩《唐書》無傳，舊書更無隻字述及其人，是則此年河西節度使及其人選甚為可疑，孰確孰非請容下節再論。

於此，筆者格於篇幅，不可能盡論全部各道諸使，無論表、志所述孰為正確，安西、桂管兩道既是經略使而非節度使，這裡就不妨用河西道以「節度」為名之使為例，略論其早期軍鎮概況，以概見其他諸道之節度。

據〈方鎮表〉所載，河西正式的使額是「河西諸軍州節度、支度、營田、督察九姓部落、赤水軍兵馬大使、領涼甘肅伊瓜沙西七州」，故以此為據，略論此使在創置初期——約下至開元七年最後置平盧節度使前後的時期，河西節度所管諸軍分佈部署、兵力大小以及地位升降的概況，以備下節析論時的基礎。至於「小曰守捉，曰城，曰鎮」的軍事單位，若非情況特殊，亦容略過不論。〔註63〕

《大唐六典》是玄宗開元十年至二十六年敕修的政典，以「御撰」為名，所載為當時現行的制度，〔註64〕足資引以為據。根據此書《尚書兵部·兵部

〔註63〕關於河西節度使所轄諸軍之分佈部署、兵力大小以及地位升降，嚴耕望先生於其《唐代交通圖考》的第二卷《河隴磧西區》（臺北：中研院史語所，民國74.5）已有詳考，並繪成地圖，其詳細請逕讀該書。

〔註64〕此書所載為現行制度，嚴耕望先生已有詳論，詳其〈略論唐六典之性質與施

郎中》（以下簡稱〈兵部郎中〉）所載：

> 凡天下之節度使有八：……其四曰河西節度使，其統有赤水、
> 大斗、建康、玉門、墨離、豆盧六軍，新泉守捉、甘州守捉、肅州
> 鎮守三使屬焉。……若諸州在節度內，皆受節度焉。……諸軍各置
> 使一人，……其橫海、高陽、唐興、恒陽、北平等五軍，皆本州刺
> 史爲使。……凡鎮皆有使一人，……凡諸軍鎮大使副使已上皆有傔
> 人、別奏以爲之使；……若鎮守已下無副使，或隸屬大軍鎮者，使
> 以下傔、奏四分減一。

據此與上引〈兵志〉所述河西道有赤水、大斗、白亭、豆盧、墨離、建康、
寧寇、玉門、伊吾、天山十軍，烏城等十四守捉之文比較，顯有出入，蓋〈兵
部郎中〉所記缺了白亭、寧寇、伊吾、天山四軍，而多了肅州鎮守一使也。
「御撰」的典章制度，不應出現如此的疏漏，或許臣僚是依修書時河西節度
實際所管的軍數而書，而〈兵志〉與《唐會要・節度使》所書，則是兼及其
後河西節度屬軍的變動也。

按：尋〈兵部郎中〉所謂的「新泉守捉、甘州守捉、肅州鎮守三使屬焉」，
殆指此三使可能直屬於節度使，其餘諸守捉則應是「隸屬大軍鎮者」，猶如
近今軍制一軍有直屬旅及獨立旅罷了，隋開皇軍制與唐武德軍制即曾如此編
建。至於謂「橫海、高陽、唐興、恒陽、北平等五軍，皆本州刺史爲使」，
表示「軍」之地位雖與「州」相當，但「軍使」屬於奉使征防系統，與「州」
之地方行政系統有別，故天下當時八節度中僅有五軍皆本州刺史爲使，其他
節度諸軍並非例由駐地之州刺史兼充也，是以或謂例由刺史兼充軍使之說未
必正確。

另者，假如「軍」爲節度管內一級軍事單位，則其「小曰守捉，曰城，
曰鎮」的單位應即是二級軍事單位，並且應統屬於「軍」──獨立守捉使及
獨立鎮守使除外。河西節度並未見此建制的記載，但河西道由隴右道析置，
而隴右節度之岢嵐軍則可爲旁證。《唐會要・節度使・隴右節度使》條載云：

> 武德中爲鎮，（高宗）永淳二年改爲柵，隸平狄軍；（武后）長
> 安三年……改爲景龍中軍；張仁亶移軍朔方，留一千人充守捉，屬
> 太武軍；開元十二年……又置軍，十五年……又廢爲鎮，其後又改
> 爲軍。

行問題〉，收入《嚴耕望史學論文選集》，台北：聯經出版公司，民國85.5。

據此以知，岢嵐軍地位之升降，先後爲鎮－柵－軍－守捉－軍－鎮－軍。柵、鎮與城相當，顯見城、鎮、守捉通常皆隸屬於軍。至於開元初仍劃歸河西道而統屬於安西都護府的著名安西四鎮，則是都護所領四鎮節度管內的獨立鎮守使顯例。〔註65〕

又者，〈兵部郎中〉與〈兵志〉多不列述節度使所管之州數及州名，蓋因軍鎮既是「節度使之兵」，節度使實以管軍爲主，而軍鎮屯駐之州即應歸於「若諸州在節度內，皆受節度焉」之列也。例如，河西節度使始置時，該地區不算入後來移屬北庭節度使之伊、西二州，則計有涼、甘、肅、瓜、沙五州。此五州皆置有河西節度使的屬軍（見下），是以不論其是否隸屬於涼州都督府或瓜州都督府所轄，而皆在河西節度使的節度內，故「皆受節度焉」，而可不明列其所管州數及州名。

此體制既明，茲據初創期〈兵志〉所述河西道節度所管諸軍的建置時間與駐地部署，略析如下，其大斗軍本赤水守捉，開元十六年升爲軍；白亭軍本白亭守捉，天寶十四載升爲軍，亦予附及。

唐高祖朝置赤水軍，在武德二年（619）置於涼州西城；另有墨離軍，於武德初置於瓜州城旁的月支舊國；玉門軍則於武德中置於肅州西境的廢玉門縣，一度中廢而後復置。〔註66〕玉門軍復置於廢玉門縣的時間，應即在玄宗開元六年（718）。此三個軍殆於武德二年李軌平定後，涼州總管楊恭仁鑑於河西政情種族複雜，距離長安遙遠而且「既無險固，又接蕃戎（按：指突厥及吐谷渾）」，使唐朝「興兵討擊，尙以爲難」，故在河西走廊頭尾奏置此三軍，〔註67〕以資鎮防外患內亂及保衛絲綢之路。據《唐會要・節度使》赤

〔註65〕據《唐大詔令集・諸王・除親王官下》（臺北：鼎文書局，民國67.4再版，卷三十五，頁153）所載〈郯王嗣直安北大都護等制〉，命陝王嗣升爲「安西大都護，仍充河西道四鎮諸蕃部落大使」。此制頒於開元四年，可證此時四鎮仍劃歸河西道。又據《新唐書・方鎮表四》是年，安西大都護領四鎮諸蕃落大使，翌年領四鎮節度等使。

〔註66〕《唐會要・節度使》僅謂「開元六年置軍焉」，嚴耕望先生據《通典》與《元和志》考定其置於武德中，只是曾暫廢而復置；並又據《元和志》謂管兵千人，而據《通典》與《舊唐書・地理一》則謂五千二百人，馬數皆是六百匹。詳其前揭《河隴磧西區》，頁436。

〔註67〕據兩《唐書・安修仁列傳》，唐初李軌以河西之地建立涼朝時，國內已是朋黨相結，「諸胡種落繁盛」，擁有羌、胡、突厥等兵，安修仁等正是引羌胡之兵政變，執軌以降唐。又按：《通典・州郡二・序目下》謂玉門軍是「武德中楊恭仁置」。恭仁自唐初任涼州總管，尋兼侍中，因抗禦突厥大入及討平瓜州反

水軍目，謂「武德二年七月，安修仁以其地來降，遂置軍焉，軍之大者莫過於此」；而《新唐書‧地理四‧隴右道‧涼州武威郡》條注，則謂涼州都督府有赤水軍，本赤烏鎮，「幅員五千一百八十里，軍之最大也」。其所述幅員之大，不悉何據？要之這是軍有軍區的明證。

赤水軍、墨離軍、玉門軍以外，其餘諸軍則多是武后以後所置。如則天朝證聖元年（694）置有建康軍，是因王孝傑光復安西四鎮回師時，鑒於甘、肅二州迴遠，而奏置於二州之界；新泉軍則在大足元年（701）置於會州，然於開元五年（717）降為守捉。中宗朝則於神龍元年（705）置豆盧軍於沙州。凡共六個軍，與〈兵部郎中〉所述之數合，但據〈兵志〉及《唐會要‧節度使‧河西節度使》條載有新泉軍而無大斗軍，蓋新泉軍於《大唐六典》修撰時已降為守捉，而大斗軍則相反於此期間由守捉升格為軍也。至於大斗軍之外，亦屬河西節度的寧寇與白亭二軍，則亦是遲至開元中以後始置；而《舊唐書‧地理一》則因白亭守捉於天寶十四載始升為軍，故仍稱白亭為守捉，不計入軍數。

據《舊唐書‧地理一》，河西節度當時的戰略構想為「斷隔羌（按：蓋先指吐谷渾，當時是指吐蕃）、胡（突厥）」，故盛唐時所統兵力共有七萬三千人，馬一萬九千四百疋，即約四人配一匹馬，當時兵力僅次於范陽、隴右二節度，而大於朔方、河東（即北都）等節度。就以河西節度的八個軍（不計白亭軍）做觀察，《舊唐書‧地理一》本注記其分佈部署以及兵力配置的情況云：

> 赤水軍在涼州城內，管兵三萬三千人，馬萬三千疋。
>
> 大斗軍在涼州西二百餘里，管兵七千五百人，馬二千四百疋。
>
> 建康軍在甘州西二百里，管兵五千三百人，馬五百疋。
>
> 寧寇軍在涼州東北千餘里（按：應在甘州北鄙，涼州之西北）。
>
> 玉門軍在肅州西二百里，管兵五千二百人，馬六百疋。
>
> 墨離軍在瓜州西北千里，管兵五千人，馬四百疋。
>
> 豆盧軍在沙州城內，管兵四千三百人，馬四百疋。

叛有功，乃於武德六年召拜吏部尚書‧兼中書令‧檢校涼州諸軍事，武德末始因遷拜雍州牧、揚州大都督府長史而離任，事見兩《唐書‧楊恭仁列傳》。因此，此三個軍應是其奏置。

新泉軍在會州西北二百餘里，管兵千人。〔註68〕

　　張掖守捉，在涼州南二里，管兵五百人。交城守捉在涼州西二百里，管兵千人。白亭守捉在涼州西北五百里，管兵千七百人。

前引〈兵志〉謂「赤水、大斗、白亭、豆盧、墨離、建康、寧寇、玉門、伊吾、天山軍十，烏城等守捉十四，曰河西道」，而〈方鎮表四〉則載河西節度初置時使額是「河西諸軍州節度支度營田督察九姓部落赤水軍兵馬大使領涼甘肅伊瓜沙西七州」。按：唐朝領土東西九千五百十里，南北萬六千九百十八里，太宗依「山川形便」將之分為十道，自隴坻以西至安西都護府劃屬隴右道。安西都護府是防禦河西的延伸，於貞觀十四年（640）平高昌國時治於西州（高昌）交河城，建置天山軍，二十二年（648）平龜茲國後移治於此，遂以為常治，中宗時又於龜茲建置龜茲鎮守使。據此可知「遠程防禦、國外決戰」的戰略構想，已經得以初步的落實。其後，降至睿宗景雲二年初置節度使，將鄯州（治甘肅樂都）黃河以西析置為河西道，涼州（治甘肅武威）為其首府，遂分為河西、隴右兩節度。自河西節度使府所在的涼州，西至龜茲之安西都護府約五千里，開元初以前仍屬於河西節度道，但兩地里程已超過唐朝東西幅員之半，因此玄宗即位前後，乃於安西地區置磧西（即伊西）節度使，其後又將之分為安西、北庭二節度，兩節度各皆置有諸軍，蓋用以分河西節度之鞭長形勢，加強安西遂行遠防外決的軍事能力，是則為「遠程防禦、國外決戰」戰略的充分落實。據此，則太宗貞觀十四年於西州城內置天山軍，中宗景龍四年於伊州境內置伊吾軍時，二軍皆為河西節度諸軍州之一，其後始移隸北庭節度罷了，因此河西節度初置時使額稱其「領涼甘肅伊瓜沙西七州」，並無傳鈔之錯。

　　無論如何，據上引文可知，新軍鎮體制雖說「大曰軍，小曰守捉，曰城，曰鎮」，但有些守捉的兵力卻是大於軍。例如白亭守捉，孤軍懸駐在涼州東北五百里被沙漠包圍的白亭海之南，地接突厥，所以需管兵一千七百人以維持戰力，兵力比新泉軍大，正因此故，是以於天寶十四載升格為白亭軍；相反

〔註68〕據《新唐書‧地理一‧關內道‧會州會寧郡》條載，武德二年置西會州，貞觀八年改名會州（今甘肅省靖遠縣），新泉軍在州境，見卷三十，頁973。按：會州屬關內道，不屬隴右道，或因此軍駐於會州西北二百餘里黃河之西岸，是以隸於河西節度歟？《通鑑》唐玄宗天寶元載正月條述十節度時，亦謂河西節度諸軍「屯涼、肅、瓜、沙、會五州之境」，故新泉軍確屬河西節度的諸軍之一。

的，新泉軍則駐於內地涼、會之間，以保護黃河的關津爲主要任務，兵力僅千人，故於開元五年降格爲守捉。又如寧寇軍，原爲懸駐於甘州最北邊居延海之南的同城守捉，情況與白亭守捉相類似，故於天寶二載升格爲軍，亦管兵一千七百人。〔註69〕大斗軍原本也是守捉，駐在涼州西二百餘里，鎮守通往隴右節度及吐蕃的軍事交通要地大斗拔谷，故於開元十六年升格爲軍，兵力僅次於赤水軍。是則軍鎮守捉之對流升降，蓋與戰略情勢、軍事地緣以及兵力大小等因素有關。至於河西節度之諸軍，指揮官例稱軍使，除了初置使額時河西節度有「赤水軍兵馬大使」之名外，其他軍使則鮮見有軍大使之稱。蓋赤水軍既置於涼州治所，又爲軍之最大者，故是鮮見的大軍之一，常由涼州都督兼充軍大使；〔註70〕其後戰區軍區化（詳後），河西節度使例由涼州都督兼充，是以赤水軍大使也常由河西節度使兼充，遂爲河西節度的會府軍。

茲依前揭嚴耕望先生《唐代交通圖考》第二卷《河隴磧西區》之篇拾貳〈長安西通安西驛道下：涼州西通安西驛道〉一文（以下簡稱嚴文）所述，綜合《通典》、《唐書》等相關史料，次第略述河西節度所管八軍的部署概況如下。

涼州置有赤水、大斗二軍。涼州都督府治姑臧（甘肅武威），赤水軍在州城內，管兵三萬三千人，馬萬三千疋，是河西節度使的會府軍。按：河西節度使統兵七萬三千人，馬一萬九千四百匹，約四人配馬一匹；而赤水軍則約三兵配一馬，兵力佔河西節度總兵力的45.2%，馬數更佔總馬數的67%，兵力比其他節度內的大軍強，故《通典》謂「軍之大者莫過於此」。州城之西有大斗軍，原本爲赤水守捉，疑其本是赤水軍的外駐支軍，蓋因軍之西南經大斗拔谷通往隴右節度的會府鄯州，可至吐蕃，故開元十六年升格並獨立爲大斗軍，以俾配合隴右部隊協同對付吐蕃也，所以管兵七千五百人，馬二千四百匹，也是三兵配一馬，在河西節度諸軍中兵力僅次於赤水軍。河西節度除了初置使額有「赤水軍兵馬大使」之名外，初置期以前，兩《唐書》所見其他

〔註69〕寧寇軍兵力見《通典・州郡二・序目下》，卷一七二，頁911。
〔註70〕例如中宗景龍四年五月十五日所頒的〈命呂休璟等北伐制〉，內中即有「赤水軍大使、涼州都督司馬逸容」；開元四年正月二日所頒的〈命薛訥等與九姓共伐默啜北伐制〉，也有「兼涼州都督、赤水大使楊敬述」之名。見《唐大詔令集・討伐》（臺北：鼎文書局，民國67.4再版），卷一三〇，頁705～707。按：楊敬述即是下文提及的楊執一。據執一的神道碑（《全唐文》卷二二九，頁2923～2925），僅謂其「諱執一，字某」，蓋敬述殆爲其字，對照《新唐書・玄宗本紀》開元八年條及同書〈突厥列傳下〉所述涼州攻防戰可以知之。

充任赤水軍大使者，頗以中央十二衛將軍的武職事官爲之，未見有由涼州都
督或刺史例兼赤水軍大使的情況；大斗軍使亦未見刺史例兼之例。至於此二
軍的上級——河西節度使，則因其後常由涼州都督或以他官判知涼州事者兼
充，以故也有河西節度使兼充赤水軍大使之例。

　　涼州西行至甘州。甘州置有建康、寧寇二軍，治張掖（今縣），爲河西重
鎮之一。甘州州城或城旁所置的張掖守捉值得注意，上引文謂其管兵五百人，
嚴文據《通典》與《元和志》則謂管兵六千三百人，馬千匹，或許是因管兵
時間先後不同之故。張掖守捉若曾管兵六千三百人，則是河西節度兵力最大
的守捉，比建康軍還大。寧寇軍屯駐於州城之北，原爲同城守捉，要至天寶
時才升格爲軍，前面已述。至於州城之西絲綢大道上接近肅州處的建康軍，
則管兵五千三百人，馬五百匹，或以甘州刺史兼充軍使。上註所揭〈命呂休
璟等北伐制〉，內有建康軍使‧甘州刺史、玉門軍使‧肅州刺史、伊吾軍使‧
伊州刺史等號即已知之；但開元初時左金吾將軍張守珪充建康軍使，十五年，
遷調爲瓜州刺史、墨離軍使，可見建康軍使也不一定例由甘州刺史兼充。甘
州既是河西重鎮之一，故河西節度副使治於此州，後來且頗以甘州刺史兼充
節度副使，故其軍事地位僅次於涼州。

　　甘州西行至肅州，治酒泉（今縣）。高祖武德中已置玉門軍，管兵五千二
百人，馬六百匹。此軍一度暫廢，開元六年於玉門廢縣復置，天寶時又再度
廢軍爲縣，管兵千人或在此時。軍使或以肅州刺史兼充。按：上引〈兵部郎
中〉載河西節度使統有赤水等六軍，及新泉守捉、甘州守捉、肅州鎮守三使，
然他書皆無載肅州鎮守使之事，或許此鎮守是暫置之職，以故諸書無述歟。

　　肅州西行至瓜州，爲安西四鎮之東門，故置都督府，州治晉昌（蓋今苦
峪城）。武德初置墨離軍，管兵五千人，馬四百匹。墨離軍在州城，軍使例以
瓜州刺史兼充，上舉之張守珪即可爲一例。不過，瓜州既是下都督府，依唐
朝都督例兼刺史之制，則瓜州都督亦有兼充軍使之例，如前揭〈命呂休璟等
北伐制〉，內中即有墨離軍使‧瓜州都督李思明其人。

　　瓜州西南行至沙州，治燉煌（今縣）。中宗神龍元年於州城置豆盧軍，管
兵四千三百人，馬四百匹。

　　瓜州西北行至伊州，沙州北行亦可至伊州。伊州治伊吾（今哈密），本爲
突厥軍隊駐地，景龍四年於州境置伊吾軍，管兵三千人，馬三百匹。

　　伊州西行則至西州，州治高昌（今吐魯番東），本高昌國地，再西行即至

安西都護府治之龜茲，貞觀十四年太宗於西州城內置天山軍，管兵五千人，馬五百匹。伊吾、天山二軍蓋爲河西節度前進安西的基地，玄宗即位之初，雖將之移隸於磧西（北庭）節度，不再在河西節度之內，但此軍事部署的轉變，正可充分體現出「遠程防禦、國外決戰」戰略的落實。

至於唯一在涼州東南、黃河西岸的會州新泉軍，管兵千人，地居涼、會之間的內地，僅用以保護絲綢之路所過的黃河關津而已。

由安西都護府東至涼州約五千里，至長安約七千里。自安西府至涼州段即是著名的河西走廊，至其再向東延達長安的全線，就是嚴文所稱的「唐代前期中國第一重要之國際交通路線」。這條黃金路線誠如《舊唐書‧李軌列傳》所言，是處於「既無險固，又接蕃戎」的地帶，高宗以來素爲突厥與吐蕃所覬覦，故河西節度諸軍的分佈部署，主要就是要分段置軍，阻止吐蕃、突厥的交侵，以遂行保衛此條路線，所謂「斷隔羌、胡」是也。

綜觀上述的部署態勢，涼州、甘州、肅州、瓜州、沙州以及會州，於初創期皆各置一軍，〔註71〕且多置於大道所過的州城或道旁附近，其餘守捉城鎮等較小的軍事單位則散佈於諸州境內，《通鑑》所謂河西節度諸軍「屯涼、肅、瓜、沙、會五州之境」，誠然；只是《通鑑》漏列了甘州，或許與其州城內止置張掖守捉有關。但是，張掖守捉曾管兵六千三百人，馬千匹，約六人配一馬，兵力僅次於河西第二大軍的大斗軍，而在其他諸軍之上，事實上也可以算爲第三大軍了，《通鑑》未免拘於名。至於諸軍使或由中央十二衛將軍、郎將任之，或以駐地之都督、刺史兼充，且後者在時間上愈後愈常見，不僅反映了中央與地方合力保衛此大道沿線的決心，抑且還體現了有意使軍與州政軍合一的政策也。

六、節度使的界定與創建

（一）節度使的界定

要論節度體制的創置則需先明瞭何謂節度使，否則會愈說愈混亂。

前謂《大唐六典》以「御撰」名義修成於玄宗開元二十六年（738），所述是當時的制度，殆爲言典章制度者必須參考的政典。此書卷五之〈兵部尚書‧兵部郎中〉條臚述「天下之節度使有八」後續云：

〔註71〕涼州之大斗軍於開元十六年始升爲軍，不在初創期內，故涼州於初創期僅有赤水一軍。甘州之寧寇軍亦然，因其要至天寶時才升格爲軍也。

> 凡親王總戎則曰元帥，文武官總統者則曰總管，以奉使言之則
> 曰節度使，有大使焉，有副大使焉，有副使焉，有判官焉；若大使
> 加旌節以統軍，置木契以行動。

按：所謂「凡親王總戎則曰元帥，文武官總統者則曰總管，以奉使言之則曰
節度使」也者，實指修書當時現行的行軍制度而言：即屬差遣職之行軍元帥、
行軍大總管，以及屬於差遣使職——即奉使總統諸軍——的節度使也。前揭
《舊唐書·職官二·尚書都省·兵部·兵部郎中》條所述，除了更動幾個字，
實則全抄此文。此兩書之所謂「天下之節度使有八」，據《大唐六典》本條所
載，即是指朔方節度使、河東節度使、幽州節度使、河西節度使、隴右節度
使、劍南節度使、磧西節度使、嶺南節度使等八節度使。《通典》、《會要》兼
記後來成立之諸節度姑無論矣，但此載與〈兵志〉、《通鑑》所述的開元十節
度中，獨少平盧、安西二道，不明何故？筆者以為，蓋與平盧節度從幽州節
度析置，而安西節度則從磧西節度析置此二變革有關，以故將之忽略歟？

然而降至中唐以後，杜佑所撰之《通典》略有補充。若不斷章取義，杜
佑於《通典·職官十四·都督》條，則是先敘述唐初總管與都督的沿革，後
敘行軍統帥之制，繼敘軍區都督制，接著即云：

> 分天下州郡制為諸道，每道置使理於所部（原注：即採訪防禦
> 等使也）。其邊方有寇戎之地則加以旌節，謂之節度使。自景雲二年
> 四月始以賀拔延嗣為涼州都督，充河西節度使。其後諸道因同此號，
> 得以軍事專殺，行則建節，府樹六纛，外任之重莫比焉。

是則節度使總統其部所治之道即是節度道，如河西道、河東道是也。長期以
檢校禮部尚書·揚州大都督府長史充任淮南節度使的杜佑，對官制與使職應
有深入的瞭解，然據《通典》之文，知其原無「都督帶使持節即是節度使」
之意；反而有不否定「文武官總統者則曰總管，以奉使言之則曰節度使」，明
白當時現行之制，總管是差遣，節度使是使職，而節度使可得由文武官充任
之意。同時或稍晚的蘇冕撰成《會要》，於卷七十八〈節度使〉所敘卻不如是
言，謂：

> 貞觀三年已後，行軍即稱總管，本道即稱都督。（高宗）永徽
> 已後，除都督帶使持節即是節度使，不帶節者不是節度使。景雲二
> 年四月賀拔延嗣除涼州都督，充河西節度使，此始有節度之號，遂
> 至于今不改焉。

是則蘇冕若非另有史源根據，則是不明杜佑節目安排以及行文陳述之意，以為杜佑既將節度使安排於敘述都督之內，則節度使必與都督相關。若後者屬實，則是蘇冕對杜佑大大的誤解。至於歐陽修之〈兵志〉，所謂「自高宗永徽以後，都督帶使持節者，始謂之節度使，然猶未以名官。景雲二年，以賀拔延嗣為涼州都督、河西節度使。自此而後，接乎開元，朔方、隴右、河東、河西諸鎮，皆置節度使」，蓋是明顯抄據《會要》之文。

近人張國剛將節度使問題綜整為一書，貢獻甚大，內中將節度使之「名」與「官」分開思辨，以論此制始創的時間及人選，誠屬卓思；但在未經仔細的史料分析評鑑以及背景論證之下，遽認《通典》、《唐會要》、《新唐書》三書所載「明確而一致」，沒有理由不依從，而否定《資治通鑑》謂節度使始於景雲元年薛訥之說，〔註72〕則恐怕說服力未足。蓋研究真理，不能以少數服從多數也。

於此，宜將司馬光的敘述轉錄，以便下文的論證。《通鑑》睿宗景雲元年十月丁酉條載云：

> 以幽州鎮守經略節度大使薛訥為左武衛大將軍兼幽州都督。節度使之名自訥始。

光自撰《考異》，而被胡三省附注於此文之下云：

> 統紀：「景雲二年四月，以賀拔延秀（嗣？）為河西節度使，節度之名自此始。」會要云：「景雲二年，賀拔延嗣為涼州都督，充河西節，始有節度之號。」又云：「范陽節度自先天二年始除甄道一。」新表：「景雲元年置河西諸軍州節度、支度、營田大使。」按訥先已為節度大使，則節度之名不始於延嗣也。今從太上皇實錄。

> 是後天寶緣邊御戎之地，置八節度使，其任愈重。受命之日，賜雙旌、雙節，得以專制軍事。行則建節，樹六纛，入境，州縣築節樓，迎以鼓角，衛仗居前，旌幢居中，大將鳴珂，金鉦、鼓角居後，州縣齎印迎于道左。

> 又唐之制，有節度大使、副大使、節度使；其親王領節度大使

〔註72〕 詳張國剛《唐代藩鎮研究》（北京：中國人民大學出版社，2010.1 增訂本）之第一章及該書附錄一。按：該書第一章以〈唐代藩鎮形成的歷史考察〉為名，即屬背景陳述，惜論證不強；至其附錄一以〈唐節度使始置年代考定〉，則僅是將《通典》、《會要》、〈兵志〉及《通鑑》所述作概略比較而已，較乏仔細的史料分析評鑑。

而不出閤，則在鎮知節度者爲副大使；其異姓爲節度使者有節度副
使。……

是則司馬光實曾考證過《統紀》、《會要》、《新唐書·方鎮表》以及《太上皇
實錄》，始作成此論斷；只是未提《大唐六典》、《通典》與《新唐書·兵志》
而已。〈方鎮表〉與〈兵志〉皆出於歐陽修之手，但一書所記互異，有疑而不
可盡信，筆者前已言之。據此，司馬光是否仍有所疏漏誤判，與夫其說與《通
典》、《唐會要》、《新唐書》三書所載孰爲正確，筆者宜有進一步說明的必要，
而先由史料分析評鑑始，背景論證則待下節再論。

按：《太上皇（睿宗）實錄》爲當時史官劉知幾在睿宗內禪退位後所撰，
成書最早；其次爲《大唐六典》，皆是官書，且皆屬當時第一手史料。陳嶽唐
之《統紀》與杜佑之《通典》可能同時期。同時或稍晚的蘇冕，撰就《會要》
四十卷，下限止於唐德宗；晚唐牛李黨爭時，李德裕的政敵宰相崔鉉奉敕續
撰德宗至宣宗時事，宋初宰相王溥又續成宣宗以後事，前後凡一百卷，即今
行世的《唐會要》。既然節度使始起的問題是在蘇冕撰述之限內，是知歐陽修
〈兵志〉之文蓋據自陳嶽唐之《統紀》或蘇冕之《會要》；又由於蘇冕界定節
度使謂「除都督帶使持節即是節度使，不帶節者不是節度使」，並謂「景雲二
年四月賀拔延嗣除涼州都督，充河西節度使，此始有節度之號」，故知〈兵志〉
所據當是蘇冕之《會要》無疑，蓋因《統紀》並無前一句之陳述也。〔註73〕

基於此故，竊意《通典》謂「其邊方有寇戎之地則加以旌節，謂之節度
使。自景雲二年四月始以賀拔延嗣爲涼州都督，充河西節度使。其後諸道因
同此號，得以軍事專殺」前，不知是否曾參考過《太上皇實錄》，要之其最著
眼處厥是加以旌節以及軍事專殺權，並未言及「都督帶使持節即是節度使，

〔註73〕陳嶽唐、蘇冕兩《唐書》無傳，而冕附述於其弟蘇弁（見舊書卷一八九下）
的傳內。蘇弁德宗時曾貶官，德宗貞元二十一年卒于家。冕「續國朝政事，
撰會要四十卷，行於時」，亦坐弁貶官，卒年不詳。而杜佑（見舊書卷一四七）
是年已拜檢校司空、同平章事充爲度支鹽鐵使矣，故應與蘇冕同時或爲前輩。
本傳謂「初，開元末，劉秩採經史百家之言，取周禮六官所職，撰分門書三
十五卷，號曰政典，大爲時賢稱賞，……佑得其書，尋味厥旨，以爲條目未
盡，因而廣之，加以開元禮、樂，書成二百卷，號曰通典。貞元十七年，自
淮南使人詣闕獻之。……優詔嘉之，命藏書府。其書大傳於時，……大爲士
君子所稱」。按：貞元三年，杜佑出爲陝州觀察使，遷檢校禮部尚書、揚州大
都督府長史，充淮南節度使；十六年，以淮南節度檢校左僕射、同平章事，
兼徐泗節度使」，是則該書在其邊任前使人所獻。由是推知，《通典》與《會
要》成書當約略同時，或《通典》稍早。《統紀》恐亦成於此時期。

不帶節者不是節度使」，是則《通典》的記載何來與《會要》及〈兵志〉「明確而一致」？反而，《會要》及〈兵志〉所謂節度使始於景雲二年以賀拔延嗣爲涼州都督充河西節度使之說，蓋可能是根據《通典》與《統紀》之說也，而《通典》與《統紀》根據何書則不明。按：杜佑撰《通典》實受劉秩所撰《政典》的啓發，而劉秩是劉知幾之子，蓋受其父重視書志之說所影響而撰成此書，〔註74〕是則《通典》景雲二年之說殆本於《政典》，而《統紀》或亦與杜佑同據於《政典》耶？

在史料學上，引用第一手史料自是最具權威性，否則前出之書恆較後出之書爲權威。因此，曾在中唐屢任節度使及拜相之杜佑，於《通典》謂「其邊方有寇戎之地則加以旌節，謂之節度使」就值得注意，因爲此句與《會要》之「都督帶使持節即是節度使，不帶節者不是節度使」，以及〈兵志〉之「都督帶使持節者，始謂之節度使」大有差異，理論上應是《會要》及〈兵志〉有誤。何況具有第一手史料性質的《太上皇實錄》，司馬光既謂其記載節度使之名自景雲元年的薛訥始；而同具第一手史料性質、於節度體制創始不久即成書的「御撰」《大唐六典》，更只是謂行軍統帥「以奉使言之則曰節度使，……若大使加旌節以統軍，置木契以行動」云，著眼點不在行軍統帥是否以「都督帶使持節」，而在統帥總戎時的「奉使」性質，以及「加旌節」的軍事授權——含軍事人事行政權乃至專殺權，甚至「置木契」的行動管制權也。

由此可知，根據《太上皇實錄》、《大唐六典》與《通典》所載，表示從盛唐至中唐的在朝君相及修書臣僚，皆知節度使是奉使總統諸軍而握有軍事專殺權，乃至行動管制權的使節，所以《通典》才會說「外任之重莫比焉」。

此事既明，則須進一步根究「旌節」、「木契」以及「節度」三詞的意涵，以便最後確定何謂節度使。

先論旌節及木契。

兩漢以來，國家皆有掌符節的機關單位，大體上漢之符節臺屬少府，南北朝中期改隸御史臺，隋唐更名符璽局而移屬門下省，機關單位的地位愈來愈密近於皇帝。唐符璽局之職掌，《大唐六典・門下省・符寶（武后改符璽之名曰符寶）郎》條有記載，謂：

〔註74〕《政典》今已佚，杜佑得其書而擴成二百卷的《通典》，已見上註。劉知幾重視書志之說，可詳其《史通・書志》篇，台北：里仁書局，民國89.9。

　　　　凡國有大事則出納符節。……一曰同魚符，所以起軍旅，易守
　　長。……四曰木契，所以重鎮守，慎出納。五曰旌節，所以委良能，
　　假賞罰。……木契之制，……庶官鎮守，則左右各十。旌節之制，
　　命大將帥及遣使於四方，則請而假之。

按：《大唐開元禮》是開元二十年修成，而詔所司行用之禮，但其〈軍禮〉無
載旌節之制以及大將帥如何受命出行。《通典·禮三十五·信節》項僅謂「道
路用旌節」，而於本注亦簡謂「旌節，漢使者所擁節是也。將命者執此節以送
行者，……行者有旌矣，以防客姦擅有所通也。」據下文，知此將命者例為
中使，是則天子遣宦官就近至門下省的符璽局領旌節，就第宣賜給身為大將
帥的行者，命其奉使出行也。至於《舊唐書·職官二·門下省·符寶郎》所
載則與《大唐六典》同，但文末多「旌以專賞，節以專殺」一句。是則旌節
代表的是道路警戒、軍事人事行政權及專殺權，而木契則是代表行動管制權。
《新唐書·車服志》對此三物且述及其形制，而謂：

　　　　木契符者，以重鎮守、慎出納……。皇帝巡幸，太子監國，有
　　軍旅之事則用之，王公征討皆給焉。……大將出，賜旌以顓賞，節
　　以顓殺。旌以絳帛五丈，粉畫虎，有銅龍一，首纏緋幡，紫綾為袋，
　　油囊為表。節，懸畫木盤三，相去數寸，隅垂赤麻，餘與旌同。

而據《舊唐書·職官三·節度使》之本注，亦謂「天寶中，緣邊禦戎之地，
置八節度使。受命之日，賜之旌節，謂之節度使，得以專制軍事。行則建節
符，樹六纛。外任之重無比焉」。所述正與《通鑑考異》所謂「是後天寶緣邊
禦戎之地，置八節度使，其任愈重。受命之日，賜雙旌、雙節，得以專制軍
事。行則建節，樹六纛，入境，州縣築節樓，迎以鼓角，衙仗居前，旌幢居
中，大將鳴珂，金鉦、鼓角居後，州縣齎印迎于道左」略同，而詳細則不及。
旌節代表的是如此的權力與威儀，加上賜予木契所代表的行動管制權，〔註75〕
也就難怪「外任之重無比焉」，而以刺史治軍事的防禦使則「不賜旌節」了，
〔註76〕因為方面軍最高指揮官僅能有一人，而擁有旌節代表皇帝、文武官皆

〔註75〕《唐會要·節度使·平盧軍節度使》條載開元十三年三月二十日勅：「平盧軍、
　　　　幽州、太原、朔方、河西、隴右、劍南等七道節度使，宜各置木契行動。」
　　　　卷七十八，頁 1431。
〔註76〕《舊唐書·職官三·防禦團練使》之本注云：「至德後，中原置節度使。又大
　　　　郡要害之地，置防禦使，以治軍事，刺史兼之，不賜旌節。上元後，改防禦
　　　　使為團練守捉使，又與團練兼置防禦使」，卷四十四，頁 1923。

可充任的全權軍事大使──超級軍大使或節度使──就是此人所任之職。不過，根據《舊唐書‧職官三‧節度使》及《通鑑考異》之言，似乎節度使要至天寶以後始擁有此權威，實則不然，蓋節度使創置期的開元年間，超級軍大使或節度使已被授予旌節矣。如張說之事即是其例，《舊唐書‧張說列傳》載云：

> 張說……睿宗即位，……明年，同中書門下平章事，……明年，又制皇太子即帝位。俄而太平公主……以說爲不附己，轉爲尚書左丞，罷知政事，……乃因使獻佩刀於玄宗，請先事討之，……（太平等）伏誅，徵拜中書令，……俄而爲姚崇所構，出爲相州刺史，仍充河北道按察使。……開元七年，（以右羽林將軍）檢校并州大都督府長史，兼天兵軍大使。……八年秋，朔方大使王晙誅河曲降虜阿布思等千餘人。時并州大同、橫野等軍有九姓同羅、拔曳固等部落，皆懷震懼。說率輕騎二十人，持旌節直詣其部落，宿于帳下，召酋帥以慰撫之。……於是九姓感義，其心乃安。

又如王君㚟之事亦然，《舊唐書‧王君㚟列傳》如此載云：

> 王君㚟，……代（郭）知運爲河西、隴右節度使，遷右羽林軍將軍，判涼州都督事。開元十六年冬，吐蕃大將悉諾邏率眾入寇大斗谷，……君㚟……整士馬以掩其後。……以功遷右羽林軍大將軍，攝御史中丞，依舊判涼州都督，……

> 初，涼州界有迴紇、契苾、思結、渾四部落，代爲酋長，君㚟微時往來涼府，爲迴紇等所輕。及君㚟爲河西節度使，迴紇等快快，恥在其麾下。君㚟以法繩之，迴紇等積怨，密使人詣東都自陳枉狀。……竟不得理。由是瀚海大都督迴紇承宗……之黨……護輸糾合黨與，謀殺君㚟。……君㚟……還至甘州南鞏篤驛，護輸伏兵突起，奪君㚟旌節，……遂殺君㚟，駄其屍以奔吐蕃。

二例皆顯示超級軍大使或節度使已擁旌節；只是史謂「自至德已來，方鎮除授，必遣中使領旌節，就第宣賜」，〔註77〕而此類事例肅宗至德以後頗多見，以故令人產生誤會而已。

前文已言隋朝唐初沿用魏晉以來的慣例，總管（都督）、刺史例加使持節，然則此之「加使持節」與唐之「加旌節」有何異同？

〔註77〕見《舊唐書‧鄭餘慶列傳》，卷一五八，頁4166。

　　按：歐陽修於《新唐書‧百官四‧都督府》述都督職掌，謂「都督掌督
諸州兵馬、甲械、城隍、鎮戍、糧稟，總判府事」。本注則云：

> 武德初，邊要之地置總管以統軍，加號使持節，蓋漢刺史之
> 任。……七年，改總管曰都督，……其後都督加使持節，則爲將，
> 諸將亦通以都督稱，唯朔方猶稱大總管，邊州別置經略使，……及
> 安祿山反，諸郡當賊衝者皆置防禦守捉使。

此說蓋是其攏統疏誤之言。因爲第一，北周後期至隋朝唐初總管是統軍之
任，即使加號使持節仍非漢朝掌監察的刺史之任，其加號使持節僅是依循慣
例授予軍事專殺權罷了；第二，其後總管改爲都督，而都督在唐朝官僚體制
中屬於文職事官，此與西魏北周以及隋朝開皇府兵制之三都督——大都督、
帥都督、都督——皆屬武職之制度不同，因此，盡管唐制都督例加使持節仍
不爲將，只是例加而已；第三，兩《唐書》無見諸將亦通以都督稱的記載。
是知歐陽修敘述都督之職掌必有問題。

　　《舊唐書‧職官三‧州縣官員》敘述都督府之職掌與刺史相同，其文幾
全抄《大唐六典》，皆謂統領所屬諸司——隋廢郡存州後府州諸曹改稱諸司，
但唐有時改州爲郡，故府州屬官例以曹、司並舉——治理民政，雖有巡縣察
吏之職，也仍是屬於行政督察的範圍，故該志云：

> 京兆、河南、太原牧及都督、刺史掌清肅邦畿，考覈官吏，宣
> 布德化，撫和齊人，勸課農桑，敦敷五教。每歲一巡屬縣，觀風俗，
> 問百年，錄囚徒，恤鰥寡，閱丁口，務知百姓之疾苦。

> 部內……其吏在官公廉正己，清直守節者，必謹而察之。其貪
> 穢諂諛，求名狗私者，亦謹而察之。皆附於考課，以爲褒貶。若善
> 惡殊尤者，隨即奏聞。若獄訟疑議，兵甲興造便宜，符瑞尤異，亦
> 以上聞。其常則申於尚書省而已。……

> 尹、少尹、別駕、長史、司馬掌貳府州之事，以綱紀眾務，通
> 判列曹。歲終則更入奏計。……兵曹、司兵掌武官選舉、兵甲器仗、
> 門戶管鑰、烽候傳驛之事。……下至執刀、白直、典獄、佐史，各
> 有其職。州府之任備焉。

是知都督、刺史盡管所掌涉及兵事，也僅屬於「武官選舉、兵甲器仗、門戶
管鑰、烽候傳驛」等軍事人事行政、裝備後勤、管內警防等事宜，即使《大
唐六典》將「兵甲」明確寫爲「甲兵之徵遣」，但在軍事上大體仍屬軍事行政

的事務，與軍令系統的統率指揮管制關係不大。據此可知，爲何隨著遠防外決的國家戰略施行，唐朝必須調整其軍事制度，而創置超級軍大使與節度使之制矣。

至於《舊唐書》同篇〈上州刺史〉條有一本注，敘述刺史由在漢之本職原是監察諸郡，後來演變爲分統諸郡，專州郡之政，至隋更是廢郡存州，由地方監察使變成真正的地方行政長官此一沿革過程。末了特論持節的問題云：

> 初，漢代奉使者皆持節，故刺史臨部皆持節。至魏、晉，刺史任重者爲使持節都督，輕者爲持節。後魏、北齊，總管、刺史則加使持節諸軍事，以此爲常。隋開皇三年罷郡，以州統縣，刺史之名存而職廢，而於刺史太守官位中不落持節之名，至今不改，有名無實也。

> 至德之後，中原用兵，大將爲刺史者，兼治軍旅，遂依天寶邊將故事，加節度使之號，連制數郡。奉辭之日，賜雙旌雙節，如後魏、北齊故事。名目雖殊，得古刺史督郡之制也。

《新唐書・百官四下・外官・節度使》亦謂「節度使掌總軍旅，顓誅殺。初授，具帑抹兵仗詣兵部辭見，觀察使亦如之。辭日，賜雙旌雙節」云。

按：旌節之設由來已久，遠則秦朝有始皇推終始五德之傳，以爲方今水德之始，改「衣服旄旌節旗皆上黑」；近則有陳朝冊洗氏爲石龍太夫人，「賫繡幰油絡駟馬安車一乘，給鼓吹一部，并麾幢旌節，其鹵簿一如刺史之儀」。〔註78〕至於周勃持節入北軍、蘇武持節使匈奴的故事，更是人所周知。魏晉以降，都督、刺史及行兵大將例加使持節，但卻未聞歷朝有賜大將爲刺史者或大將奉命出征者以雙旌雙節之實例。至於後魏、北齊並無節度使之職，故所謂「如後魏、北齊故事」也者，不悉何據。或許此賜雙旌雙節之制，僅爲唐朝所特有，用以有別於都督、刺史之加「使持節」者歟？姑無論如何，唐制「加旌節」——即賜雙旌雙節——實爲界定節度使的必要條件。

然而觀《舊唐書・職官三・節度使》及《通鑑考異》所述節度使出行的儀仗，似乎與石龍太夫人洗氏鹵簿的刺史之儀相差不致太大，恐怕節度使之「加旌節」與都督、刺史之帶「使持節」相比，其所持之節無異，上引《通

〔註78〕分參《史記・秦始皇本紀》二十六年條，卷六，頁237；及《隋書・譙國夫人洗氏列傳》，卷八十，頁1802，《北史・隋・譙國夫人洗氏列傳》略同。

典》本注所謂「旌節，漢使者所擁節是也」；或許僅有擁雙節與持單節的差別，而且節度使的儀式較爲威風隆重罷了。《舊唐書·玄宗諸子·潁王璬列傳》所載一事，或許可見節度使持節之威風隆重，該傳云：

> （開元）十五年，遙領安東都護、平盧軍節度大使。……安祿山反，除蜀郡大都督、劍南節度大使，楊國忠爲之副。玄宗幸蜀，令御史大夫魏方進充置頓使，先移牒至蜀，託以潁王之藩，令設儲供。玄宗至馬嵬，方進被殺，乃令璬先赴本郡，以蜀郡長史崔圓爲副。……

> 璬初奉命之藩，卒遽不遑受節，綿州司馬史賁進說曰：「王，帝子也，且爲節度大使。今之藩而不持節，單騎徑進，人何所瞻？請建大棨，蒙之油囊，爲旌節狀，先驅道路，足以威眾。」璬笑曰：「但爲眞王，何用假旌節乎？」將至成都，崔圓迓之，拜於馬前，璬不止之，圓頗怒。玄宗至，璬視事兩月，人甚安之。爲圓所奏，罷居内宅。[註79]

節度使持節之藩不僅足以於道路威眾，且安然接受副使之迎拜，由此可見其威風隆重於一斑。因此，兩《唐書》書寫新除節度使時常稱之爲「持節」，與寫都督、刺史時常稱之爲「使持節」，或許已足以彰顯出兩者之差異。

要之，擁有雙旌雙節而奉使出征的文武官才是節度使，僅是使持節者，不論其爲都督或刺史皆不是節度使。至於所謂隋朝罷郡，以州統縣後，「刺史之名存而職廢，而於刺史太守官位中不落持節之名，至今不改，有名無實也」之言，蓋是不完全瞭解地方政制之言也。實則此言所指是例加「使持節」的刺史，已由奉使監察性質變爲地方行政長官，因而原職已廢；刺史既已不是使節而仍不落「使持節」之名，以故是有名無實。不過，盛唐以前，刺史仍管本州警防以及軍政，上已言之，是以仍須加使持節。本州諸軍事以掌理軍務，實非「虛名」也；[註80] 及至安史之亂以後，內地諸州普置統兵的防禦使，防禦使所統兵力通常如先前的一般軍使，均由本官爲「使持節·某州諸

[註79] 見《舊唐書》該傳，卷一○七，頁 3263～3264。

[註80] 曾謇《中國政治制度史》（陶希聖編校，臺北：啓業書局，民國 63.4 台一版）第四冊《隋唐五代》謂刺史加號使持節諸軍事而「實無節」，但未舉例證（頁 313）。唐長孺前揭書引《舊唐書》此段文字，謂都督、刺史有使持節之號是「虛名」（頁 76～77）；張國剛本其說，甚至謂「都督總管例加號使持節而實際並不一定帶節」（頁 168 註 4），殆皆非也。

軍事」的刺史兼充，是則更無論矣。然則，刺史例充本州防禦使，即是已重獲使節的身分，何以又「不賜旌節」？按：自安史之亂以後，內地亦普置節度使以節度若干州，且亦常兼（都）防禦使，故有「節度防禦」之稱，而州防禦使的地位既然僅如先前一般的軍使而已，因此「州防禦」自是隸在「節度防禦」之下，何況前引《大唐六典》已明載「若諸州在節度內，皆受節度焉」，是以刺史充防禦使雖治軍事而仍「不賜旌節」，以免一地同時置有兩員代表天子之最高級指揮官也。

旌節究為何物，代表何種意義已明，則知「加旌節」實為界定節度使的必要條件，而非充分條件。然則充分條件尚缺何？竊意就是尚須「節度」授權。

「節度」一詞，常見於魏晉以來諸正史，非但不是唐初以來所用之詞，抑且也非南朝所始用。〔註81〕按：「節度」一詞的意義概指節制調度，相當於近今管理處分之謂，歷史上用法頗廣，不限於軍事；若用於軍事，則有近今軍制的管制指揮之意，而魏晉以降實常用於軍事上，且日益有專用術語的趨勢。例如晉初平吳之役，即最為「節度」一詞用於軍事上的顯例，茲以此作為例證。

晉平吳之役最初的構想由荊州都督羊祜提出，晉武帝當時亦密有滅吳之計，但為朝廷多數的反戰派所反對；其後監梁益諸軍事王濬上疏請南伐，獲得中書令張華的支持，值羊祜的繼任者杜預又提出此議，武帝遂予同意，「分命諸方節度」，決定南伐以統一天下。武帝任命反戰派的太尉・行太子太保・錄尚書事賈充為使持節・假黃鉞・大都督，總統六師。「充不得已，乃受節鉞，將中軍，為諸軍節度」。〔註82〕是則此役晉武帝實以最高統帥的身分指揮部署各路兵馬，所謂「分命諸方節度」是也；而賈充則以使持節・假黃鉞・

〔註81〕前揭張國剛《唐代藩鎮研究》）之附錄一，即引證謂貞觀時已有此名。唐長孺《唐書兵志箋正》（北京：中華書局，1962.9 頁 77～78）則舉《宋書》所記為例。

〔註82〕此處的武帝「分命諸方節度」，見《晉書・王濬列傳》；賈充的「受節鉞，將中軍，為諸軍節度」，見《晉書・賈充列傳》。而《晉書・武帝紀》咸寧五年十一月條云：「大舉伐吳，遣鎮軍將軍、琅邪王伷出涂中（校注：鎮軍將軍當作鎮東大將軍），安東將軍王渾出江西，建威將軍王戎出武昌，平南將軍胡奮出夏口，鎮南大將軍杜預出江陵，龍驤將軍王濬、廣武將軍唐彬率巴蜀之卒浮江而下，東西凡二十餘萬。以太尉賈充為大都督，行冠軍將軍楊濟為副，總統眾軍。」筆者曾撰文析論此役，於此不再贅。請詳拙著〈隋平陳、晉平吳兩戰較論〉，《中國中古史研究》14，頁 43～68。

大都督「爲諸軍節度」，即是前敵總指揮。可證「節度」一詞，在軍事上有部署、指揮、管制之義，皆屬軍令權的範疇。

及至本戰的軍事行動展開，「節度」一詞內涵之運用，在《晉書‧王濬列傳》顯示得最爲淋漓，茲據此傳略作分析。

王濬統巴蜀水師東出之初，最高統帥晉武帝詔令，若其攻下孫吳扼守長江三峽東出的要塞建平（治巫縣，今巫山縣）後，全軍即編入荊州戰區作戰序列，歸荊州都督杜預指揮；攻至秣陵（今南京市）時，則改變作戰序列，歸揚州都督王渾指揮，故本傳追記云：

> 初，詔書使濬下建平（治巫縣，今巫山縣），受杜預節度，至秣陵（今南京市），受王渾節度。預至江陵（吳荊州治，今縣），謂諸將帥曰：「若濬得下建平，則順流長驅，威名已著，不宜令受制於我。若不能克，則無緣得施節度。」濬至西陵（今宜昌市），預與之書曰：「足下既摧其西藩，便當徑取秣陵，……振旅還都，亦曠世一事也。」濬大悅，表呈預書。

是則當王濬水師破建平，進抵西陵而未至江陵之前，杜預遂逕令其直取秣陵，理由是若濬得下建平，軍威已著，不宜令受制於我——即受我節制管制；若不能克建平，則我也無緣節制指揮其水師。是亦可證「節度」一詞在軍事上的意義。

及至王濬將至秣陵，當時頓兵北岸的王渾，命令王濬前來論事。王濬以風勢爲由拒命，直攻吳都，接受吳君臣投降，遂引起軍法訴訟。本傳記云：

> 濬乘勝納降，渾恥而且忿，乃表濬違詔不受節度，誣罪狀之。

有司遂按濬檻車徵。帝弗許，詔讓濬曰：「伐國事重，宜令有一。前詔使將軍受安東將軍渾節度，渾思謀深重，案甲以待將軍。云何徑前，不從渾命，違制昧利，甚失大義。將軍功勳，簡在朕心，當率由詔書，崇成王法，而於事終恃功肆意，朕將何以令天下？」

亦即詔書切責王濬拒絕王渾的管制指揮，是違反王渾在該戰區的統一指揮權。王濬遂在軍中申辯云：

> 臣前被庚戌詔書曰：「軍人乘勝，猛氣益壯，便當順流長鶩，直造秣陵。」臣被詔之日，即便東下。又前被詔書云「太尉賈充總統諸方，自鎮東大將軍（司馬）伷及渾、濬、彬等皆受充節度」，無令臣別受渾節度之文。

臣自達巴丘，所向風靡，知孫晧窮蹙，勢無所至。十四日至牛渚，去秣陵二百里，宿設部分，爲攻取節度。前至三山，見渾軍在北岸，遣書與臣，可暫來過，共有所議，亦不語臣當受節度之意。臣水軍風發，乘勢造賊城，加宿設部分行有次第，無緣得於長流之中迴船過渾，令首尾斷絕。須臾之間，（吳主孫）晧遣使歸命。臣即報渾書，并寫晧牋，具以示渾，使速來，當於石頭相待。軍以日中至秣陵，暮乃被渾所下當受節度之符，欲令臣明十六日悉將所領，還圍石頭，備晧越逸。又索蜀兵及鎮南諸軍人名定見 （按：荊州都督杜預本官爲鎮南大將軍，杜預曾派其部分鎮南府兵隨水師東下）。臣以爲晧已來首都亭，無緣共合空圍。又兵人定見，不可倉卒，皆非當今之急，不可承用。中詔謂臣忽棄明制，專擅自由。伏讀嚴詔，驚怖悚慄，不知軀命當所投厝。……」

是則王濬申辯出兵當初，沒有接到最高統帥部「別受渾節度」之文，及至經過王渾駐部時，王渾的軍書也只說「可暫來過，共有所議，亦不語臣當受節度之意」；待吳主出降後，才收到「渾所下當受節度之符」，故表示自己並無過錯，未違反軍令。因此，還京之後，有司雖仍執奏「違詔不受渾節度，大不敬」之罪。而詔則曰：「濬前受詔徑造秣陵，後乃下受渾節度。詔書稽留，所下不至，便令與不受詔同責，未爲經通。……濬有征伐之勞，不足以一眚掩之。」遂詔「勿推」，反而拜爲輔國大將軍，領步兵校尉。

據上析陳，知此役由晉武帝親自部署指揮，所謂「分命諸方節度」，即是分命各方面軍的指揮官。賈充的「爲諸軍節度」，即是將中軍以總統六師，爲前敵總指揮。所謂杜預等六軍，則是指六個戰區的方面軍指揮官，各管制指揮調度其所部。當戰事進行中，最高統帥部仍對諸軍予以節度，以改變作戰序列。是則「節度」在軍事上的爲義，是指管制指揮、部署調度，即節制調度是也。獲此授權方能指揮野戰軍之一軍或諸軍。杜預等將，多以將軍本官爲使持節・某州都督，獲授權統軍出戰，然皆無節度使之名。

是知「節度」既非差遣之名，也非使職之稱，而是節制調度之意，常於軍事授權時用之。此軍事術語及用法，經南北朝以至隋唐無變。

如前述的達奚長儒爲蘭州總管，隋文帝「遣涼州總管獨孤羅、原州總管元褒、靈州總管賀若誼等發卒備胡，皆受長儒節度。長儒率眾出祁連山北，西至蒲類海，無虜而還」。表示此三總管的備胡分遣軍皆配屬蘭州總管達奚長

儒指揮，因爲文帝授權長儒節度此諸軍以出擊突厥也。又如唐朝首次出現節度授權的是尚書令・秦王李世民。〈秦王太尉陝東行臺制〉云：「尚書令・雍州牧・右武候大將軍・上柱國・秦王某……可太尉・使持節・陝東行臺，其蒲州、河北諸道總管及東討諸府兵，竝受節度，餘官悉如故。」〔註83〕此制頒於高祖武德元年十二月，《新唐書・高祖本紀》尚加陝州，而與《舊唐書・高祖本紀》均作陝東道大行臺。無論如何，「竝受節度」就是明令的節度授權。世民於國初即以使持節・陝東道大行臺尚書令節度如許眾多的軍州，故致後來有足夠的實力遂行奪嫡政變，但當時卻也並無節度使之名。

據此可知，「加旌節」僅爲充任節度使的必要條件，尚須獲得「節度授權」此一必要條件，始具備充分條件以成爲節度使也；而且，「節度授權」才是第一必要條件，不管其本官是否爲都督或大都督。

（二）節度使的創置

唐朝節度使，精確些說，是指加旌節而獲得附近軍州節度授權——即軍事管制指揮授權——的軍事使節，而軍事「節度」一詞又自魏晉以來即久已有之，故或許節度使在何年正式「名官」並不哪麼重要，但是爲何及如何需要晚至初唐進入盛唐時始出現此名，形成唐朝的節度體制，事關戰略更張，國運盛衰，故宜有進一步根究的需要。

《舊唐書・地理一》概述盛唐以前疆域變化及邊防制度云：

> 大業季年，羣盜蜂起，郡縣淪陷，户口減耗。高祖受命之初，改郡爲州，太守並稱刺史。其緣邊鎮守及襟帶之地，置總管府，以統軍戎。至武德七年，改總管府爲都督府。

> ……貞觀元年，悉令併省。始於山河形便，分爲十道。……自北殄突厥頡利，西平高昌，北踰陰山，西抵大漠。其地東極海，西至焉耆，南盡林州南境，北接薛延陀界。凡東西九千五百一十里，南北萬六千九百一十八里。高宗時，平高麗、百濟，遼海巳東，皆爲州，俄而復叛，不入提封。

> 景雲二年，分天下郡縣，置二十四都督府以統之。議者以權重不便，尋亦罷之。

> 開元二十一年，分天下爲十五道，每道置採訪使，檢察非法，

〔註83〕見《唐大詔令集》，卷三十五，頁148。

如漢刺史之職。……又於邊境置節度、經略使，式遏四夷。凡節度
使十，經略守捉使三。大凡鎮兵四十九萬人，戎馬八萬餘疋。

前文既論安西、河西地區均劃歸貞觀時的隴右道，景雲、開元間河西節度析
置後、磧西節度建節前，安西地區仍屬河西節度道，而隴右自成一節度道，
並又以河西節度道爲例，概論其所管新軍鎮體制的部署，故於此仍以河西道
爲起點，進論唐朝節度體制的形成以及始置。

《舊唐書‧吐蕃列傳上》概述唐朝前期一個半世紀，隴右道軍事情勢的
前後變化云：

昔秦以隴山巳西爲隴西郡。漢懷匈奴於河右，置姑臧、張掖、
酒泉、伊吾等郡；又於磧外置西域都護，控引胡國；又分隴西爲金
城、西平等郡，雜以氐、羌居之。歷代喪亂，不爲賢豪所據，則爲
遠夷侵廢，迨千年矣。

武德初，薛仁杲奄有隴上之地，至於河隴；李軌盡有涼州之域，
通於磧外。貞觀中，李靖破吐谷渾，侯君集平高昌，阿史那社爾開
西域，置四鎮。前王之所未伏，盡爲臣妾，秦、漢之封域，得議其
土境耶！於是歲調山東丁男爲戍卒，繒帛爲軍資，有屯田以資糗糧，
牧使以娩羊馬。大軍萬人，小軍千人，烽戍邏卒，萬里相繼，以卻
於強敵。隴右，鄯州爲節度；河西，涼州爲節度；安西、北庭亦置
節度；關內則於靈州置朔方節度，又有受降城、單于都護庭爲之藩
衛。

及潼關失守，河洛阻兵，於是盡徵河隴、朔方之將鎮兵入靖國
難，謂之行營。曩時軍營邊州無備預矣。乾元（肅宗，758～759）
之後，吐蕃乘我間隙，日蹙邊城，或爲虜掠傷殺，或轉死溝壑。數
年之後，鳳翔之西，邠州之北，盡蕃戎之境，湮沒者數十州。

按：太宗自貞觀四年（630）命李靖爲定襄道行軍大總管統諸軍擊滅突厥以
後，雖仍有東征高麗，北伐薛延陀之役，但二國懸遠，甚難威脅唐朝本土，
以故唐朝獲得半個世紀的國家安全。從高宗中期以後，突厥復興，二蕃（契
丹與奚）竄起，吐蕃東侵，且時戰時和，故河北、河東、關內、隴右（含河
西、安西）諸道沿邊，皆長期被受鋒鏑，爲患始大。其中隴右道形勢鞭長，
分承突厥、吐蕃的壓力，而西突厥亦時有戰亂，故軍事最爲嚴峻吃重。然而，
諸道沿邊雖然軍鎮遍布，但卻是各自爲戰，其上並無統一指揮的官職，即如

河西一道，縱使置有涼州、瓜州、西州三都督府及北庭、安西兩都護府，但所轄兵力各約兩三萬，而且分散，是以「遠程防禦、國外決戰」的實力不足，而多處於「近程防禦、本土決戰」的被動狀態，仍需中央派遣行軍來援。軍事行動自由權的恢復，國家安全的重建，即是武后至玄宗面臨的重大課題。

茲舉唐－蕃第一次大非川之戰為例，以說明此情勢的嚴峻。

高宗咸亨元年（670）四月，吐蕃侵唐屬國吐谷渾，並寇陷唐邊十八州，又與于闐合眾襲擊龜茲撥換城而陷之，遂罷安西四鎮。是月，以右威衛大將軍薛仁貴為邏娑（即拉薩）道行軍大總管，右衛員外大將軍阿史那道真、左衛將軍郭待封為副，領兵五萬往擊吐蕃。同年七月，唐軍被吐蕃大將論欽陵所率四十餘萬眾大敗於大非川，仁貴等並坐除名。吐谷渾全國盡沒，唯國主及其親信數千帳內屬，仍徙於靈州界。自是吐蕃連歲寇邊，當、悉等州諸羌盡降之，東與涼、松、茂、巂等州相接，南至婆羅門，北抵突厥，地方萬餘里，所謂「自漢、魏已來，西戎之盛，未之有也」。此戰雖說是因薛仁貴、郭待封將帥不協，待封「多違節度」所致，但隴右諸軍被動待援，卻是可想而知的情況。〔註84〕

據《舊唐書·吐蕃列傳上》所載，此役之後，自高宗至武后屢派宰相大將前往致討或鎮守，但是除了尚書左僕射劉仁軌得以安然離任之外，大率皆是失利或戰敗，直至長壽元年（692）武威軍總管王孝傑才大破吐蕃之眾，克復四鎮，重新於龜茲設置安西都護府，發兵以鎮守。安西都護府之淪陷與重置，曾引起前文所敘的鷹、鴿兩派激辯，其後武后不僅採用鷹派之議，且將安西都護所轄的四鎮鎮守使向西推展至碎葉，〔註85〕其重行「遠程防禦、國外決戰」之戰略企圖顯然。不過，萬歲登封元年（696）王孝傑復為肅邊道大總管，率副總管婁師德，與吐蕃大將論欽陵等戰于素羅汗山，亦因軍敗而免官；而且同年稍後尚發生吐蕃四萬眾奄至涼州城下，都督許欽明拒戰被殺之事。可見吐蕃為患的嚴重，以故婁師德於翌年再度被重用為隴右諸軍大使，仍檢校河西營田事，成為創置河西節度使的前身。

〔註84〕 本戰請詳《舊唐書·高宗本紀》是年月條及同書〈薛仁貴列傳〉，但〈吐蕃列傳上〉則謂仁貴所統兵力有十餘萬，或許是行軍兵力加上隴右諸軍來會之數，不贅考。《通鑑》亦詳述此戰。

〔註85〕 安西四鎮原為龜茲、毗沙、疏勒、焉耆，重置後改為碎葉、龜茲、毗沙、疏勒，即將碎葉取代焉耆而為四鎮之一。碎葉鎮在熱海（今伊塞克湖）以西今托克瑪克地區，怛邏斯城之東，足證武后決心重行「遠程防禦、國外決戰」之戰略。

　　誠如〈兵志〉所言：「府兵之置，居無事時耕於野，其番上者，宿衛京師而已。若四方有事，則命將以出，事解輒罷，兵散于府，將歸于朝。故士不失業，而將帥無握兵之重，所以防微漸、絕禍亂之萌也。」如此的軍事設計，實不適宜於當前不知何時有事、何時事解的邊防軍事作為，欲要恢復獲取軍事行動自由權，則是將士均須長駐，且須置統一指揮官，否則即為臨時烏合之眾，會被敵各個擊破。《舊唐書‧吐蕃列傳上》載述中書令李敬玄之敗，就與此情事之發生有關。該傳略云：

　　　　上元三年（676，即儀鳳元年），進寇鄯、廓等州，殺掠人吏，高宗命尚書左僕射劉仁軌往洮河軍鎮守以禦之。儀鳳三年，又命中書令李敬玄兼鄯州都督，往代仁軌於洮河鎮守。仍召募關內、河東等諸州驍勇，以為猛士，不簡色役。亦有嘗任文武官者召入殿庭賜宴，遣往擊之。又令益州長史李孝逸、巂州都督拓王奉等發劍南、山南兵募以防禦之。其年秋，敬玄與工部尚書劉審禮率兵與吐蕃戰于青海，官軍敗績，審禮沒于陣，敬玄按軍不敢救。……遂擁眾鄯州，坐改為衡州刺史。

按：鄯州為後來隴右節度使府所在，基於情勢的嚴重，故實際上是高宗先命洛州牧‧周王顯（中宗）為洮州（今甘肅臨潭，或作洮河）道行軍元帥，領工部尚書劉審禮等十二總管；并州都督‧相王輪（睿宗）為涼州道行軍元帥，領左衛將軍契苾何力等軍，以討吐蕃。之所以分為兩道行軍，蓋是因於隴右道之鞭長形勢也。但二王竟不行，才命征鎮高麗的名將、左僕射劉仁軌為洮河道行軍鎮守大使。仁軌與敬玄不協，知其素非邊將之才，冀欲中傷之，是以上言西蕃鎮守事非敬玄莫可，故高宗遽命敬玄代之。《舊唐書‧李敬玄列傳》載其職銜為「洮河道大總管，兼安撫大使，仍檢校鄯州都督」，而載其戰敗情況謂「及將戰，副將工部尚書劉審禮先鋒擊之。敬玄聞賊至，狼狽却走。審禮既無繼援，遂沒于陣」云，是則盡管募得猛士而又徵兵諸道，不免仍是烏合之眾也。要之，隴右道為對付吐蕃，而出現了負有攻防任務的宰相級「行軍鎮守大使」，並兼檢校鄯州都督，是即為隴右道行軍常駐化的濫觴。

　　降至武后後期，隴右道遂由「行軍鎮守大使」演變為「隴右諸軍大使」之使職，首任為婁師德，於武后聖曆元年（698）四月充任。

　　據《舊唐書》師德傳，師德曾於高宗徵募猛士時以監察御史應徵，從軍西討，頻有戰功，遷殿中侍御史，兼河源軍司馬，并知營田事。此為其參戰

吐蕃並隸屬於鄯州西南河源軍的開始。師德長於營田，後來又屢次參與征伐突厥、契丹諸役，爲高宗、武后所重，乃於武后長壽二年（693）以夏官（兵部）侍郎同平章事拜相。其與後來隴右節度道的歷史淵源，是拜相后尋出充河源、積石、懷遠等軍及河、蘭、鄯、廓等州檢校營田大使；但於證聖元年（695）因吐蕃寇洮州，而奉令與夏官尚書王孝傑討之，被吐蕃大將論欽陵大敗於素羅汗山，而貶爲原州員外司馬。萬歲通天二年（697，即神功元年），師德復入爲鳳閣（中書）侍郎同平章事，稍後進拜納言（侍中），尋於聖曆元年四月奉詔充「隴右諸軍大使，仍檢校河西營田事」。聖曆二年（699）八月卒。〔註86〕「隴右諸軍大使」首次出現即以宰相兼充且常駐，故隴右諸軍勢須受其節度亦可想而知。此即筆者所言的超級軍大使無異，其與關內、河東兩道統一指揮官命名不同之處，是後兩道逕稱朔方軍節度、天兵軍節度，各以地區節度及大軍節度來命名統一指揮官的職稱，如此差別而已。

　　繼師德充隴右諸軍大使者爲唐休璟，但是「隴右諸軍大使」的職稱已改稱爲「隴右諸軍州大使」，但或仍稱隴右諸軍大使。〔註87〕

　　《舊唐書》休璟傳謂其尤諳練邊事，自碣石西踰四鎮，綿亘萬里，山川要害，皆能記之，是以後來武后有「恨用卿晚」之嘆！休璟於「垂拱（685～688）中，遷安西副都護。會吐蕃攻破焉耆，安息道行軍大總管‧文昌右相韋待價率軍與戰失利，休璟收其餘眾，以安西土。遷西州都督，上表請復取四鎮。則天遣王孝傑破吐蕃，拔四鎮，史謂亦休璟之謀也。聖曆（698～699）中，爲司衛卿，兼涼州都督‧右肅政御史大夫，「持節隴右諸軍州大使」。是則師德卒後休璟即繼充「隴右諸軍州大使」，而且明言是「持節」的軍大使，其前任之婁師德應亦如此，只是史書省文罷了。此正是前引《大唐六典‧兵部尚書‧兵部郎中》條所謂「大使加旌節以統軍」之證。

〔註86〕《新唐書‧武后本紀》分於聖曆元年及二年之四月，兩記師德爲隴右諸軍大使；而同書〈宰相表上〉則作元年。同紀又謂聖曆二年八月卒，時間混亂。《通鑑》於聖曆元年四月亦載師德充隴右諸軍大使，二年八月薨於任上。

〔註87〕按：《新唐書》本傳謂「聖曆中，授涼州都督、右肅政御史大夫、持節隴右諸軍副大使」。後即有吐蕃大將麴莽布支率騎數萬寇涼州，入洪源谷，休璟迎戰之事。然據同書則天紀久視元年閏七月條，休璟仍爲隴右諸軍州大使；《舊唐書‧吐蕃上》亦載「隴右諸軍州大使唐休璟與莽布支戰于洪源谷」，是則《新唐書》本傳誤也。唐休璟與其繼任者郭元振，《通鑑》仍書爲「隴右諸軍大使」。至於〈右僕射太子少師唐璿神道碑〉（見《全唐文》卷二五七，頁3293～3295，台北：大通書局，民國68.7四版）謂其爲「涼州都尉（督？），假節、隴右諸軍事」，蓋是攏統追記之詞。

　　唐休璟卸離隴右諸軍州大使之任前，史謂久視元年（700）八月庚戌，「魏元忠爲隴右諸軍州大總管，以擊吐蕃」；又謂「遣左肅政臺御史大夫魏元忠爲隴右諸軍大總管，率隴右諸軍大使唐休璟出討」。〔註88〕似乎隴右道最高指揮官一時置有兩人。然據《舊唐書·魏元忠列傳》：「聖曆二年（699），擢拜鳳閣侍郎、同鳳閣鸞臺平章事，檢校并州長史。未幾，加銀青光祿大夫，遷左肅政臺御史大夫，兼檢校洛州長史，……時突厥與吐蕃數犯塞，元忠皆爲大總管拒之。」《新唐書》本傳所述略同，但卻謂元忠「俄爲隴右諸軍大使，以討吐蕃」云，〔註89〕同一書之中紀、傳乖錯如此。

　　按：元忠既「皆爲大總管」以分拒突厥與吐蕃，拒突厥指的是之前所任的檢校并州長史、天兵軍大總管而言，拒吐蕃則是指此役所任的隴右諸軍大總管而言也。至於《新唐書》謂元忠充「隴右諸軍州大總管」殆衍一州字，而謂其爲「隴右諸軍大使」則誤。因爲魏元忠當時已拜相，故實是以宰相身分充任隴右道諸軍大總管統領行軍出征也；而唐休璟尙未拜相，故是以現任隴右諸軍州大使率所部來會，並受元忠所指揮也。此例猶如姚崇奉命北伐，〈命姚崇等北伐制〉稱其以兵部尙書兼紫微（中書）令「可持節、靈武道行軍大總管，管內諸軍咸受節度」之例罷了。〔註90〕正可反映了隴右諸軍當時恐怕獨力不足以攻討吐蕃，而致中央必須派遣行軍來援的情狀。

　　此役的情況據兩《唐書》吐蕃傳所述，是久視元年秋，吐蕃大將麴莽布支率騎數萬寇涼州，入自洪源谷，將圍昌松縣。休璟以數千人往擊之，六戰六克，大破之而還。是後，武后大加歎異，擢拜休璟爲右武威、右金吾二衛大將軍。因此，《舊唐書·則天本紀》分載此年閏七月「吐蕃寇涼州，隴右諸軍州大使唐休璟敗之于洪源谷」，八月「魏元忠爲隴右諸軍州大總管，以擊吐蕃」；而新書〈吐蕃列傳上〉則合載爲「遣左肅政臺御史大夫魏元忠爲隴右諸軍大總管，率隴右諸軍大使唐休璟出討」也。按其實際，皆是指此役魏元忠以隴右行軍大總管率軍赴援隴右軍區大使唐休璟之事，只是未至而休璟已大捷矣。此役後不久，休璟轉遷爲右武威、右金吾二衛大將軍，仍留鎭隴右，蓋至長安元年（701）郭元振履任隴右才離開。〔註91〕

〔註88〕前引文見《新唐書·則天本紀》是年月條，後引文見同書〈吐蕃列傳上〉，卷216上，頁6080。

〔註89〕《通鑑》亦稱元忠爲「隴右諸軍大使」，蓋據《新唐書》元忠傳。

〔註90〕該制見前揭《唐大詔令集·討伐》，卷依三〇，頁705～706。

〔註91〕新、舊本傳謂長安三年（703）休璟以檢校涼州都督爲夏官尙書同平章事，《新

　　繼唐休璟充任隴右諸軍州大使的是郭元振，《通鑑》繫之於武后長安元年（701，即大足元年）十一月。

　　元振與唐休璟並為當世名將，[註92]《舊唐書‧郭元振列傳》載其履官及事蹟略云：

> 　　大足元年，遷涼州都督、隴右諸軍州大使。……乃拓州境一千五百里，自是寇虜不復更至城下。元振又令甘州刺史李漢通開置屯田，盡其水陸之利。……積軍糧支數十年。元振……在涼州五年，夷夏畏慕，令行禁止，牛羊被野，路不拾遺。

> 　　（中宗）神龍中，遷左驍衛將軍，兼檢校安西大都護。……睿宗即位，徵拜太僕卿，加銀青光祿大夫。景雲二年，同中書門下三品，代宋璟為吏部尚書。[註93]

郭元振既任隴右諸軍州大使‧涼州都督五年，而由大足元年下數五年，則是中宗復位的神龍元年（705，長安五年正月武后被推翻，中宗復位而改元），而史官追記娑葛之事，故乃有「大使」之稱。

　　自從魏元忠統率隴右諸軍州大使唐休璟出討吐蕃之後，吐蕃陷於政變內亂，故未致大舉犯唐。及至新贊普立，景龍三年（709），遣使者納貢請婚，中宗以金城公主妻之，而命河源軍使‧左驍衛大將軍楊矩為使，送金城公主入蕃。[註94]稍後，吐蕃又透過已遷任為鄯州都督的楊矩，請求將河西九曲作為公主之湯沐邑，《通鑑》繫此事於景雲元年（710）。河西九曲與唐接境，土地肥美，可堪頓兵畜牧，自是吐蕃益更張雄，輕易入寇。郭元振之後的一

唐書‧宰相表上》神龍元年（705）三月條，更謂「休璟自涼州入為輔國大將軍，並同中書門下三品」，似謂休璟充隴右諸軍州大使需遲至中宗復位後始卸任，殆有問題。《通鑑》長安三年（703）七月條謂休璟以夏官尚書、檢校涼州都督同鳳閣鸞臺三品，恐亦有誤。據上註所引〈右僕射太子少師唐璿神道碑〉，洪源之戰後，休璟除右武（威？）、右金吾二大將軍，「俾仍舊鎮，雖貴而不留中也」，是則僅是本官的轉遷，實際仍留鎮隴右，蓋至長安元年郭元振履任隴右才離開。

〔註92〕郭元振為一代名將，《新唐書》卻無傳，不知與其後來被流貶新州而卒之事是否有關。

〔註93〕據張說之〈兵部尚書代國公贈少保郭公行狀〉（《全唐文》卷二三三，頁2979～2982），謂郭元振為「涼州都督兼隴右諸軍大使」，又謂「景龍中」轉遷安西大都護。按：究是隴右諸軍州大使或隴右諸軍大使，說已見前；至於「景龍中」則應是神龍中之誤。又，張說自謂與元振為「忘言之友」，故行狀對元振統兵百餘萬之數及戰功大有誇張，不可盡信。

〔註94〕楊矩無傳，事見《舊唐書‧中宗本紀》景龍四年正月條，卷七，頁149。

段時期，隴右諸軍州大使置罷情況不明，或許即與唐、蕃無戰事，故未除人有關。不過，據《唐會要・節度使・隴右節度使》條所載，鄯州都督楊矩稍後在玄宗開元元年（713）十二月「除隴右節度。自此始有節度之號」云，《通鑑》則繫置隴右節度於開元二年十二月，均與〈方鎮表四〉謂五年始置不同，究竟孰是？容於下文一併論結。

　　按：開元二年（714），吐蕃一方面請求劃定國界，另一方面卻又遣兵十萬寇侵臨洮，入攻蘭、渭，掠奪官方牧馬，楊矩因悔懼而自殺。玄宗於是詔令剛因戰敗被罷免官爵的薛訥為「隴右道防禦大使」，〔註95〕與隴右羣牧使・太僕少卿王晙等并力迎擊，甚至天子也竟欲親征。此役，《通鑑》特載謂「大募勇士，詣河、隴就訥教習」，顯示了戰前隴右兵力不足而吃緊待援的狀況。《新唐書・薛仁貴列傳・子訥附傳》扼載開元二年一年之中，薛訥獲貶及復起之事云：

> （二年）契丹、奚、突厥連和，數入邊，訥（按：時任和戎、大武等軍州節度大使・并州長史・檢校左衛大將軍）建議請討，詔監門將軍杜賓客、定州刺史崔宣道與訥帥眾二萬出檀州。……而授紫微黃門三品以重之。師至灤河，與賊遇，諸將不如約，為虜覆，盡亡其軍。訥脫身走，……盡奪訥官爵。

> 俄而吐蕃大酋坌達延、乞力徐等眾十萬寇臨洮，入蘭州，剽牧馬，詔訥白衣攝羽林將軍，為隴右防禦使，與王晙擊之。追及賊，……悉收所掠及仗械不貲。時帝欲自將北伐，及訥大克，乃止行。命紫微舍人倪若水即軍陟功狀，拜訥左羽林大將軍，……又授涼州鎮軍大總管，赤水、建康、河源邊州皆隸節度。

此役，王晙本已先行抵抗，薛訥來後遂配屬於薛訥，列入其作戰序列。《舊唐書・王晙列傳》載其事云：

> 開元二年（714），吐蕃精甲十萬寇臨洮軍，晙率所部二千人卷甲倍程，與臨洮兩軍合勢以拒之。賊營於大來谷口，吐蕃將坌達延又率兵繼至。晙乃出奇兵七百人，……夜襲之。……賊眾大懼，疑有伏兵，自相殺傷，死者萬計。俄而攝右羽林將軍薛訥率眾邀擊吐蕃，至武階谷，去大來谷二十里，為賊所隔。晙率兵迎訥之軍，賊

〔註95〕 兩《唐書》及《通鑑》均作「隴右防禦使」，殆為省稱；今據《唐大詔令集》所收之〈薛訥白衣攝左羽林將軍擊吐蕃制〉，卷五十九，頁315。

> 置兵於兩軍之間，連亙數十里，曉夜出壯士銜枚擊之，賊又大潰。
> 乃與訥合軍，掩其餘眾，追奔至洮水，殺獲不可勝數，……以功……
> 兼原州都督。

由於楊矩已自殺，故臨洮等軍上無指揮之官，加上兵力不足，是以需待中央遣軍來援。然觀薛訥於戰後任「涼州鎮軍大總管，赤水、建康、河源邊州皆隸節度」，而赤水、建康二軍後來隸屬於河西節度，河源軍則隸屬於隴右節度，故薛訥之跨界「節度」此諸軍，必是因河西節度與隴右節度的管區尚未劃分清楚，或是必有其中一個節度尚未建置。並且，令人奇怪的是，連天子都要親征了，遠在河西道西北角的檢校伊州刺史兼伊吾軍使郭知運也入援了，但已創置的河西節度使竟未見其就近率軍來援，誠為可疑之事。不過無論如何，先前持節隴右諸軍州大使，已為河西與隴右兩節度使的創置鋪好了路。

由此可知，節度使的創置，與特定戰區之內，軍鎮守捉分散部署，而上無統一指揮的軍事態勢有關；也就是說，節度使當初的創置，單純是為了解決邊地諸軍鎮的統一指揮問題，與後來常命其使兼充支度營田採訪觀察等使，兼掌管內財經以及地方行政等權無關。亦即節度使的創置，僅是為了在諸軍鎮守捉使之上，設置一員行使統一指揮權的超級軍大使而已，只是因為有些軍區過於遼闊，以故將之析而為二，如隴右之析置河西，幽州之析置平盧是也。降至開元年間，統一將此等超級軍大使定稱為節度使，所管地區由不固定的戰區性質，定型為固定的軍區——節度區，俾能獨當方面，長期執行「遠程防禦、國外決戰」的戰略，用以取代事畢即撤，戰略上較為被動的行軍體制罷了，於是遂形成了初期的開元八節度。

據此，可知《舊唐書‧地理一》所謂「景雲二年，分天下郡縣，置二十四都督府以統之。議者以權重不便，尋亦罷之」也者，蓋因都督轄區較小，未能獨當方面，而且都督是最高級的外職事文官，法定握有地方行政權及管內軍政權，若將全國分為二十四個都督府，則地方行政權之擴大可想而知；若又因軍事上的需要而使之兼掌督區內諸軍鎮，此則對中央而言更是「權重不便」，大違唐初以來強幹弱枝的「固本國策」，遠不如設置單純掌管軍權的節度使為便。景雲二年，正是玄宗即位前一年，也正是〈兵志〉等書明載最早創置的河西節度使建立之年，故節度體制的施行，當與擱置二十四都督府構想之事有關，或許節度使的創置即是其替代物。

節度使為何創置略明，至此，不禁要進一步根究〈兵志〉所謂「自高宗

永徽以後，都督帶使持節者，始謂之節度使，然猶未以名官。景雲二年，以賀拔延嗣爲涼州都督、河西節度使。自此而後，接乎開元，朔方、隴右、河東、河西諸鎮，皆置節度使」的「名官」究竟指何？賀拔延嗣眞的是唐朝第一個正式名官的節度使，而非《通鑑》所謂「以幽州鎮守經略節度大使薛訥爲左武衛大將軍兼幽州都督。節度使之名自訥始」嗎？諸書的記載究竟孰是，何道節度最早成立？

　　按：節度使如同軍大使一般，初置以來僅是奉使統籌指揮某些軍州之職稱，如薛訥之被授權「赤水、建康、河源邊州皆隸節度」是也，而非官名，甚至非職稱。蓋因充任節度使或軍大使者例皆各有本兼各官，如婁師德以侍中奉詔出充隴右諸軍大使，薛訥以左武衛大將軍兼幽州都督充幽州鎮守經略節度大使等，即是其例。因此，所謂「猶未以名官」也者，當指猶未作正式官名用——亦即猶未直接以「節度使」一名概稱其使的全部官職，例如婁師德、薛訥二使，當初均未被詔敕直接稱爲「節度使」以涵蓋其人的官職全稱。〔註96〕雖然如此，但若謂節度使並非當官的職稱之一，撰諸史傳，也殆非事實，蓋因其人已獲得節度授權也。

　　又，單從軍事角度而言，大軍指揮官必須切實掌有其責任區內的統率、指揮、管制、交通、情報、資訊等諸權，故不論其爲行軍大總管、諸軍大使或節度大使，指揮總部皆常因戰區的軍事情勢而遷移，但仍以交通便利、人文薈聚之處爲首選。及至戰區固定化而爲軍區，則指揮總部乃至統帥職稱，也必然會隨之固定化。撰諸史書，唐朝都督分爲大、上、中、下四種位階，而各地區最交通便利、人文薈聚之處，則常爲較高位階之都督府治所。因此，以中央文武官臨時出充的軍鎮大使，原本未必兼任其戰區內的某都督，但是隨著戰區軍區化，並固定以節度使爲職名，是以也依首選的原則選定使府所在之地。由於這些地點常爲都督府治所，以故後來日益以該地都督兼充爲使，或節度使領帶該地都督，漸成慣例，其情況略如魏晉都督制的演變，遂形成「都督帶使持節者始謂之節度使」的印象。

　　此事既明，則知所謂「名官」，實是指這些文武官既擁持旌節，又獲節度授權，以奉使性質出充軍鎮大使，而在其官銜之上必須明書「某地軍州節度」的職稱，始爲名正言順義的正式節度使罷了。此與文武官獲得以「同中書門

─────────────────────

〔註96〕「敕某地節度使某人」，而不稱某人之全銜，是開元時常見的用法，《全唐文》卷二八四至二八六收入張九齡所撰此類敕文相當多，可爲例，不贅引。

下三品」、「同中書門下平章事」名義的授權，進入政事堂與三品宰相——中書令及侍中——同知政事以議政，其後必須帶此銜始爲宰相的演變正相同。

據此，可知孰爲首先「名官」的節度使並不那麼重要；但是，於此也仍有略析的需要，以免仍各據所徵，相持不下，費時又費力也。

〈兵志〉與《通鑑》的史源，上文已作過分析評鑑，此處姑不再論，然而二者對第一個節度使的創置，卻分持賀拔延嗣或薛訥之說。按：賀拔延嗣兩《唐書》無傳，可謂之孤證。而且，《新唐書·方鎮表四》景雲元年列，明載「置河西諸軍州節度、支度、營田、督察九姓部落、赤水軍兵馬大使，領涼、甘、肅、伊、瓜、沙、西七州，治涼州」云，與〈兵志〉謂置於景雲二年不同。一書二說，是則河西節度使究是置於景雲元年或二年，是先於或後於幽州節度而創置？

無獨有偶，《通鑑》所載幽州節度亦有二說：一爲睿宗景雲元年十月條的「以幽州鎮守經略節度大使薛訥爲左武衛大將軍兼幽州都督。節度使之名自訥始」；一爲玄宗開元二年是歲條的「置幽州節度、經略、鎮守大使，領幽、易、平、檀、嬀、燕六州」。其載述之欠精確，與《新唐書》略無異致。由於賀拔延嗣之說於《新唐書》是孤證，很難自其本書尋找出答案；而《通鑑》則不盡然，於景雲元年以後、開元二年以前，多次述及諸節度，故試以《通鑑》所載，旁證他書，略作析證。今先將其多次述及之諸節度臚列如下：

1、景雲元年（710）十月丁酉條：「以幽州鎮守經略節度大使薛訥爲左武衛大將軍兼幽州都督。節度使之名自訥始。」並對此有《考異》。又，玄宗先天元年（712）二月條載：「幽州大都督薛訥鎮幽州二十餘年，吏民安之，未嘗舉兵出塞，虜亦不敢犯。與燕州刺史李璡有隙，璡毀之於劉幽求，幽求薦左羽林將軍孫佺代之。三月，丁丑，以佺爲幽州大都督，徙訥爲并州長史。」

2、景雲元年十二月條：「置河西節度、支度、營田等使，領涼、甘、肅、伊、瓜、沙、西七州，治涼州。」按：此與《唐書·方鎮表四》略同。

3、玄宗開元二年（712）正月條：「初，營州都督治柳城以鎮撫奚、契丹，則天之世，都督趙文翽失政，奚、契丹攻陷之，是後寄治幽州東漁陽城。或言：『靺鞨、奚、霫大欲降唐，正以唐不建營州，無所依投，……若唐復建營州，則相帥歸化矣。』并州長史、和戎·大武等軍州節度大使薛訥信之，奏請擊契丹，復置營州；……甲申，以訥同紫微黃門三品，將兵擊契丹。……七月……唐兵大敗，死者什八九。訥與數十騎突圍，得免，……庚子，敕免

訥死，削除其官爵。」

4、玄宗開元二年（712）閏二月條：「以鴻臚少卿、朔方軍副大總管王晙兼安北大都護、朔方道行軍大總管，令豐安、定遠、三受降城及旁側諸軍皆受晙節度。徙大都護府於中受降城，置兵屯田。」

5、同上年三月己亥條：「磧西節度使阿史那獻克碎葉等鎮，擒斬（西突厥）都擔，降其部落二萬餘帳。」

6、同上年七月壬寅條：「以北庭都護郭虔瓘爲涼州刺史、河西諸軍州節度使。」

7、同上年十二月甲子條：「置隴右節度大使，須嗣鄯、奉、河、渭、蘭、臨、武、洮、岷、郭、疊、宕十二州（胡注：「須」當作「領」。「嗣」字衍。「奉」當作「秦」，「郭」當作「廓」。），以隴右防禦副使郭知運爲之。」

8、同上年是歲條：「是歲，置幽州節度、經略、鎮守大使，領幽、易、平、檀、嬀、燕六州。」

按：第四條的王晙以本官充行軍大總管，奉令節度豐安、定遠、三受降城及旁側諸軍，此猶如唐初秦王世民以尚書令爲陝東道大行臺節度山東諸州軍而已，是魏晉以來節度授權的慣常語法，與此處所欲論的「節度使」無關；其餘諸條則與「節度使」的創置或人選有關。第五條的磧西節度使阿史那獻克碎葉等鎮，擒斬都擔，《舊唐書》無載，《新唐書・玄宗本紀》於是年月條載之，又於〈突厥列傳下〉謂「長安中，以阿史那獻爲右驍衛大將軍，襲興昔亡可汗、安撫招慰十姓大使、北庭大都護。四年（704），以懷道爲十姓可汗兼濛池都護。未幾，擢獻磧西節度使。十姓部落都擔叛，獻擊斬之」云云，〔註97〕至於「未幾」的時間則不確，而〈方鎮表〉亦無磧西節度創置的記載。按：前揭開元十年至二十六年完成的《大唐六典》，所載八節度中之第七，即爲磧西節度使，並謂其「統有安西、疏勒、于闐、焉耆，爲四鎮經略使，又有伊吾、瀚海二軍，西州鎮守使屬焉」，〔註98〕但亦未載創始之年。不過，〈方鎮表四〉安西列，於玄宗先天元年（712）載「北庭都護領伊西節度等使」，蓋即此使也。因爲伊州以西即爲莫賀延磧，故初創時恐以「磧西」爲稱，後來才改爲伊西，是則伊西節度使初名應爲磧西節度使，是繼幽州、河西之後所創置。第六條的郭虔瓘，《舊唐書》本傳無載其爲涼州刺史、河西諸軍州節

〔註97〕《新唐書・吐厥列傳下》，卷一四〇下，頁6065。
〔註98〕見該書卷五，頁118。

度使之事，《新唐書》本傳則載其於開元二年二月任北庭都護時（未載其領伊西節度使），擊斬來犯的突厥雄主默啜之子同俄特勒，以功授安西副大都護。尋而請求往擊餘寇，以遂前功，不果而還，遷涼州刺史、河西節度大使，進右威衛大將軍，當即此事。要之，上述八條之中，仍以薛訥的事迹最爲問題的關鍵，不得不本此進一步予以冗析。

據《通鑑》記載，薛訥既於景雲元年十月以幽州鎮守經略節度大使爲左武衛大將軍兼幽州都督，則是此月以前殆已充任幽州鎮守經略節度大使，此月以後至先天元年三月徙爲并州長史之前，所任的官職應爲幽州鎮守經略節度大使‧左武衛大將軍兼幽州都督。然兩《唐書》本傳皆失書其使職。因此，宜須先考驗薛訥是否曾經充任過幽州鎮守經略節度大使之職。

茲據《新唐書‧方鎮表三》幽州列所載，開元元年（713），「幽州置防禦大使」；開元二年，「是歲，置幽州節度、諸州軍管內經略、鎮守大使，領幽、易、平、檀、嬀、燕六州，治幽州」，但兩《唐書》紀傳均未見其人選。據《唐會要‧節度使‧范陽節度使》條云：「先天二年（712）二月，甄道一除幽州節度、經略、鎮守使，……天寶元年十月，除裴寬爲范陽節度使，……已後遂爲定額。」亦即謂幽州節度就是范陽節度的前身，而甄道一則爲首任幽州節度。不過，甄道一於兩《唐書》亦無傳，今僅見於張說所撰的〈唐故廣州都督甄公碑〉。〔註99〕該碑謂甄道一在開元五年卒於廣州都督之官舍，而曾由臨洮等軍大使除夏州都督，後「徵授幽州都督，衣之以紫，攝御史中丞，爲河北軍州節度大使。君政成周月，惠則在人，患是緩風，表以去職」云。觀碑文，知其人因患風疾，故任幽州都督充河北軍州節度大使爲時甚短，可能只有周月，而不悉其就任與去任的確切時間。假如確在先天二年二月就任，則殆是繼先天元年二月被奚所俘的孫佺或任期不明的裴懷古之遺缺，而繼之者蓋爲宋璟。孫佺、裴懷古、宋璟似皆未充節度使，〔註100〕而甄道一之「河

<hr>

〔註99〕 見《全唐文》，卷二二七，頁2899~2900。

〔註100〕《舊唐書‧奚國列傳》載云：「延和（即先天）元年，左羽林將軍、檢校幽州大都督孫佺（佺），率兵十二萬以襲其部落，師次冷硎（即冷陘），前軍左驍衛將軍李楷洛等與大輔會戰，我師敗績。佺懼，不敢進救，遣使矯報大輔云：『我奉敕來此招諭蕃將，李楷洛等不受節度而輒用兵，請斬以謝。』大輔曰：『若奉敕招諭，有何國信物？』佺率軍中繒帛萬餘段并袍帶以與之。大輔曰：『將軍可南還，無相驚擾。』佺軍漸失部伍，大輔乃率眾逼之，由是大敗，兵士死傷者數萬。佺及副將周以悌爲大輔所擒，送于突厥默啜，並遇害。」按：若孫佺持旌節，則起碼有此信物，由此可知應未兼充節度使。《新唐書‧

北軍州節度大使」職稱也與當時的稱法不符，或許也是張說攏統追述之詞。由此以知，《新唐書‧方鎮表三》與《通鑑》上開第八條所載同，均謂此使於玄宗開元二年始置；若是，則薛訥、甄道一安得在此前就已充任幽州節度？由此觀之，二書所載必有一誤或欠詳說。

按：《舊唐書‧薛訥列傳》（《新唐書‧薛仁貴列傳‧子訥附傳》略同）載云：

> 爲藍田令，……其後突厥入寇河北，則天以訥將門，使攝左武威衛將軍、安東道經略。……尋拜幽州都督，兼安東都護；轉并州大都督府長史，兼檢校左衛大將軍。久當邊鎮之任，累有戰功。

> 玄宗即位，……時契丹及奚與突厥連和，屢爲邊患，訥建議請出師討之。開元二年夏，詔與左監門將軍杜賓客、定州刺史崔宣道等率眾二萬，出檀州道以討契丹等。……特令訥同紫微黃門三品，總兵擊奚、契丹，……六月，師至灤河，……盡爲契丹等所覆。訥脫身走免，……下制曰：「并州大都督府長史兼檢校左衛大將軍、和戎大武等諸軍州節度大使、同紫微黃門三品薛訥，總戎禦邊，建議爲首。暗於料敵，輕於接戰，張我王師，衂之虜境。……特緩嚴刑，俾期來效，宜赦其罪，所有官爵等並從除削。」

是則薛訥確曾任過幽州都督之官，只是未書其爲節度使而已。《通鑑》既據《太上皇實錄》，將薛訥任幽州都督繫之於睿宗景雲元年（710）十月，復繫其被讒去職於睿宗太極元年（五月改元延和，是年七月睿宗傳位於玄宗，即玄宗先天元年，712）二月，日期明確，且書其初任時兼充的使銜，當較可信，而置於開元二年之說或可置疑。如今的問題在，薛訥任幽州都督之前，其官職只是攝左武威衛將軍、安東道經略，未爲「幽州鎮守經略節度大使」，其故安在？或許要從《通鑑》謂薛訥去職時已「鎮幽州二十餘年」之事去推敲，始能約略窺知。蓋此二十餘年之中，薛訥可能先以左武威衛將軍充安東道經略使，其後才以本將軍改充幽州鎮守經略節度大使，降至景雲元年十月始以幽州鎮守經略節度大使‧左武威衛將軍晉升爲幽州鎮守經略節度大使‧

循吏‧裴懷古列傳》則謂懷古任幽州都督，爲孫佺所代（卷一九七，頁 5626），是則孫佺接替的是裴懷古而非薛訥，未知孰是。宋璟爲幽督，兩《唐書》皆無充節度的記載。或許開元二年以前兩三年間，薛訥、孫佺、裴懷古、甄道一、宋璟爲先後任之幽督？待考。除了薛訥之外，其餘多是文人，或許就是他們未獲節度授權的原因。

左武衛大將軍兼幽州都督，若是，則其兩本傳失載或省略了此段經歷，或許也與當時「猶未以名官」有關。無論如何，兩《唐書》諸傳在節度使正式「名官」之前，常有不將傳主的使銜與官名連書之例，如薛訥，制書明載其任「并州大都督府長史‧兼檢校左衛大將軍‧和戎、大武等軍州節度大使‧同紫微黃門三品」，〔註101〕而兩本傳則僅載其爲并州長史，兼官、使銜及相銜一併無述，即是其例。

薛訥卸離幽州都督後，繼任者除了甄道一之外，餘人似皆無兼充幽州鎮守經略節度大使的記載。當訥徙任并州長史時，有兼充和戎、大武等軍州節度大使之職，但其繼任者似亦無兼充此職者。此二例似乎可以說明「名官」前後的一段時間內，節度使之任命，殆是以有其人則置、無則不置爲原則，不像以後一般，同一使職幾乎前後任相繼不絕。

茲本此原則出發尋索，試追究幽州（范陽）以外，分以涼州（河西）、鄯州（隴右）、并州（河東）爲中心而成立的節度使中，何者建置最早，何者名官最早；至於其他節度，諸書既未強調其是最早創置，以故姑不冗論。

要尋索河西、隴右兩節度建置之早晚，仍須借助於薛訥等將在武階之戰後的履官經歷。

按：《新唐書‧玄宗本紀》開元二、三年條載云：

> 二年……八月，吐蕃寇邊，薛訥攝左羽林軍將軍，爲隴右防禦大使，右驍衛將軍郭知運爲副，以伐之。……十月……，薛訥及吐蕃戰于武階，敗之。

> 三年……四月庚申，……右羽林軍大將軍薛訥爲涼州鎮軍大總管，涼州都督楊執一副之；右衛大將軍郭虔瓘爲朔州鎮軍大總管，并州長史王晙副之，以備突厥。……十月……壬戌，薛訥爲朔方道行軍大總管，太僕卿呂延祚、靈州刺史杜賓客副之。

是則〈兵志〉所謂景雲二年，以賀拔延嗣爲涼州都督、河西節度使，以及上舉第六條謂開元二年七月以北庭都護郭虔瓘爲涼州刺史、河西諸軍州節度使，若爲眞實，則二人至此皆或已遷調。延嗣孤證不說，虔瓘則以雲麾將軍‧檢校右驍衛將軍本官轉安西副大都護‧攝御史大夫‧四鎮經略安撫使，因而薛訥之以右羽林軍大將軍爲涼州鎮軍大總管，涼州都督楊執一副之，兩者的

〔註101〕《新唐書‧宰相表中》開元二年正月甲申條，亦明書「和戎、大武諸軍節（度）使薛訥同紫微黃門三品」，見卷六十二，頁1684。

實質關係究竟是甚麼？是河西節度正、副大使的關係，抑或如魏元忠與唐休璟的隴右諸軍大總管與隴右諸軍大使的關係？

按：《通鑑》是月條謂「以右羽林大將軍薛訥爲涼州鎮（應爲鎮軍）大總管，赤水等軍並受節度，居涼州」；而據〈贈戶部尚書河東公楊君神道碑〉，則謂楊執一此時的官職爲「涼州都督兼左衛將軍、河西諸軍州節度、督察九姓、赤水軍等大使」，〔註102〕應是接郭虔瓘的遺缺。是則在開年三年同一時間之內，河西置有兩節度使也。只是薛訥以諸衛大將軍充涼州鎮軍大總管，而獲節度授權，可節度赤水等軍；而楊執一則是以位階較低之將軍充任正式的河西諸軍州節度大使而兼赤水軍等大使而已。由此觀之，薛訥之官職，實爲行軍鎮守大總管的性質，故可管制指揮戰區內之節度使——何況執一剛好就是兼充的赤水軍大使——而爲河西節度的上級長官。因此，其關係應是魏元忠與唐休璟的隴右諸軍大總管與隴右諸軍大使的關係，可以無疑。根據此次任命，不僅反映了節度使初創期職稱不穩定而常一再改名，甚至可得同時兩置，以故不便「名官」；而且也反映了節度使初創期，節度使與其上級節度可得同治於一地，而兩者卻各不相兼的事實。郭虔瓘與王晙之任命，其情況實亦相同（詳下）。

據上析論，以河西諸軍節度——即獲授權節度河西諸軍——爲稱的軍事指揮官，最晚不能遲至開元二年始有，不過仍稍晚於景雲元年十月之幽州節度；而正式以「河西節度使」名官，亦不能晚於開元二年七月的郭虔瓘，只是究竟始置於景雲元年十二月抑或景雲二年四月，已無徵可考，然於文獻分析言之，則「名官」殆早於幽州節度使也。

接著需分析與河西節度同一軍隊史源的隴右節度，始能使問題獲得較周延的瞭解。

據兩《唐書‧郭知運列傳》，知悉參與武階之戰的隴右防禦副大使的郭知運，於戰後已由原來的雲麾將軍‧右武衛將軍‧檢校伊州刺史‧兼伊吾軍使遷拜隴右諸軍節度大使‧鄯州都督。亦即戰時編制的隴右防禦正、副大使，均已分別轉遷爲河西、隴右兩節度，而且知運是眞實充任「隴右諸軍節度大使」的節度。由是，則開元二年自殺的鄯州都督楊矩，《唐會要》謂其於開元元年十二月「除隴右節度。自此始有節度之號」的說法，恐怕亦因孤證而大有問題。由於隴右指揮官早期的職稱爲「隴右諸軍大使」，與如今郭知運遷拜

〔註102〕該碑見《全唐文》，卷二二九，頁 2925～2926。

「隴右諸軍節度大使」的職稱一脈相沿，故《通鑑》上舉第七條，謂開元二年十二月「置隴右節度大使，領鄯、奉、河、渭、蘭、臨、武、洮、岷、郭、疊、宕十二州，以隴右防禦副使郭知運爲之」的記載，恐怕更爲眞實。若是，則讀過睿宗、玄宗二實錄第一手史料的司馬光，應是否定了《會要》的陳述。

又由於兩《唐書》知運傳語其就任、卸任的時間含糊，又謂其率朔方兵進擊六州胡於黑山呼延谷，其中恐有訛誤，茲據張說奉敕所撰的〈贈涼州都督上柱國太原郡開國公郭君碑〉以檢定之。該碑云：

> 開元二年，吐蕃入隴右，……公以奇勝，……拜右羽林將軍，
> 持節隴右諸州（軍？）節度大使，兼鄯州都督、河源軍使。……於
> 是料敵無備，……潛軍一舉，大俘九曲，……既獻戎捷，遂頒朝賜，
> 乃兼鴻臚卿。……俄而六州羣胡，相率大叛，命公領隴右之騎，濟
> 河曲之師，鋒鏑爭先，玉石俱碎，拜左武衛大將軍。……班師臨洮，
> 遘茲虐疾，……開元九年十月二十二日薨於軍。

是則可以確定郭知運自開元二年爲持節·隴右諸軍節度大使·兼鄯州都督之後，雖本官有所遷轉，但卻一直充任此使職至開元九年十月病死爲止。因此，盡管開元元年十二月是楊矩任鄯州都督，卻未必兼充隴右節度，更未必是隴右「自此始有節度之號」，《會要》的說法孤證可疑。或許蘇冕誤開元二年十二月爲開元元年十二月，此時正是楊矩擔任鄯州都督，而隴右諸軍節度大使其後又常以鄯州都督兼充，以致誤植其時其人罷了。至於〈方鎮表四〉定此使額遲至開元五年始置，蓋亦不可信也。由是言之，當從《通鑑》之說。

要之，隴右節度源遠流長，由劉仁軌時代的洮河道行軍鎮守大使而改爲隴右諸軍大使，再改爲隴右諸軍州大使，至此始定使額爲隴右（諸軍）節度大使，管領鄯、秦等十二州，其發展演變乃明。

此處既論何道節度使名官最早，因而也不得不析論河東道。因爲盡管《唐會要·節度使·河東節度使》條謂「河東節度使，開元十一年以前稱天兵軍節度；其年三月四日，改爲太原已北諸軍節度；至十八年十二月，宋之悌除河東節度，已後遂爲定額」云，表示河東節度的前身爲太原已北諸軍節度，而太原已北諸軍節度的前身則爲天兵軍節度，然而天兵軍節度始置於何時則未言及。據〈方鎮表二〉，歐陽修直將置「北都長史領持節和戎、大武等諸軍州節度使」繫於景雲二年。是則此道置使之早，可與幽州、河西、磧西三道一較先後。

　　按：太原是李唐龍興之地，據《舊唐書‧地理志二‧河東道》所載，唐高祖初置并州總管府，武德六年改為「朔州」總管府，翌年又改為大都督府，降至武后，因其生於并州文水縣，故將并州改為北都兼都督府。中宗復位，於神龍元年二月復國號為唐，又將北都恢復舊名為并州大都督府；下至開元十一年玄宗再度置為北都，並改并州為太原府。因此睿宗景雲二年時實無北都之名，而歐陽修蓋沿用北都舊名而已，並非當時使額之正號。前文提及薛訥於玄宗先天元年二月以并州大都督府長史充「和戎‧大武等軍州節度大使」，並於開元二年因戰敗而貶為白衣，而郭虔瓘實繼其遺缺。虔瓘不悉任至何年，要之〈方鎮表二〉謂開元八年，「更天兵軍大使為天兵軍節度使」；十一年「更天兵軍節度為太原府以北諸軍州節度、河東道支度營田使兼北都留守」；十八年「更太原府以北諸軍州節度為河東節度」，遂為定額，乃是後來名號的變化。

　　前文又提及武階之戰後，開元三年四月薛訥為涼州鎮軍大總管，涼州都督楊執一副之的同時，另以「右衛大將軍郭虔瓘為朔州鎮軍大總管，并州長史王晙副之，以備突厥」云。按：唐之朔州在太原正北，治善陽（今山西朔縣），雖為大武軍（即大同軍）的駐地，但卻一直隸於代州中都督府（治雁門，今山西代縣），似無鎮軍大總管設治於此的強力理由，故筆者以為，此「朔州」很可能是沿用武德時并州的舊名。因此，《通鑑》直謂「左（右？）衛大將（軍）郭虔瓘為朔州鎮（應為鎮軍）大總管，和戎等軍並受節度，居并州」云，而《新唐書‧吐厥列傳上》更明謂「右衛大將軍郭虔瓘為朔州鎮軍大總管，節度和戎、大武、并州之北等軍，屯并州，以長史王晙副之」。亦即戰後將郭虔瓘與王晙調至并州，分任朔州（即并州）鎮軍正、副大總管，如同薛訥與楊執一之例也。又按：王晙在以太僕少卿、隴右羣牧使參戰武階前，曾以鴻臚少卿充朔方軍副大總管‧安北大都護，史謂「豐安、定遠、三城及側近軍並受晙節度」，〔註103〕是則也曾有過兼充節度的履歷，或許因為朔州鎮軍大總管郭虔瓘已獲授權節度和戎、大武、并州之北等軍，所以僅任副大總管的王晙，

〔註103〕《舊唐書‧王晙列傳》（卷九十三，頁 2986）鴻臚少卿作鴻臚大卿，殆誤，今據新本傳。新本傳又將「豐安、定遠、三城及側近軍並受晙節度」改作「豐安、定遠等城並授節度」。按：張仁愿此前已築三受降城（詳正文後文），〈王晙朔方道行軍總管制〉（見《全唐文》卷五十九，頁 315）亦稱「豐安、定遠、三城等軍及側近州軍，宜依舊例並受晙節制」，其「節度」一詞雖作「節制」，但其銜仍應以舊本傳為是。

雖爲并州大都督府長史，卻未依薛訥之例授予此節度使銜。由此可知，郭虔瓘實質上就是後來的太原以北節度使，只是當時無其名；而此使職，並不一定由并州長史兼充也。

如上所述，薛訥與郭虔瓘先後實際節度太原以北諸軍時，俱尚未有「太原以北諸軍」乃至「天兵軍」之名。據《唐會要‧節度使‧河東節度使》條之天兵軍目，載述天兵軍之沿革云：

> 天兵軍，聖曆二年四月置，大足元年五月十八日廢；長安元年八月又置，景雲元年又廢；開元五年六月二十四日張嘉貞又置，十一年三月四日改爲太原已北諸軍節度使。

是則薛訥與郭虔瓘充使之時，洽值天兵軍第二次罷廢之時期也。按：所謂太原已北諸軍，同條載有高祖武德中所置的岢嵐軍，高宗調露二年的大武軍——即大同軍（後又改號神武軍、平狄軍）、橫野軍（後改號大德軍），以及武后聖曆二年的天兵軍等四軍。天兵軍是爲了討伐一再入侵內地的吐厥而編置，故其前身是天兵道行軍，爲特大的超級軍，且有行軍事畢即撤的特性，以故曾經三次廢置。又由於突厥太強，以故天兵道行軍不得不將部分軍隊留駐，而留駐部隊駐於太原城內，當第三次重置時，指揮官職稱爲「天兵軍大使」，遂取代了郭虔瓘所充任的「節度和戎、大武、并州之北等軍」之使號，以後遂例由并州長史兼充。至於原駐於朔州的大武軍，則於開元十二年改名大同軍，和戎軍則情況不詳，或許已撤銷了軍號。因此，《唐會要》所謂的「開元十一年以前稱天兵軍節度」殆即有誤，令人會產生此前是否尚有其他使名的疑惑。

揆諸史傳，唐初對北狄派遣行軍，頗常以定襄道或朔州道爲名，蓋唐朝太原以北雲州、朔州之地乃是舊定襄之地也。及至高宗調露元年（679）突厥阿史德溫傅反，單于都護府管內二十四州並叛應之，有眾數十萬，擊敗都護蕭嗣業之軍。於是詔令禮部尚書兼檢校右衛大將軍裴行儉爲定襄道行軍大總管以討之，史謂行儉直屬「部兵十八萬，并西軍程務挺、東軍李文暕等總三十餘萬，連亙數千里，並受行儉節度。唐世出師之盛，未之有也」。〔註104〕不過此紀錄卻被其後的天兵道行軍所突破。

武后聖曆元年（698）八月，突厥雄主默啜統率十萬騎大入，連敗靜難、平狄、清夷等軍，入圍嬀、檀二州。武后乃以司屬（宗正）卿武重規爲天兵

〔註104〕詳《舊唐書‧裴行儉列傳》，卷八十四，頁2804。

中道大總管，右武衛將軍沙吒忠義爲天兵西道總管，幽州都督張仁愿爲天兵東道總管，將兵三十萬以討突厥默啜；又以左羽林衛大將軍閻敬容爲天兵西道後軍總管，將兵十五萬爲後援。是則不計稍後又編建，準備第二波增援的河北道行軍，已共有四十五萬人之多，可謂空前。至於所謂天兵，實指「天子之兵」而言，〔註105〕武后蓋用「天兵」大號以威懾突厥也。

由於默啜仍然挺進，連破蔚州、定州，圍趙州，進攻相州（今安陽市），逼近東都。因此武后詔令剛復皇太子位的中宗爲河北道行軍元帥、宰相狄仁傑爲副元帥，募兵北討。未行，默啜聞之，取趙、定所掠男女八九萬悉阬之，出五回道而去，所過人畜、金幣、子女盡剽有之，諸將皆顧望不敢戰，獨狄仁傑以兵追之，不及而還。此役，河北、河東兩道諸軍州先後被各個擊破，連「近程防禦、本土決戰」的戰略也幾乎毀敗，反映了諸軍州平時上無統一指揮體制的重大缺點。於是事後乃有「河南、北置武騎團以備突厥」──殆即後來「團練」兵之濫觴，以及「天兵軍大總管」、「天兵軍大使」的創置。〔註106〕

根據《新唐書・突厥列傳上》的記載，此役之後突厥：

> 歲入邊，戍兵不得休，乃高選魏元忠檢校并州長史爲天兵軍大總管，婁師德副之，按屯以待。又徙元忠靈武道行軍大總管，備虜。默啜剽隴右牧馬萬匹去，俄復盜邊，詔安北大都護相王（即未復位的睿宗）爲天兵道大元帥，率并州長史武攸宜、夏州都督薛訥與元忠擊虜，兵未出，默啜去。

> 明年（聖曆二年），寇鹽、夏，掠羊馬十萬，攻石嶺，遂圍并州。以雍州長史薛季昶爲持節山東防禦大使，節度滄、瀛、幽、易、恆、定、嬀、檀、平等九州之軍，以瀛州都督張仁亶統諸州及清夷、障塞軍之兵，與季昶掎角，又以相王爲安北道行軍元帥，監諸將，王留不行。虜入代、忻，仍殺略。

按：薛季昶之爲「持節山東防禦大使，節度滄、瀛、幽、易、恆、定、嬀、檀、平等九州之軍」，蓋與天兵軍節度關係不大，但卻是介於防禦與節度之間的指揮官，殆如後來薛訥之充隴右防禦大使，或爲後來「防禦軍」之濫觴，

〔註105〕見《通鑑》唐憲宗元和七年八月條胡注，卷二三八，頁7692。
〔註106〕兩《唐書》及《通鑑》是年八、九月條所載此役略同，置武騎團則見於《通鑑》聖曆二年正月條。

故《通鑑》聖曆二年三月條載謂：「突厥寇鹽、夏二州。三月……寇并州。以雍州長史薛季昶攝右臺大夫，充山東防禦軍大使，滄、瀛、幽、易，恆、定等州諸軍皆受季昶節度。夏，四月，以幽州刺史張仁愿專知幽、平、媯、檀防禦，仍與季昶相知，以拒突厥。」不過，突厥的再入侵，是導至武后詔令剛拜相的魏元忠「檢校并州長史、天兵軍大總管」，以及調隴右諸軍大使婁師德爲天兵軍副大總管，仍充隴右諸軍大使，以備突厥的原因。〔註107〕同年八月婁師德卒，翌年魏元忠調爲隴右諸軍大總管，率隴右諸軍州大使唐休璟討伐吐蕃，事畢後改調爲其他道的大總管以備突厥。顯見在聖曆元年第一次編組「天兵道」行軍之後，翌年四月即建置留駐的「天兵軍」。天兵軍正、副指揮官之職稱爲天兵軍正、副大總管，留駐兵力不詳，其戰略任務爲「按屯以待」，亦即執行「近程防禦、本土決戰」的戰略也。及至婁師德卒後、魏元忠他調，天兵軍進入第一次罷廢期，然而尋因突厥來掠奪隴右諸監牧馬並寇邊，以故武后第二次編組天兵道行軍，詔命相王爲天兵道行軍元帥，至睿宗景雲元年（710）又廢。

復按；天兵道行軍原爲征伐派遣軍，鑒於吐厥太強，不時來犯，故而留駐一部分軍隊以編爲天兵軍。天兵軍「按屯以待」執行「近程防禦、本土決戰」的戰略，固是爲了防衛河東之地，但更重要的是執行「掎角朔方，以禦北狄」，〔註108〕即協同朔方軍與吐厥作戰也。正因天兵軍須守住側翼以協同朔方軍作戰，讓朔方軍能正面馳突，確保關中安全，以故朔方軍之防禦性攻勢作戰若順利而奏效，即能減輕天兵軍的壓力。史載中宗神龍三年（707），突厥入寇，朔方軍總管沙吒忠義戰敗，詔令左屯衛大將軍兼檢校洛州長史張仁愿往代忠義統眾。仁愿至軍，大破突厥。舊本傳遂載云：

> 先，朔方軍北與突厥以河爲界，河北岸有拂雲神祠，突厥將入寇，必先詣祠祭酹求福，因牧馬料兵而後渡河。時突厥默啜盡眾西擊突騎施娑葛，仁愿請乘虛奪取漠南之地，於河北築三受降城，首尾相應，以絕其南寇之路。太子少師唐休璟以爲兩漢已來，皆北守黃河，今於寇境築城，恐勞人費功，終爲賊虜所有，建議以爲不便。仁愿固請不已，中宗竟從之。

〔註107〕 舊魏元忠傳失載其爲「天兵軍大總管」之職，新本傳及《通鑑》聖曆二年四月條有之：婁師德則於同年八月卒，而舊本傳謂其爲天兵軍大總管則蓋誤。

〔註108〕 見《舊唐書・地理志一・河東節度使》條，卷三十八，頁 1386。《通鑑》玄宗天寶元年所載十節度之河東節度使條相同。

仁愿表留年滿鎮兵以助其功。……役者盡力，六旬而三城俱就。以拂雲祠為中城，與東、西兩城相去各四百餘里，皆據津濟，遙相應接，北拓地三百餘里，於牛頭朝那山北置烽候一千八百所。自是突厥不得度山放牧，朔方無復寇掠，減鎮兵數萬人。

仁愿初建三城，不置壅門及曲敵、戰格之具。或問曰：「此邊城禦賊之所，不為守備，何也？」仁愿曰：「兵貴在攻取，不宜退守。寇若至此，即當併力出戰，迴顧望城，猶須斬之，何用守備，生其退惡之心也！」

此即唐朝軍事史上著名的、於寇境所築的三受降城，是張仁愿採取防禦性攻勢作為，履行「遠程防禦、國外決戰」戰略的效果，因而使到唐朝取得「自是突厥不得度山放牧，朔方無復寇掠，減鎮兵數萬人」之戰略利益。此戰略利益天兵軍也得到分享，以故亦隨之裁減兵力，由征伐轉而以守邊為務。

因此，降至開元四年（716），默啜因西征西突厥而被其所統治的九姓胡部落襲殺，引發突厥政變內亂，當時的并州長史張嘉貞為之上言：「突厥九姓新降者，散居太原以北，請宿重兵以鎮之。」遂置天兵軍於并州，集兵八萬，以嘉貞為「天兵軍大使」。〔註109〕此事蓋即上述《唐會要》所載的「開元五年六月二十四日張嘉貞又置」者也，只是繫年有差異。或許嘉貞在四年七月提出，而朝廷至五年七月才復置。〔註110〕至此，河東節度遂由聖曆元年的「天兵道行軍大總管（或元帥）」，改為聖曆二年留駐的「天兵軍大總管」，再改建為「天兵軍大使」，始成為常制的邊防軍鎮，但仍無節度之名。

張嘉貞以并州大都督府長史充天兵軍大使，任至開元八年正月入為中書侍郎同平章事，繼任者為張說。期間於開元六年二月，詔令「移蔚州橫野軍於山北，屯兵三萬，為九姓之援；以拔曳固都督頡質略、同羅都督毗伽末啜、霫都督比言，回紇都督夷健頡利發、僕固都督曳勒歌等各出騎兵為（天兵）前、後、左、右軍討擊大使，皆受天兵軍節度。有所討捕，量宜追集；無事各歸部落營生，仍常加存撫」。〔註111〕可以概見其時河東道太原以北重兵鎮守、以胡制胡的節度體制。蓋天兵軍大使為特大的超級軍大使，以故逕以本軍軍號，作為太原以北蕃、漢諸軍的節度，其任命方式與河西、隴右二節度

〔註109〕見《通鑑》玄宗開元四年七月條，卷二一一，頁6728。兩《唐書》本傳略同。
〔註110〕《冊府元龜‧外臣部‧備禦五》開元五年七月辛酉條載有〈并州置天兵軍制〉，從之。
〔註111〕見《通鑑》是年月條。卷二一二，頁6732。

以戰區命名的方式不同。

根據舊張說傳，張說早在景雲二年已拜相，一度出爲相州刺史，至開元七年以右羽林將軍・檢校并州大都督府長史，兼天兵軍大使；九年九月，復入爲兵部尙書同三品。明年，奉敕爲朔方軍節度大使，往巡五城，處置兵馬。是則開元七年張說兼天兵軍大使時仍無節度之名，至九年復入爲兵部尙書同三品時，諸書已稱其銜爲「天兵軍節度大使」或「天兵軍節度使」。〔註112〕

此次張說以朔方軍節度大使往巡五城，處置兵馬，又繼張仁愿之後策畫了一個重要的戰略措施。舊本傳載其討擒朔方一些叛胡之後，「於是移河曲六州殘胡五萬餘口配許、汝、唐、鄧、仙、豫等州，始空河南朔方千里之地」，使到關中安全更加無虞。爲此，張說進一步推動大裁兵政策，並對中央軍予以大改革。舊本傳復載云：

> 先是，緣邊鎮兵常六十餘萬，說以時無強寇，不假師眾，奏罷二十餘萬，勒還營農。玄宗頗以爲疑，說奏曰：「臣久在疆場，具悉邊事，軍將但欲自衛及雜使營私。若禦敵制勝，不在多擁閑冗，以妨農務。陛下若以爲疑，臣請以闔門百口爲保。以陛下之明，四夷畏伏，必不慮減兵而招寇也。」上乃從之。

> 時，當番衛士，浸以貧弱，逃亡略盡。說又建策，請一切罷之，別召募強壯，令其宿衛，不簡色役，優爲條例，逋逃者必爭來應募。上從之。旬日，得精兵一十三萬人，分繫諸衛，更番上下，以實京師，其後彍騎是也。

按：徵兵的府兵制崩壞，谷霽光之《府兵制度考釋》已有詳論，此處毋庸再贅。大抵上，中央諸衛簡募精兵十三萬人以實京師，緣邊鎮兵裁減二十餘萬，當然河東道也一併受惠，構想原不算太壞，只是中央軍與邊鎮兵的兵力比約爲1：4，形成內輕外重的戰略態勢。則是大違唐初以來的「固本國策」，遂伏下了後來安史之亂的成因之一。

無論如何，據《新唐書・方鎮表二》北都列，謂開元八年「更天兵軍大使爲天兵軍節度使」；九年「更天兵軍節度爲太原府以北諸軍州節度、河東道支度營田使兼北都留守，領太原及遼、石、嵐、汾、代、忻、朔、蔚、雲九

〔註112〕《新唐書・玄宗本紀》開元九年九月條稱其爲天兵軍節度大使，同書〈宰相表中〉及兩《唐書・王毛仲列傳》皆稱其爲天兵軍節度使；但《通鑑》卻早在開元七年六月條已稱其爲「天兵（軍）節度大使」（卷二一二，頁6740），蓋因追記而致誤歟。

州，治太原」；十八年「更太原府以北諸軍州節度爲河東節度」。是則張說於開元七年兼天兵軍大使時的確尚無節度之稱，翌年已稱天兵軍節度使或大使，觀其他節度當時多稱爲大使，故應爲天兵軍節度大使；不過張說於九年九月復相時，天兵軍節度大使仍未改名爲太原以北諸軍州節度使，是以歐陽修之說不免令人起疑，尤其不悉何者才是河東節度「名官」之始。

據《唐會要・節度使・河東節度使》條所載，除了謂開元十八年以河東節度爲定額，一致可信之外，其餘亦頗有可疑之處。如其中《新唐書・方鎮表二》謂開元九年「更天兵軍節度爲太原府以北諸軍州節度」，而《唐會要・節度使・河東節度使》條則謂開元十一年三月四日，將天兵軍節度「改爲太原以北諸軍節度」，二說尤難遽定孰是。按：《唐會要・節度使》類書寫時與事常有令人質疑的問題，如其〈朔方節度使〉條引「開元元年十月六日勑：朔方行軍大總管宜准諸道例，改爲朔方節度使」，恐怕即令人不得不疑，因爲開元元年以前，僅河西、磧西兩道才有「節度使」之名，連幽州也不過僅有「節度」的實稱而已。本文前註一〇三曾引〈王晙朔方道行軍總管制〉，稱其於開元二年二月五日充任此職時，「豐安、定遠、三城等軍及側近州軍，宜依舊例並受晙節制」。所謂「舊例」一詞不詳何例，即使朔方道行軍總管先前縱有節度豐安、定遠、三城等軍及側近州軍之實，但仍不可能在開元元年十月六日奉勑改名爲「朔方節度使」，否則翌年爲何不逕授王晙爲「朔方節度使」？是則所謂諸道例何「准」之有，僅准河西、磧西兩道，或僅准河西一道歟？〔註113〕

《通鑑》似亦犯同樣的錯誤，謂玄宗開元十一年二月己巳，「罷天兵、大武等軍，以大同軍爲太原以北節度使，領太原、遼、石、嵐、汾、代、忻、朔、蔚、雲十州」云；然而同書於天寶元年正月條載十節度時，仍明謂「河東節度與朔方掎角以禦突厥，統天兵、大同、橫野、岢嵐四軍」，而《通典・州郡二・序目下》與《舊唐書・地理一》河東節度使條亦然，是則大武等軍何「罷」之有？又，據《唐會要・節度使・河東節度使》條大同軍目，謂大同軍本爲大武軍，大武軍須至開元十二年三月始改爲大同軍，是則開元十一年二月又如何能「以大同軍爲太原以北節度使」？史載欠詳，徒增費解而已。

總之，河東節度由武后時的「天兵道行軍大總管」轉變而成，聖曆二年

〔註113〕《唐會要・節度使・安西四鎮節度使》條謂「開元十二年以後，或稱磧西節度使，或稱四鎮節度使」，是則磧西節度要更晚才置，與諸書所載異。見卷七十八，頁 1429。

部分行軍留駐而變爲「天兵軍大總管」。此職與薛訥之爲涼州鎮軍大總管相類似，性質介於行軍指戰以及軍區防禦之間。至於〈方鎮表二〉謂景雲二年，「北都長史領持節和戎、大武等諸軍州節度使」，但史傳皆未見充任者的人選。及至玄宗先天元年三月，薛訥由幽州都督徙爲并州大都督府長史，兼充「和戎‧大武等軍州節度大使」；以及郭虔瓘於開元三年爲朔州鎮軍大總管，「節度和戎、大武、并州之北等軍」，於是乃有節度太原以北諸軍州之實而仍無其名。又降至開元五年張嘉貞奏置「天兵軍大使」，兵額八萬，天兵軍始成爲常制的軍鎮。其後開元八年，正式頒授「天兵軍節度大使」之號，始成爲正式節度使之一。其實降至九年或十一年，「更天兵軍節度爲太原府以北諸軍州節度、河東道支度營田使兼北都留守，領太原及遼、石、嵐、汾、代、忻、朔、蔚、雲九州，治太原」時，使額已定，亦即用之以名官；只是在十八年時改稱爲「河東節度」，以後遂至唐亡而不再改變罷了。由此觀之，河東節度發展的史源，與河西節度一樣長遠，演變軌跡亦頗相似，皆自武后聖曆年間開始。不過，河西有「節度」之名早於河東，正式用「節度使」以「名官」，河西也早於河東，至於謂景雲二年創置「北都長史領持節和戎、大武等諸軍州節度使」一職，恐怕不可輕信，除非是此年已創置使額，但因出現無其人而不置的情況，則另作罷論。

至此可知，唐朝節度使各有其發展的歷史淵源，從史源角度看，各節度使的發展時間長短不一，在其正式「名官」之前，已出現過無其名而有其實的發展階段，只是被史書記下多少各不同而已，甚至有些名稱很難令人馬上聯想到其即是某節度使的前身職稱，如某某道行軍鎮守大使、某某道大總管、某某軍大總管、某某地鎮軍大總管、某某地諸軍大使、某某地諸軍州大使、某某軍大使等均是也。因此，執論何者最早名官，除了在制度學上具有「必也正名乎」的意義外，其他略無特殊意義。武后曾於大足元年（701，即長安元年）五月六日，下勅規範諸軍指揮官攜帶家人傳乘赴任的人數云：

> 勅：諸軍節度大使聽將家口八人，副大使六人；萬人已上鎮軍
> 大使四人，副使三人；五千人已上大使三人，副使二人，並給傳乘。

按：此時期正是突厥、吐蕃西二蕃以及契丹、奚東兩蕃交侵中國最猛烈而又頻繁的年代，揆諸文獻，此年代尚未以「節度使」名官，甚至連有其實而無其名的諸軍「節度」指揮官也絕無僅有，有的則是某某鎮軍（或鎮守）大使、某某軍大使等名稱而已，而以某某大總管之稱號較多見，是則武后之「勅諸軍節度

大使」，豈非白日見鬼乎？然而相反言之，則知其所勅之諸軍節度大使，蓋即指此類某某軍大使、某某地諸軍大使、某某地諸軍州大使等，已具有使節性質，而本文稱之爲超級軍大使的領兵出征或鎮守者而言。前揭武后時魏元忠以宰相身分充任隴右諸軍大總管，統領隴右諸軍大使唐休璟等部征戰；玄宗初姚崇以宰相身分充任靈武道行軍大總管，「管內諸軍咸受節度」等，皆是其例也。是則在朝廷的勅令中，將此等具有使節性質的超級軍大使稱爲節度大使，蓋良有日矣。由此而論，執謂何道節度使名官最早，的確甚爲無謂。

七、結　論

唐高祖據有關中之後，以統一中國作爲其開國戰略的核心，基本上並無餘力經略外患；不過，唐朝自開國之初，東突厥即已成爲其大患。因此，唐高祖是一邊建國，一邊以東突厥爲第一假想敵而防制之，是以平定薛舉及李軌之後，遂於河隴之地設置赤水、玉門、墨離等軍。諸軍之設置，實有意取代傳統日漸式微的鎮戍制度，一方面爲加強兵力藉以鎮撫此民族複雜之地，另一方面則是用以防禦東突厥、吐谷渾等外患，以免東向爭天下時有後顧之憂。武德中，天下略定，高祖始有解決東突厥，確保國家安全之意，是以乃有西聯西突厥，整訓十二軍，以圖大舉擊敵的大戰略構想，其後頗爲唐太宗所繼承。

及至貞觀四年，唐太宗落實大舉擊敵的戰略而滅亡東突厥，此時尙未有「遠程防禦、國外決戰」的大戰略構想，即使其後因處理外交問題，欲扮演國際警察，東征高麗、北伐延陀時亦然，此與府兵制原爲「近程防禦、本土決戰」的戰略構想而設計，而不適用於「遠程防禦、國外決戰」的大戰略，有著密切的關係，因此朝廷才會有長期的國策抉擇辯論。然而，唐朝既欲恢復天朝上國的地位，要扮演國際警察，則勢須以國力，尤其以軍力爲後盾，否則不易致之。此爲唐太宗在內政上「偃革興文，布德施惠」之餘，必須修改其原有的國防軍事體制，以實施遠防外決的戰略，始然後才能收「耀兵振武，懾服四夷」之效，而達成國家戰略的目標。所謂修改原有的國防軍事體制，即是在府兵常制之外，創立都護體系，以及推廣軍鎮新邊防體系，此即日後節度體制創置的遠因。高宗、武后之世，在國內言是天下久不用兵，但在國外言則反是，常是主動或被動用兵，此背景即爲促成節度體制創置的近因。

　　概括來說，唐朝因外患邊疆動亂而經常出師，但從薛仁貴第一次大非川之役而唐軍被殲，乃是一個巨大的警訊，即屢屢勞師遠征，不論勝負皆不能徹底解決問題，除非有絕對實力平滅其國。

　　之後，不論二流小國，即使為患最烈者，如吐蕃與唐接境，時和時戰，採用蠶食方式以威脅唐朝本土，甚至與西突厥聯手攻陷安西四鎮；東突厥復國後亦然，只是常採用突發性攻擊，甚至內侵至相州，逼近東都。此情勢在在說明了縱使沿邊普置諸軍，乃至一再行軍遠征，皆不足以保境安民的事實。保衛國家安全的方策，莫如於沿邊諸軍普置重兵，而又在其上設置統一指揮官，俾其有獨立作戰的能力，始能收「遠程防禦、國外決戰」之效。自武后至玄宗，即為此而調整其軍事戰略，創置沿邊戰區的統一指揮官。武后至中宗朝，此統一指揮官的職稱通常為某地大總管、某地諸軍大總管、某地鎮軍大總管、某地諸軍州大使、某（超級）軍大使等等，皆有節度附近州軍的大權，具有獨立作戰的能力，雖未以「節度」名官，但卻漸有「節度大使」之稱。

　　要之，唐制在新型軍鎮之上設置的節度體制，最初創置時厥以軍事為主，由戰區而軍區化，為常駐邊疆乃至外國的攻防兼備新軍制，是近沿隋朝甚至遠承漢魏漸變而成的「創制」。軍區管內之兵，有軍、鎮、城、守捉等名，各有軍號，主官各以「使」為名，因為他們原是奉使行兵而常駐於此的中央派遣部隊也。他們所轄兵力大小不一，大者數千數萬人，小者數百人，只是軍鎮為一級單位，城、守捉則是二級單位，而城、守捉也有獨立於軍而直隸於大總管或軍大使者，如三受降城的城使即是其例。這些管區內配置的諸單位屬兵，即是後來「節度使之兵」。

　　所謂「節度使」，是區別文武官總統軍隊的性質而言。《大唐六典・兵部尚書・兵部郎中》條敘述當時「天下之節度使有八」時云：「文武官總統者則曰總管，以奉使言之則曰節度使。」蓋謂文武官總統軍隊是差遣職，而節度使則是奉使的使職也。至於都督與節度使的差別，則是前者為唐朝外職事官體系中最高級的文職事官，管理督區內的軍政事務，督區範圍較小，並依魏晉以來慣例例加「使持節」；節度使則以統軍指戰為主，管區範圍大，為代表天子掌握此區軍令權的使節，故唐制常以「持節」為稱，而以「使」為名，既不屬於文或武官的系統，也可得由文或武官充任，是「外任之重無比焉」的重職。

　　按：「節度」一詞的意義，在軍事上有指揮、管制之義，即節制調度是也，

獲此軍事授權方得爲節度使。是知單就「節度」一詞而言，此名既非差遣之名，也非使職之稱，而是指對軍隊節制調度之軍令授權，其軍事術語及用法，經南北朝以至隋唐無變。因此，「節度授權」是節度使的第一必要條件，不管其本官是否爲都督或大都督，只要獲此授權的文或武官即是；其次，「加旌節」乃是充任節度使的另一必要條件。精確說，只有加旌節而獲得附近軍州節度授權——即軍事管制指揮授權——的軍事使節才是節度使。

節度使的前身職稱已如前述，由此可知，節度使的創置，與特定戰區之內，軍鎮守捉分散部署，上無統一指揮的軍事態勢有關；換言之，節度使當初的創置，僅是爲了在諸軍鎮之上設置一員行使統一指揮權的超級軍大使而已，單純是爲了解決邊地諸軍鎮的統一指揮問題，與後來常命其使兼充支度營田採訪觀察等使，兼掌管內財經以及行政等權無關。也由此可知，節度使的創置，與「景雲二年，分天下郡縣，置二十四都督府以統之。議者以權重不便，尋亦罷之」之事必有相關，因爲都督是最高級的外職事文官，法定握有地方行政權及軍政權，若將全國分爲二十四個都督府，則地方行政權之大可想而知；若又授之以督區內的軍令權，此則對中央更是「權重不便」，大違唐初以來強幹弱枝的「固本國策」，遠不如設置單純掌管軍令權的節度使爲便。故節度體制的施行，當與擱置二十四都督府構想之事有關，或許節度使的創置即是其替代物。只是降至開元年間，統一將此等超級軍大使定稱爲節度使，所管地區由不固定的戰區性質定型爲固定的軍區——節度區，俾能獨當方面，長期執行「遠程防禦、國外決戰」的戰略，用以取代事畢即撤，而在戰略上較爲被動的行軍體制，於是遂形成了初期的開元八節度。

至此，需要再作總結的是，所謂節度使的「名官」究竟指何？河西節度使賀拔延嗣與幽州鎮守經略節度大使薛訥，究竟何者成立最早？

筆者以爲，所謂「猶未以名官」也者，當指猶未作正式官名用——未直接以「節度使」一名概稱其使的全部官銜——亦即是指這些文武官既擁持旌節，又獲節度授權，以奉使性質出充軍鎮大使，而其官銜尚未明書其爲「某地節度使」而已。此事當與「某地節度使」之使額何時定置有關，因爲定額之後，乃可自此「名官」而不變也。其實某地「節度大使」之名，最晚不致遲於武后時已在公文書中應用，只是各地節度大使使額確定則時間不一，因而欲確定何者方爲最早正式成立的「某地節度使」，遂爲學者執著「循名而責實」及「必也正名乎」之旨所爭論，但與制度的形成乃至確立，並無甚大的

關係也。蓋「某地節度使」是指此使被授權指揮管內所有諸軍而言，不同於未有固定管區的初創期諸「節度大使」只能明確指定其節度甲、乙、丙等軍而已；加上諸「節度大使」又常被兼授權充領鎮守、經略等職，是以命名方式前後互異。假如將「節度大使」此類複合職稱刪去，如薛訥之「幽州鎮守、經略、節度大使」去其所兼鎮守、經略等號，則即為單純的幽州節度大使也。

又按，大軍指揮官不論其為行軍大總管、諸軍大使或節度大使，指揮總部皆常因戰區的軍事情勢而遷移，但仍以交通便利、人文薈聚之處為首選；及至戰區固定化而為軍區，則指揮總部乃至統帥職稱，也必然會隨之固定化。因此，以中央文武官臨時出充的軍鎮大使，原本未必兼任其戰區內的某都督，但是隨著戰區軍區化，並固定以節度使為名，是以遂依首選的原則選定使府所在之地。由於這些地點常為都督府治所，以故後來日益以該地都督兼充為使，或節度使領帶該地都督，因而遂形成了「都督帶使持節者始謂之節度使」的深刻印象。又，史書在使名之前，常有不寫其人全銜之例，而朝廷用人也常依有其人則置、無其人則不置的原則，因此要堅持確認何者始為名官最早的節度使，蓋甚無謂也。

蓋大軍指揮官實質「節度」戰區作戰，高宗以來即然，至於將此類大軍指揮官在公文書上稱之為「節度大使」，則武后以來即是如此。經筆者研究，河西諸軍節度正式以「河西節度使」名官，殆不能晚於開元二年七月的郭虔瓘充使，只是賀拔延嗣是否真有其人，其充河西節度使究竟始於景雲元年十二月抑或景雲二年四月，已無徵可考；然據現有文獻分析而言，則河西節度使使額的定置——也就是「名官」——殆早於幽州節度使；但是河西有「節度」指揮使職的出現，卻不會早於景雲元年十月之薛訥充幽州節度。此所以《通鑑》於景雲元年（710）十月丁酉載「以幽州鎮守經略節度大使薛訥為左武衛大將軍兼幽州都督」，同年十二月條又載「置河西節度、支度、營田等使」，復於開元二年謂「是歲，置幽州節度、經略、鎮守大使」，蓋示幽州、河西節度使的使額是年始確定，並非書法錯亂也。

值得注意的是，上文分析過磧西節度使，據《新唐書‧吐厥列傳下》謂阿史那獻在長安四年以後的「未幾」，被武后擢為磧西節度使，是則磧西節度使似是繼幽州、河西之後而創置。不過，長安四年至景雲元年或二年僅隔六、七年，是以「未幾」就在此六、七年間的何時就很難說。按邏輯磧西原本屬於河西節度道，故應先創置河西節度使，然後才析置磧西節度使；然而歷史

的發展往往並不如是，例如河西原本屬於隴右道，但是河西節度使卻較隴右節度使而先創置，即為一個極明顯的例證。盡管《新唐書‧方鎮表四》載謂玄宗先天元年「北庭都護領伊西節度等使」，但卻並不表示此年始創置此使，因此，磧西節度使究竟是早於或晚於幽州、河西二節度使而創置，事實上很難遽定。基於此故，執論最早用以「名官」的是河西節度使，殆是相當莽撞之事，智者所不為。其次，《新唐書‧方鎮表二》謂景雲二年，「北都長史領持節和戎、大武等諸軍州節度使」，此說實不可信。因為河東地區若如此早就創置正式的節度使，則以後開元八年置天兵軍節度使，以及開元九年或十一年更天兵軍節度使為太原以北節度使，乃至開元十八年定額為「河東節度」等諸變革將如何解釋？《新唐書》在同一表中，前後竟然如此矛盾，實在令人難以置信。

根據前文的析論，可知唐朝節度使各有其發展的歷史淵源，只是各節度使的發展時間長短不一，在其正式「名官」之前，已出現過無其名而有其實的發展階段，只是被史書記下多少各有不同罷了。因此，筆者以為，執論何道節度使最早名官，恐怕根據現有文獻再作分析仍甚難確定，而且也無謂，即此之故也。

本文原刊於《簡牘學報》8　1979 修訂並重寫於 2018.4

唐樞密使的創置與早期職掌

一、前　言

　　中書省和樞密院，至宋合稱兩府，世多知之。然而樞密使制度起於唐，其制度之始終、權勢之盛衰，史籍所記多所疏略，近人研究亦頗乏完整與系統，遂使此一重要政制，也是重要軍制，其緣起演變隱晦不明，誠令治唐宋政制及其轉型史者所興嘆。

　　其實樞密使之初創期間，地位已頗爲顯著，只是權勢未盛大，故爲史官所忽略。及至中唐以降，兩樞密使和兩神策軍護軍中尉，一以掌樞務而爲天子耳目，一以掌禁軍而爲天子爪牙，合爲「北司四貴」，權大勢盛，唐人擬於四相。然而相對而言，耳目之聰終不及爪牙之利，是以聲勢上兩樞密常不及兩中尉之著，以故兩《唐書》宦官、宦者列傳中，傳主常載中尉事蹟，原因在此。史官疏忽固如是矣，民間史家筆記雜述，亦未對樞密使給予應有的重視，所以五代兩宋，對樞密使制度在唐的發展，尤其早期情況，所知不多，如《石林燕語》卷七云：

> 樞密使，《唐書》、《五代史》皆不載其創始之因，蓋在唐本宦者之職，唐中世後宦人使名如是者，多殆不勝記，本于係職官輕重，而五代特因唐而名增大之，故史官皆不暇詳考據。《續事始》云：「代宗永泰中以中人董秀管樞密，因置內樞密使。」《續事始》，蜀馮鑑所作也。

馮鑑爲五代人，此時樞密使權勢已極大，如趙翼所云，五代「樞密之任，重於宰相，宰相自此失職，⋯⋯可見當時樞密之權，等於人主」；〔註1〕而此時追述唐制已甚難，則見史料之貧乏也。《舊唐書》、《舊五代史》爲五代人所修，《新唐書》、《新五代史》爲宋人所修，修撰者皆不暇詳考可能是實情，但是無以詳考則可能更近實情。否則，歐陽脩於《新五代史》中極重視此職，乃至於「非宰相、樞密使不書」，〔註2〕然何以竟在《新唐書》官志及列傳中，反而極少論及樞密之職？

　　若謂樞密之職份屬政制，專論典章經制之《三通》，應有詳載。蓋亦不然。杜佑爲中唐名相，生於樞密使創置初期，於德宗貞元十七年（801）上

〔註1〕參趙翼，《廿二史箚記》卷二十二〈五代樞密使之權最重〉條，台北：世界書局，1971年5月六版。
〔註2〕同上書卷二十一〈薛、歐兩史體例不同〉及〈歐史書法謹嚴〉條。

《通典》，其內僅略及監軍使，而對兩中尉、兩樞密曾無一言提及。鄭樵自詡《通志》之「二十略皆臣自有所得」，〔註3〕然於禮樂政刑雖述至唐代，卻仍對中唐以降之四貴官職制度了無論及。降至馬端臨《文獻通考》，四貴官制始有略載，但時代久遠，益無以詳考矣。

　　近人研究唐與五代之樞密使制度，所發表的論文約略相當，〔註4〕而以八十年代發表者較多；可惜唐代諸作，多未能周延完整而有系統地重建此一制度，且對於創置初期尤多疏忽誤解。筆者大學時代曾隨李樹桐先生修習畢業論文，其題目即為《唐代樞密使制度》（1971）。因原稿頗長，以故撮理有關此制初創期之問題，旁參近人諸作，草成此稿，用以探究樞密使何以創置，早期職掌為何，於政制中有何重要性，於君臣間具有何種角色，以及早期人選與實際運作對當時政局有何關係與影響等問題，以待方家之指正，並一抒吾師之思耳！至於附表下及唐亡，蓋因此表於諸作中略較完整，可供後之研究者參考補正，以致不捨罷了，固非欲逾越斷限，效法班孟堅之〈古今人表〉也。

二、樞密使創置的背景

　　樞密使一職在安史之亂後始置，而於昭宣帝天祐二年（905）二月十六日敕令停止，「所司敕歸中書」。〔註5〕按：此敕令表示，樞密使的職掌應與中書有關，揆諸史實的確如此（詳後）。樞密使設置關鍵在代、德、憲三宗之間，此時宰相職掌，亦常以「樞密」為稱，陸贄所撰〈崔造右庶子制〉云：

　　　　宰相之職，允釐百工，時惟仰成，不可廢闕，中散大夫・行給

〔註3〕　參《通志・總序》，杭州：浙江古籍出版社影印，1981.11，下引《三通》同此版本。

〔註4〕　唐代計有矢野主稅〈樞密使設置時間〉及〈唐代樞密使制度的發展〉（《人文社會科學研究報告（長崎）》3，1953.3 及 1954.3），黃良銘〈唐代樞密使及監軍使之研究〉（《台東師專學報》7，1979.4），李鴻賓〈唐代樞密使考略〉（《文獻季刊》1991-2，總第 49 期），王永平〈論樞密使與中晚唐宦官政治〉（《史學月刊》1991-6）等篇。五代計有飛永久〈五代樞密使的側近性〉（《長大史學》1，1958.4），蘇基朗〈五代的樞密院〉（《食貨月刊》10-1，1980.5），李鴻賓〈五代樞密使（院）研究〉（《文獻》1989-2，1989.4），李郁〈五代樞密使和樞密院初探〉（《晉陽學刊》1990-1，1990.1），富田孔明〈五代樞密使に關する二論考の論評〉（《東洋史苑》33，平成元年三月）等篇。

〔註5〕　此敕見《唐會要》（台北：世界書局，1968.11 月 3 版）卷十九〈諸使下・諸使雜錄〉該年月條，頁 1454～1455。

> 事中‧同平章事……崔造，頃居掖垣，參掌樞密，總領繁重，積勞
> 疹深，亦既優賢，次之長告，……俾遂頤養，可太子右庶子，勳賜
> 如故。〔註6〕

是則宰相乃「參掌樞密」的官職。至如權德輿爲中書門下草狀，稱「臣忝跡
樞密，親承聖渥」等言，〔註7〕凡此皆可爲證。「樞密」兩字究指何事，請容
後論，這裏首先要確定的事，是依照當時使職命名慣例，樞密使應是差遣處
理樞密之使，皇帝爲何設置此一被人視爲干預相權，甚至掠奪相權的使司？
其次，爲何樞密使例由宦官充任？這些問題皆需優先探討。

　　隋朝及唐朝前期，政府機關通常依律令建制而運作，其後則常以制敕改
變之，君相得因時因地因人因事，差遣他官處理事務，而漸奪律令機關的職
權，致其法定官長淪爲閑冗，筆者稱此現象過程爲政制之柔性化，意指律令
下較剛性的體制，依敕令隨機而置，轉化爲較柔性之體制。〔註8〕此種變化趨
勢，至代宗朝已甚明顯，《唐語林》卷五〈補遺〉云：

> 開元以前，有事於外則命使臣，否則止罷。自置八節度、十採
> 訪，始有坐而爲使者。其後名號益廣，大抵生于置兵，盛于興利，
> 普于銜命，于是爲使則重，爲官則輕。故天下佩印有至四十者，大
> 歷（代宗，766～779）中，請俸有至百萬者。在朝有太清宮、太微
> 宮、度支、鹽鐵、轉運……，宦官內外悉謂之使，舊爲權臣所綰、
> 州縣所理，後屬中人者有之。

使司林立，漸奪政府法定機關之職權，而宦官又隨勢漸奪政府之職權，以成
北司，此正是代宗——始置樞密使的皇帝——時代已明顯的趨勢。樞密使漸
漸奪得的樞密職權，也正是「舊爲權臣所綰，……後屬中人者」之一例。

　　宦官隸屬於內侍省。內侍省是唐制六個省級機關中地位之最低者，長官
官稱爲內侍，官品僅是從四品上而已，「職掌在內侍奉，出入宮掖宣傳之事」，
唐初編制約三百七十三員以上。〔註9〕但是，內侍省人數卻不斷膨脹，玄宗

〔註6〕　參《陸宣公奏議》（臺北：臺灣中華書局，1980.10 台三版）卷七，頁 6A。
〔註7〕　見《全唐文》（台北：大通書局，1979.7 四版）卷四八五，權德輿〈中書門下
　　　　謝御製九月十八日賜百官追賞因示所懷詩狀〉，頁 6272。
〔註8〕　請詳拙著《隋唐代中央權力結構及其演進》（臺北：東大圖書公司，民國 84.2）
　　　　第四章。
〔註9〕　六省即尚書、門下、中書、秘書、殿中、內侍六省，除尚書及內侍省長官外，
　　　　其他四省長官皆第三品，其組織編制見《舊唐書》卷四四〈職官志〉。王壽
　　　　南《唐代宦官權勢之研究》（台北：正中書局，1971.12 台初版）謂合計五百

時已超過四千人，德宗貞元十五年（799 年）已達四千六百一十八人，為唐初的十二倍強。這就是宦官有足夠人力派出差遣，漸奪南司政府之權，而形成北司宦官集團的原因。

人事膨脹的過程中，宦官權位也不斷地提高。《唐會要》卷六十五〈內侍省〉，對樞密使成立早期有扼要之記述云：

> 貞觀（627～649）中，太宗定制，內侍省不置三品官，內侍是長官，階四品，其職但在閣門守禦，黃衣廩食而已。則天稱制二十年（681～704），差增員數。神龍（中宗，705～706）中，宦官三千人，超授七品以上員外官者千餘人。元（玄）宗在位（712～756），中官稍稍稱旨者，即授三品左、右監門將軍，……及李輔國從幸靈武，程元振翼衛代宗，遂至守三公，封王爵，干預國政。郭子儀北伐，遂立觀軍容宣慰使，命魚朝恩為之，然自有統帥，亦監領而已。
>
> 貞元（德宗，785～805）以後，天子爪牙之士，悉命統之。於是畜養假子、傳襲爵土，跋扈之兆，萌于茲矣。

《唐會要》載述扼要，這裡必須稍做補充：第一、內侍省編制膨脹以及權位擴張約從高宗、武后時代開始，而由中宗至玄宗時代加速，下面情況即可為證。按：唐制三品大臣衣紫，而宦官衣紫則出現於此時。例如高宗時宦官張阿難以銀青光祿大夫・行內侍任從三品之監門將軍，中宗時正三品的左監門大將軍兼內侍薛簡等宦官，因得寵於安樂公主而專橫用事，玄宗時大閹楊思勗、高力士等亦皆為三品監門將軍、大將軍。〔註 10〕「監門將軍之職，掌宮禁門籍之法」，是十二衛之一，〔註 11〕原本職掌「閣門守禦」的宦官，此時因天子之信任而擔任此三品武職，負責宮禁之安全，雖已突破國初的制度，但

三十七員（頁 15），乃後來加入內坊局之編制。筆者所謂三百七十三員以上，蓋其所屬的宮闈局有內給使，無常員，故全省編制肯定在此數字以上。

〔註10〕 張阿難官職詳高宗咸亨二年所立之〈大唐故將軍張公之碑〉（收入《石刻史料新編》之《金石萃編》（台北：新文豐出版公司，1982）卷五十八，頁 2～6。薛簡等事詳《通鑑》（台北：宏業書局新校標點本，1972）卷二○八中宗景龍元年九月條，頁 6617。又《金石萃編》所收〈吳文碑〉，知吳文也曾於中宗時以鎮軍大將軍・行右監門衛大將軍（卷七三，頁 18）；至於〈高力士殘碑〉（卷一百，頁 23～26）稱其歷官五十餘年，累遷冠軍、鎮軍、輔國、驃騎大將軍，開府儀同三司等，皆已是一、二品之散官，更可補本傳之不足。

〔註11〕 詳參《舊唐書》（臺北：鼎文書局新校標點本，民國 72.12 四版，下引正史同此）卷四十四，〈職官三・左右監門衛〉條，頁 1902。

似乎也未爲太過；只是玄宗時「黃衣以上三千人，衣朱紫千餘人」，則未免太濫。〔註12〕宦官高品人數日多，漸侵他官之職務，必然有助於權勢的提升擴大，而使其本機關的地位亦得以隨之提高，以故天寶十三載（755）——安史之亂前一年，玄宗遂在內侍之上加置兩員內侍監，爲正三品，使與門下、中書兩省長官之品秩相齊。這是宦官集團及機關的重要進展。

第二、內侍省已變成三品職事機關，其長官也是國之大臣級的官員，當然其權力也就不會停留於守禦廩食之初期職權，《舊唐書・宦官列傳序》所謂的國初「至永淳（高宗，682）末，向七十年，權未假於內宮」的狀況就會加速破壞。這種破壞，尤以安史之亂以後爲甚，此即北衙宦官掠奪南衙官職，如前述的李輔國、程元振、魚朝恩等是也。

內侍省爲宮廷服務機關，是政府機關之一，依律令而建置，卻似也無明文不許宦官出任外朝官；但是由於辦公位置與職務性質之差異，故自唐初即有南、北衙之分，如《唐語林》卷一〈言語〉篇曾載述太宗君臣對此之認知云：

> （宰相）房玄齡與高士廉偕行，遇少府少監竇德素，問之曰：「北門近來有何營造？」德素以聞。太宗謂玄齡、士廉曰：「卿但知南衙事，我北門小小營造，何妨卿事？」玄齡等拜謝。魏徵進曰：「臣不解陛下責，亦不解玄齡等謝。既任大臣，即陛下股肱耳目，所營造何容不知。責其訪問官司，臣所不解！……玄齡等所問無罪，而陛下責之，玄齡等不識所守，臣實不喻。」太宗深納之。

此事件表示南、北衙之分際，於太宗君臣的認知中確實有所分別。〔註13〕按：北門即玄武門，若門內之事是王室家事，爲南衙政府所不宜過問，是則反之應亦然，即北衙亦應不宜或不能過問南衙的事務職權，否則將會引起南衙百官之反對。《唐會要》卷六十五〈內侍省〉景龍元年條，記載中宗時宦官人數膨脹之初，袁楚客即向宰相魏元忠提出警告。楚客云：

> 內侍者，給宮掖之事，供埽除之役，上古皆備此職，但以僕隸畜之，豈及於官次！……自大君（中宗）受命，中興成務，獨有閹豎，坐升班秩，既無正闕，多受員外，舉其全數，向滿千人，苟縮

〔註12〕《新唐書・宦者列傳上》，卷二○七，頁5856。

〔註13〕《唐語林》（台北：世界書局，1967.5再版）又載太宗宮人被縣官移舍以讓王珪、李靖住宿之事，太宗怒責縣官「輕我宮人」（卷一，頁14），亦可見太宗時宮中、府中，內朝、外朝的確具有區別。

　　青紫，蠶食府藏，即非政治之道，誠爲長亂之階，此則朝廷之失，

　君侯不正，誰正之哉？

此時北衙天子家僕的膨脹提升尚未至於惡性，南衙朝臣即已不能忍受，是則
安史之亂以後，宦官進一步侵奪南衙官次，南衙朝臣豈能長久忍受？是故李
輔國、程元振、魚朝恩之徒其後被殺被流，固與他們太跋扈而導致天子厭惡
有關，而其實亦應與朝臣之反彈有關，兩《唐書・宦官列傳》已有記述，於
此不贅。

　　在宦官人數快速膨脹、內侍省職員編制有限的情況下，宦官的人事安排
遂由本機關員外安插，朝侵奪南衙官次的方向發展，以致權勢日增。在此侵
官奪權的發展過程中，最重要的問題是：他們如何弄權，侵奪了南衙哪些重
要職權，是制度性的侵奪抑或是個案的性質，此與後來成立的樞密使職權是
否有關？

　　首先宜注意的，就是內侍省膨脹之初期，宦官侵奪了一項御史臺的重要
職權——監軍權。按：御史監軍權在武則天垂拱三年（687）十二月停止，中
宗神龍元年（705）以後始用宦官爲之。〔註14〕其在制度上的意義，不啻表示
將政府遣使監軍改變爲由皇帝代表監軍。這些皇帝代表被派赴各地監軍，有
所奏事即可專達天子知悉，恐爲南衙體制所不能干預。他們的奏章屬於機密，
送京後到底由何機關處理，顯然值得注意。《舊唐書・高力士列傳》載云：

　　　開元初（713）加右監門衛將軍，知內侍省事。玄宗尊重宮闈，

　中官稍稱旨，即授三品將軍，……監軍則權過節度，出使則列郡辟

　易，……每四方進奏文表，必先呈力士，然後進御，小事便決之。

　玄宗常曰：「力士當上，我寢則穩！」故常止於宮中，稀出外宅。

四方進奏文表是否包括各州郡奏章不詳，但必包含了監軍使及其他宦官差遣
出使者之奏章，應可無疑。這些奏章送至內侍省，其實內侍省依法定職權實
無權處理之，高力士也非唯一的三品大閹，是則力士之被指定處理，殆與玄
宗的個人因素有關。力士對奏章「皆先省後進，小事即專決」，〔註15〕此即包
含了後來樞務處理權之行使，是因天子之授權而得，以故就是皇帝對宦官某
人的早期樞務授權，而非內侍省的法定職權改變了。史謂當高力士權傾一時
之時，包括李林甫、楊國忠、安祿山等，「因之而取將相高位，其餘職不可勝

〔註14〕參見《唐會要》卷六十五〈內侍省・監軍〉，頁1131。

〔註15〕參《新唐書》卷二○七〈高力士列傳〉，頁5858。舊傳略同。

紀」，〔註16〕是則所處理的四方表奏，也許還包含了政府的人事任用權以及各地官府的施政報告。

　　高力士的權勢隨者天寶十四載（755）安史兵變、玄宗奔蜀而喪失，但另一宦官李輔國則因協助肅宗即位而繼起。輔國後來雖拜中書令，封博陸王，然其權勢卻不是因此官爵而得，《舊唐書・李輔國列傳》載云：

　　　　肅宗即位（756），擢爲太子家令・判元帥府行軍司馬事，以心腹委之，……四方奏事、御前符印、軍號，一以委之。……肅宗還京（757），拜殿中監・閑廄……等使，……至德二年（757）十二月，加開府儀同三司，……宰臣百司，不時奏事，皆因輔國上決。常在銀台門受事，置察事廳子數十人，官吏有小過無不伺知，即加推訊，府縣按鞫、三司制獄，必詣輔國取決，隨意區分，皆稱制敕，無敢異議者。……

　　　　代宗即位（762），輔國與程元振有定策功，愈恣橫，私奏曰：「大家（宮中稱皇帝爲大家）但內裏坐，外事聽老奴處置！」代宗怒其不遜，以方握禁軍，不欲遽責，乃尊爲尚父，政無巨細，皆委參決。五月加司空・中書令。

是則輔國之權勢，來自判元帥府行軍司馬事一職。天下兵馬元帥即是皇儲李俶（代宗），蓋輔國以元帥府軍事幕僚長參贊全國軍機，進而「握禁軍」之權也。

　　輔國透過戰時最高統帥幕僚長之職，被授權處理軍機樞務，並掌握禁軍，因而乃能建立特務組織控制官吏。至其坐大到「隨意區分，皆稱制敕」，并要皇帝在內裏坐，外事由其處置，則無異已侵犯了君權，更遑論侵犯相權矣。但是，此也是因人而異的個案，未至發展成制度化的北衙勢力集團，以故猶能罷免其判元帥府行軍司馬事之職後，而輕易置之於死地。

　　代宗之能罷免李輔國，主要是因分化北衙宦官而成功，故能輕易爲之。他以程元振取代李輔國判元帥府行軍司馬事，使輔國失勢；但元振「專制禁兵」之後，卻權「甚於輔國」。〔註17〕廣德元年（763）十月，吐蕃攻陷長安，代宗出奔陝州，禁軍散毀，故元振也就輕易因南衙朝臣之彈奏而被罷免失勢。當代宗幸陝時，魚朝恩率駐軍迎護天子，是以被拜爲天下觀軍容宣慰處

〔註16〕詳《舊唐書》卷一八四力士本傳，頁 4757。
〔註17〕詳《舊唐書・程元振列傳》，卷一八四，頁 4761～4762。

置使，但其權勢實來自「專典神策軍」——新建禁軍，故當其太橫時，亦於大曆五年（770）被君相所逼，自經而死。〔註 18〕自後，代宗不再專委大閹掌握禁軍，故元振、朝恩亦是因人而異之個案。並且，元振專權時間短，朝恩較長，俱以掌握禁軍、挾持天子而干及樞務，而代宗其實皆未委以樞務處理之權。值得注意的是，厥在大曆元年（即永泰二年，766）之時，代宗即首以董秀知樞密，此舉恐怕是有意將禁軍監護權與樞務處理權分置，交由不同宦官掌理，以免一人專權之故事重演。此推論若能成立，則此後北司四貴中樞密管政、中尉掌軍的制度設計，可謂始於代宗。而此王室安全——也就是國家安全——的構想與設計，關係一代制度甚大，為史書所闕載。

要之，內侍省雖列入唐初律令體制中，但是由於內侍省掌理宮廷服務，為天子家奴，由宦官為之，故初始即有北衙、南衙之分。武則天時代，北衙宦官人數開始快速膨脹，中宗以後膨脹惡性化，而且地位日高、權勢日增的現象至玄宗時代已甚明顯。這時，南衙律令體制逐漸崩壞，令外使司逐漸增加，其中部分使司例由北衙宦官充任，并且由臨時差遣性質變為常設，列局於東內大明宮，遂形成了北衙的內諸使司——所謂北司是也，如玄宗朝的監軍使、大盈庫使、十王宅使、五坊宮苑使、弓箭庫使等等即屬內諸使司。稍後，更由宮廷服務等事項，擴大進侵至樞務處理權及禁軍控制權，如代宗時的客省使、樞密使、宣徽使、觀軍容使，德宗時之左、右神策軍護軍中尉等，即其著名者，日後北司的核心使職因而創設成立，〔註 19〕對此下唐朝政制及政治影響極大。只是內諸司職權分散而置，不如北魏當年殿中尚書般事權集中而已。

三、樞密使的初置與職掌

宋初《冊府元龜》卷六六五〈內臣部・總序〉追記樞密使之初置云：

（代宗）永泰二年（即大曆元年，766），始以中人掌樞密用事（注云：代宗用董秀專掌樞密）。……憲宗元和（806～820）中，始置樞密使兩人（注云：劉光琦、梁守謙皆為之）。

所述與前引馮鑑之《續事始》略同，確定樞密使之前身是「以中人掌樞密（管

〔註 18〕詳《舊唐書・魚朝恩列傳》，卷一八四，頁 4763～4765。
〔註 19〕詳趙雨樂〈唐代における內諸司使の構造ーその成立時點と機構の初步的整理〉，《東洋史研究》50-4，1992.3，頁 117～121。

樞密）」，而始於代宗永泰二年。《舊唐書》卷一二六〈陳少遊列傳〉對此亦有
記載：

> 永泰二年，……除桂州刺史、桂管觀察使。少遊以嶺徼遐遠，
> 欲規求近郡。時中官董秀掌樞密用事，少遊乃宿於其里，候其下直，
> 際晚謁之，……每歲請獻錢五萬貫。……秀既踰於始望，欣愜頗甚，
> 因與之厚相結。……時少遊又已納賄於元載子仲武矣。秀、載內外
> 引薦，數日，拜宣州刺史、宣歙池都團練觀察使。

是則由永泰二年至元和元年四十年間，殆是單置一使的時期，此後則兩使并
置。因此，單置掌樞密之時期就是樞密使初置的早期，而初置之時，任之者
即已甚有權勢。此時也正是魚朝恩掌禁兵作威福之時。

樞密使設置初期的職掌體制究竟如何？今已難詳。僖宗時樞密使嚴遵美
曾稱「樞密使無廳事，唯三楹舍藏書而已」。〔註20〕遵美所言，可能是追述其
一百二十年前樞密使初置時的情況，而後爲馬端臨《文獻通考》所本。《文獻
通考》卷五八〈職官考·樞密院〉云：

> 唐代宗永泰中置內樞密使，始以宦官爲之，初不置司局，但有
> 屋三楹貯文書而已。其職掌惟承受表奏，於內中進呈；若人主有所
> 處分，則宣付中書門下施行而已。永泰中，宦官董秀參掌樞密事。

嚴遵美所述可能即是樞密使成立初期約四十年間之格局情況，而馬端臨則確
定爲永泰中成立初期之事。此時期樞密使蓋以「掌樞密」爲稱，似尚未有使
名，因而似亦無使司之司局，以故僅有三楹屋舍以貯藏文書。格局簡陋如此，
或許與其早期職掌有關。前引《舊唐書·職官志》所記內侍省職掌，略與《新
唐書·百官志》所記同，殆皆據於《大唐六典》。《大唐六典》卷十二〈內侍
省〉云：「內侍之職，掌在內侍奉，出入宮掖，宣傳制令。」是則宣傳制令
原即爲內侍的基本職掌，高力士對四方文表有過濾權及小事裁決權，乃是逾
越律令體制的令外授權，李輔國之弄權則更無論矣。如今內侍省宣傳軍機制
令的職責既已改由指定的一員宦官專掌，是則必須要有地方供其收貯處理這
些制令文表，以故掌樞密僅有屋舍三楹，可以理解。至於「不置司局」，表
示因掌樞密初置時期只負責承旨宣傳之故，任務簡單，所以不設立機關體制
以辦公也。

〔註20〕遵美充使見本文所附〈唐四貴年表〉僖宗光啓二年（866）條，其言參《新唐
書·嚴遵美列傳》（卷二○七，頁 5872）。遵美父季實也曾充樞密使，故其言
應可信。

　　宦官被指派負責收納文表及宣付制令，事實上未必僅以中書門下爲唯一對象，負責之內使也未必專由稱爲樞密使或掌樞密的一職爲之，茲以憲宗朝名相權德輿所撰表制爲例。據《全唐文》卷四八四及四八五收錄德輿所撰的各種表狀，通常是天子派遣中使告知某官或某機關一些事情，內容包括冊禮、戰爭、人事、賑給、災祥、賞賜、慰問、詩文等等事情，文表陳述方式則常是「某月某日」或「今日中使某乙至，奉宣恩命（或奉宣進止）」云云，受制令恩命者則修表狀稟覆，陳謝以聞。這些表狀，殆常由中使帶返，於內中進呈天子，天子覽閱後必有貯藏之所。這些出入宮掖、宣傳制令的中使，或許受令者不知其名，故常稱「中使某乙」；至於知名者也頗稱其姓名，但甚少稱其官職。這時已置樞密使，卻未見逕稱樞密使某人來宣之例。〔註21〕

　　值得注意的是，若如《文獻通考》所言，表奏由樞密使「承受」後，再由樞密使「內中進呈」，並在天子有所處分後，復經由樞密使「宣付中書門下施行」，則樞務處理程序應爲：承受→進呈→（人主）處分→宣傳→（中書門下）施行。此程序之一、二、四項由樞密使負責，第三項乃君權行使，第五項則爲相權行使。

　　在上述樞務處理程序中，產生了如下問題：

　　第一、中使可以出入宮掖宣傳制令，但是，是否只有樞密使才能執行上述樞務處理程序之第一、二、四項？亦即是否只有樞密使才有權作君、相之間樞務聯絡的媒介？

　　第二、樞密使處理的表奏制令，是具有什麼性質的公文？爲何稱處理這些公文的差使爲樞密使？

　　第三、上述樞密使執行的程序，是否已侵奪了相權？

既然《大唐六典‧內侍省》已明載其職掌如上述，則中使有權宣傳制令，可以無疑。至於是否只有樞密使始能作君、相，或嚴格說皇帝與中書門下之聯絡媒介？此在早期則不易明。因爲：一，早期樞密使設置的情況不很清楚，故在這種情況下其他宦官也可能充君、相之間的中使。二，上述所舉權德輿

〔註21〕茲以此兩卷所收表狀爲例，稱引其姓名的中使見有「內侍（或中使）朱希顏」、「中使楊明義」、「中使陳忠玠」、「中使孟國璩」、「中使景忠信」、「中使張少禺」、「中使王敬親」、「中使（或高品）劉希昂」、「中使楊光璩」、「中使薛盈珍」。除了薛盈珍曾掌機密，參與永貞內禪擁立憲宗，元和元年爲右中尉（見正文後論）外，其餘九人皆未見充任四貴，則知宣傳制令者，尤其宣傳至中書門下者，恐怕未必一定就是樞密使也。

表狀之例，內容所涉廣泛，未必盡為機密，故元和初雖置樞密使，但似也不見得非全部皆由樞密使宣傳不可。關於後者，必須與上述第二點問題合論，始或可明。

關於第二點問題，姑先以權德輿在德、憲兩宗時任官履職為例。《舊唐書》卷一四八〈權德輿列傳〉云：

> 德宗雅聞其名，……遷起居舍人，歲中兼知制誥，……遷中書舍人。是時德宗親覽庶政，重難除授，凡命於朝，多補自御札。始，德輿知制誥，……獨德輿值禁垣，數旬始歸，嘗上疏請除兩省官，德宗曰：「非不知卿之勞苦，禁掖清切，須得如卿者，所以久難其人！」德輿居西掖八年，其間獨掌者數歲。……（元和五年）拜禮部尚書‧平章事。

此時兩省供奉官未必皆知制誥，知制誥蓋為機務授權之一。機務授權——指以他官獲得處理機密要務的授權——自唐初已然，或頗與拜相混為一談。〔註22〕權德輿長期參與機務，預聞制誥，自因以人才而獲識於德宗。德宗嘗令德輿居禁中，且讓他獨掌知制誥之事，則事屬密近、難其人選可知。同理推之，宦官雖職掌在內侍奉，得宣傳制令，但是參預樞務處理程序的，恐怕也非一般宦官所可得而為之。上述權德輿表狀中所提及的知名中使，恐怕均為德、憲兩宗親近信任之人，而薛盈貞參與永貞內禪事件，擁立憲宗，即為著例。《冊府元龜》說盈貞「貞元末為內侍省內侍‧知省事，充右神策軍護軍中尉副使，憲宗元和初，遷右神策軍護軍中尉兼右街功德使」，〔註23〕是則其在德宗朝權位已顯，可以無疑。

這些中使宣傳至中書門下的情況，亦可略以權氏一、二表狀為例概見，如〈中書門下賀蔡州破賊表〉云：

> 臣某等言：伏奉宣示蔡州行營招討使韓全義所奏，云四月二十七日於逆賊吳少誠界破賊驍子及馬步軍三千餘人，……臣等謬居樞近，喜倍恆情，……僅奉表陳賀以聞。〔註24〕

按：韓全義擔任招討使在德宗貞元十六年（800）二月至十七年正月，其戰功

〔註22〕機務授權或被誤認為拜相，拙著《隋唐代中央權力結構及其演進》（臺北：東大圖書公司，民國84.2）已於第二章第二節第二目有專論，此不贅。

〔註23〕參王欽若等編，《冊府元龜》（台北：大化書局，景崇禎十五年刻本，民國73.10）卷六六七〈內臣部‧將兵〉，頁3518上。

〔註24〕見《全唐文》卷四八四，頁6254。

眞僞姑無論，〔註25〕要之所奏捷報是直達天子的奏章，若非中使至中書門下宣示，則即使地居樞近之崔損、鄭餘慶等當時宰相也未必得知，故此屬軍機秘密應可無疑。

又如其〈中書門下賀滑州黃河清表〉云：

> 臣某等言：今由內侍朱希顏奉宣進止，示臣鄭滑觀察使姚南仲所奏今月一日至六日白馬縣界三十里黃河清，……臣等忝登樞近，……謹奉表陳賀以聞。〔註26〕

是爲地方官員直達進奏地方出現符瑞，而宰相事先不之知，需待中使來宣示始知者。茲再舉魏徵之孫、宣宗宰相魏謩的一則事例爲證。《舊唐書》卷一七六〈魏謩列傳〉載魏謩任潤州司馬時：

> 荊南監軍使呂令琮從人擅入江陵縣，毀罵縣令韓忠。觀察使韋長申狀與樞密使訴之。上疏曰：「伏以州縣侵屈，只合上聞；中外關連，須存舊制。韋長任臗廉使，體合精詳，公事都不奏聞，私情擅爲踰越。況事無巨細，不可將迎。縣令官業有乖，便宜理罪；監軍職司侵越，即合聞天。或以慮煩聖聽，何不但申門下？今則首紊常典，理合糾繩。伏望聖慈，速加懲誡！」疏奏不出，時論惜之。

表示府州長官若有事涉監軍使，即紊常典而逕直「申狀與樞密使訴之」，不復上奏天子或上申中書門下。如此之例尚多，茲不贅舉。這等事情只有君、相、中使及機要官極少數人預聞，故當屬機要密務。唐朝有宰相修《時政記》之例，但常或修或不修，憲宗以此問宰相李吉甫，吉甫對曰：

> 凡面奉德音，未及施行，總謂機密，固不可書以送史官；其間有謀議發自臣下者，又不可自書以付史官；及事已行者，制旨昭然，天下皆得聞知。即史官之記，不待事以授也。〔註27〕

宰相百司與皇帝面對，只要未及施行，皆列爲機密，史官不能每事預聞撰錄，故常使史官因之失職，成爲唐朝修史的一個瓶頸，〔註28〕吉甫之言最爲明確

〔註25〕據《通鑑》（台北：宏業書局，民國62.4再版）吳少誠於貞元十四年叛亂，至十六年十月被赦，其間官軍常敗，但因全義出身神策軍，又厚結宦官，左中尉爲之掩飾敗跡，故還爲夏州節度使，可參《通鑑》十四年至十七年對整個戰爭之記述。

〔註26〕參《全唐文》卷四八四，頁6257。

〔註27〕參王溥撰，《唐會要》（臺北：世界書局，民國57.11三版）卷六四〈史館下・史館雜錄下〉元和八年十月條，頁1109。

〔註28〕參同上卷，元和十二年九月條，頁1109～1110。

可證。是則中使將皇帝敕旨宣付中書門下，又將中書門下所覆表狀帶回進呈，其性質爲機密蓋可知矣，所以馬端臨於前引〈職官考‧樞密院〉後加按語云：

> 按：樞密之名，始於唐代宗寵任宦者，故置內樞密使，使之掌機密文書，如漢之中書謁者令是也。若內中處分，則令內樞密使宣付中書門下施行。則其權任已侔宰相。

竊意上述中樞機務處理程序之事份屬機要密務，可以無疑。至於其由內侍省處理而逐漸發展爲由指定之某一宦官專掌負責，以免洩密，亦可想而知；只是爲何稱爲樞密使，則尙需稍做說明。

按：「樞」之本義爲戶樞，即門之機臼，進出門戶的機要密切之處是也，引伸爲關鍵、主要。若單以「樞密」一詞從正史中根究，則最早見於《南齊書》所載之〈廢鬱林王令〉。《南齊書》卷四〈鬱林王紀〉隆昌元年（494）七月癸巳載皇太后此令，數責齊帝蕭昭業（即鬱林王）而廢之，其罪狀之一即爲「閽豎徐龍駒專總樞密，……自以爲任得其人」，蓋指廢帝用宦官專管關鍵性的機要密務。然除此例之外，南朝正史尙鮮用此詞，而卻頗見用於北朝之《魏書》。

《魏書》卷二十八〈劉潔列傳〉載太武帝即位後超遷潔爲尙書令，而謂「潔朝夕在樞密，深見委任」。同書卷三十一〈于栗磾列傳‧于忠附傳〉載魏末于忠擁立蕭宗孝明帝，求封加賞，其後靈太后臨朝，解忠侍中‧領軍‧崇訓衛尉諸官，止爲儀同三司‧尙書令，加侍中。爲令旬餘，太后復以忠「不稱厥位」爲由，出忠爲都督冀定瀛三州諸軍事‧冀州刺史。太傅‧清河王等仍奏稱：「前侍中臣（于）忠總攝文武，侍中臣（崔）光久在樞密，讚同其意，故唯賞二人。……功過相除，悉不合賞。請悉追奪。」靈太后從之。同書卷七十八〈孫紹列傳〉又載紹於魏末兼中書侍郎，出使高麗還，爲右軍將軍。久之，爲徐兗和糴使。還朝，大陳軍國利害，其中曾自謂「臣奉國四世，欣戚是同，但職在冗散，不關樞密，寧濟之計，欲陳無所」云。至於卷八十二〈常景列傳〉則載景於魏末爲門下錄事，「淹滯門下積歲，不至顯官」，但「在樞密十有餘年，……累遷積射將軍、給事中」云云。此諸例顯示「樞密」一詞殆爲南北朝始出現之詞，北朝尤爲流行，蓋指機要之地而言。因此，「總樞密」即是總管關鍵機要之事，「在樞密」即是居在關鍵機要之地。其用法雖常指涉宰相機關門下省，但尙未用以專指尙書省或門下省，此至唐初猶然，以故李軌盤踞涼州稱涼王時，《舊唐書‧李軌列傳》載安興貴向唐高祖請纓，願

出使說服李軌投降，自謂「臣之弟爲軌所信任，職典樞密者數十人，以此候隙圖之，易於反掌，無不濟矣」。此處所謂的「職典樞密者數十人」，不過只是指典掌李軌的機要有數十人罷了。

唐制雖以三省爲宰相機關，但中書省爲草制出旨之地，故至玄宗朝已成爲事權所集的關鍵之地，因而在唐人的認知中，常視爲尤其關鍵機要，而稱爲樞密之地，以故諸臣論述政制發展時說：

> 舊禮，尚書令奉玉牒，今無其官，請以中書令從事。按漢武帝時，張安世爲尚書令，遊宴後宮，以宦者一人出入帝命，改爲中書謁者令。至成帝，罷宦者，用士人。魏黃初改秘書，置中書監令。舊尚書并掌制誥，既置中書官，而制誥樞密皆掌焉。則自魏以來，中書是漢朝尚書之職。今尚書令奉玉牒，是用漢禮，其官既闕，故可以中書令主之。〔註 29〕

此處所謂中書官掌「制誥樞密」，蓋指掌管制誥機密之出納也，漢朝由尚書令掌管，曹魏至唐則由中書（監）令掌管。因此，創置「掌樞密」一職的代宗，亦於大曆二年十一月庚申下詔改黃門侍郎依舊爲門下侍郎時，明確說明自漢以來，中書令「典司樞密」，侍中「參議政事」，二者俱爲宰相（此時尚書省已非宰相機關），但用辭卻大不相同。該詔云：

> 漢制：中書令出納詔命，典司樞密；侍中上殿稱制，參議政事。魏、晉已還，益重其任。職有關於公府，事不係於尚書，雖陳啓沃之謀，未專宰臣之稱，所以委遇斯大，品秩非崇。至于國朝，實執其政，當左輔右弼之寄，總代天理物之名，典領百僚，陶鎔景化。
> 〔註 30〕

中書令「典司樞密」即指典司出納詔命的戶樞而言，而此戶樞則是當時中書省的「中書門下」宰相辦公廳。蓋早在開元二十五年（737）三月，右相（中書令）李林甫將史館由門下省奏移於中書省，其理由即是以中書地切樞密，記事官宜在附近爲辭。〔註 31〕是則「樞密」一詞至盛唐以降，已漸由關鍵機要之地兼指制誥出納之地，並進而專指中書省及其「中書門下」宰相辦公之地矣。《舊唐書・盧懷愼列傳》云：

〔註 29〕 參見《舊唐書》卷二十三〈禮儀三〉，頁 897～898。
〔註 30〕 參見《舊唐書》卷十一〈代宗本紀〉該年月條，頁 288。
〔註 31〕 參見《舊唐書》卷四十三〈職官二・中書省〉史館條註文。

開元三年（玄宗，715），遷黃門監（侍中）。懷慎與紫微令（中
書令）姚崇對掌樞密，懷慎自以爲吏道不及崇，每事皆推讓之，時
人謂之「伴食宰相」。四年，兼吏部尚書。其秋，以疾篤，……而卒，……
臨終遺表曰：「臣素無才識，叨沐恩榮，待罪樞密，頗積年序。……」

此處兩度提及「樞密」，蓋指黃門監盧懷慎與紫微令姚崇共同在政令出納的
戶樞掌理機要密務，而此戶樞當時正是張說於開元十一年奏改爲「中書門下」
的「政事堂」。

據上析論，是知前引代、德之間的陸贄草制、權德輿草狀，分別聲稱「參
掌樞密」及「忝跡樞密」，當謂參掌、忝居中書門下之意。值得注意的是，「樞
密」此時已常指「中書門下」此一政令收納處理之地而言，以故「參掌樞密」
遂指宰相之職權，「忝跡樞密」則指宰相之地位，而此後形容宰相機關（中
書門下）、宰相職權、宰相地位的語句也就豐富起來。例如白居易〈寄隱者〉
詩有「云是右丞相，當國握樞務」之句，陸贄尚有「三掌於樞務」、「參掌密
命」、「參務中樞」之語，〔註32〕權德輿則更有「中樞密勿，庶政本源」、「謬
當樞近」、「謬居樞扆」、「謬居樞要」諸名是也，〔註33〕此外尚有的「樞軸」、
「樞橫」諸稱，於此也就不一一贅析了。

至此，可知「樞密」之義已由關鍵機要之地的原意，進而兼指制誥出納
之地，並又進而兼指中書省及其「中書門下」宰相辦公之地，甚至已引伸指
涉到宰相的職權及地位。因此，此時天子差遣中使專赴樞密機關——中書門
下——宣傳敕旨奏表，傳達君、相之間的意見，顯然已是參與樞要密務之溝
通，以故初稱其事爲「掌樞密」，繼而名其職爲「樞密使」。其命名方式與差
遣中使監軍旅而稱之爲監軍使，差遣至飛龍廄而稱之爲飛龍使，差遣至弓箭
庫而稱之爲弓箭庫使等正同。

第一和第二個問題今已解決，以下應討論第三個問題，即樞密使是否侵
奪了相權之問題？

若依馬端臨按語之意，則答案顯然是肯定的。細看馬端臨前引兩段文

〔註32〕白詩見《全唐詩‧白居易一》（北京：中華書局，1990.2 第四刷）卷四二四，
頁 4669。陸文詳《陸宣公奏議》卷七〈盧翰劉從一門下中書侍郎平章事制〉
（頁 3B）、〈姜公府左庶子制〉（頁 5B）及〈含混檢校左僕射平章事制〉（頁
4B～5A）。

〔註33〕分別詳《全唐文》卷四八五〈爲盧公謝除中書侍郎表〉（頁 6266），卷四八四
〈中書門下賀雲南軍破吐蕃劍山保定城表〉（頁 6253）、〈中書門下賀靈武大破
吐蕃表〉（頁 6254）、〈中書門下賀元和殿甘露降表〉（頁 6254～6257）等。

字，其史料來源除了採自僖宗朝樞密使嚴遵美之言外，另外的部分陳述則可能與歐陽脩有關。歐陽脩在《新五代史》卷二四〈郭崇韜安重誨傳贊〉云：

> 嗚呼，官失其序久矣！予讀梁宣底，見敬翔、李振爲崇政院使，凡承上之旨，宣之宰相而奉行之；宰相有非其見時而事當上決者，與其被旨而有所復請者，則具記事而入，因崇政使以聞；得旨，則負宣而出之。梁之崇政使，乃唐樞密之職，蓋出納之任也，唐常以宦者爲之，至梁戒其禍，始更用士人，其備顧問、參謀議于中則有之，未始專行事于外也。至崇韜、重誨爲之，始復唐樞密之名，然權侔於宰相矣。後世因之，遂分爲二：文事任宰相，武事任樞密。樞密之任既重，而宰相自此失其職也。

按：歐陽脩之意，重要者有三：第一、梁的崇政院使即是唐之樞密使，職掌機要公文——指皇帝與宰相間之公文——的出納權；但崇政使絕非宰相之任，也無宰相之權，主要的關鍵在崇政使沒有政務施行權。第二，後唐任郭、安兩人爲樞密使，樞密使始權侔於宰相。第三，後世因後唐的發展，漸漸分別文、武二權，發展爲二府，宰相乃喪失其部分職權。

其第二、三點事涉後唐至宋二府制的重要發展，本文於此姑暫不論，僅論其第一點。第一點則又可分爲兩部份作分析，即：第一部份的樞務處理程序與宣傳權的權限問題，及第二部分的樞務決策施行權與相權問題。

關於第一部份，歐陽脩所述與馬端臨所述是同中有異，歐陽脩認爲梁崇政使的樞務處理下行程序爲：承（皇帝意）旨→宣傳→（中書門下）施行，此三程序與馬氏之後三程序相同。至於宰相有請對及覆奏時，則先記事進入，由崇政使收受及進呈，即（宰相）請對或覆奏→（崇政使）承受→進呈，是爲上行程序；及至宰相所請由皇帝處分後，再依下行程序宣付宰相施行。所謂請對，殆指中晚唐宰相非時要求延英請對之制度，或直接請求面聖對話之舉，此事蓋亦由樞密使居間進聞及安排。

由此觀之，歐陽脩所述的程序，是專指樞密使介於君、相之間的角色和程序而言；而馬端臨所謂之「其職掌惟承受表奏，於內中進呈」，則似乎涉及兼收受內、外百司公文而言。從上面所舉之諸例看，樞密使的確應有承受百司表奏之權，但是卻缺乏了宰相請對和覆奏此一環節。當然，馬端臨所謂的「承受表奏」，理應無意將宰相的請對和覆奏排除在外，蓋其言簡意賅而已。茲將其流程圖示如下。

圖一：樞務處理程序

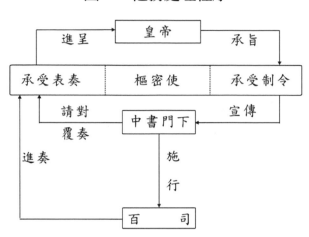

備註：上圖之內矩爲歐陽脩所述的樞務處理程序，若包括百司進奏之外矩，
　　　則爲馬端臨所述的程序；以皇帝及中書門下爲中軸，其右之流程線爲
　　　下行程序，其左爲上行程序。

　　根據此圖，首先須知，唐制樞密使起碼於初創期並無樞務施行權，幾可
肯定。再者，樞密使不能代表君主而處分樞務，也不能干預宰相的覆奏或施
行，充其量只是樞務承轉出納的宣傳角色而已，否則即是弄權。復次，樞密
使於樞務承轉之間，若人君要其「備顧問、參謀議于中」，也不過只是偶爾
的顧問參謀角色，與君、相之決策仍然有所差別。顧問參謀的機要官職若得
稱爲宰相或侵奪相權，則上述權德輿在拜相前知制誥，預聞機密，起草制敕
表狀，豈非侵奪相權或爲宰相？或謂德宗時陸贄充翰林學士，有「內相」之
稱，竊意恐爲特殊之例，不可以一概而論，茲以《舊唐書》卷一三九贄傳爲
證。該傳云：

> 德宗在東宮時素知贄名，乃召爲翰林學士。……贄性忠藎，既
> 居近密，感人主重知，思有以效報，故政或有缺，巨細必陳，繇是
> 顧待益厚。……贄初入翰林，特承德宗異顧，歌詩戲狎，朝夕陪遊，
> 及出居艱阻之中，雖有宰臣，而謀猷參決，多出於贄，故當時目爲
> 內相。

據此可知德宗爲太子時已素知贄名，及至即位後，召其入爲翰林學士，待之
猶如狎友，時或顧問而已。陸贄既居密近而思報效，因此在艱阻之時，遂不
避嫌疑而「參決」謀猷。如此人主垂「異顧」，機要乃敢參決，決非一般君臣
關係可比。翰林學士原是侍從顧問之職，本無參決權，而今既參決謀猷，故

被目爲內相。內相也者，蓋指其非正式宰相，而侵犯了宰相權者也，其爲特例可想而知。由此推之，樞密使初期僅爲宣傳之職，連內廷機要也不是，因此馬端臨「權任已侔宰相」之說不可盡信，而應是後來的發展。第一部份於此大體可明。

接下來是第二部份的問題。宰相事無不總，故爲軍國樞務的總理。馬端臨論唐朝宰相，指出三省宰相議事於門下省的政事堂，至「開元中，張說爲相，又改政事堂號中書門下，列五房於其後：一曰吏房，二曰樞機房，三曰兵房，四曰戶房，五曰刑禮房，分曹以主眾務焉」。〔註34〕是則尚書省六部除工部外，餘五部之事務工作殆已由四房對應處理之，並另加一「樞機房」，因而樞機不列於六部事務之內，殆可無疑，而《資治通鑑》將之繫於開元十一年（723）。馬端臨引用司馬光之言，謂張說改爲中門書下後，相承至於宋，至「唐末諸司使皆內臣領之，樞密使參預朝政，始與宰相分權矣」。〔註35〕是則樞密使分宰相處理中書門下樞務之權殆在唐末，其說甚爲清楚。然而胡三省注後唐莊宗同光元年（923）郭崇韜、張居翰爲樞密使條時，似有誤會，以爲樞密使僅奪了樞機房之職。胡注云：

> 徐無黨曰：「樞密使，唐故事宦者爲之，其職甚微，至此始參用士人，而與宰相權任鈞矣。」余按唐末兩樞密與兩神策中尉，號爲四貴，其職非甚微也，特專用宦者爲之耳。項安世：「唐於政事堂後列五房，有樞密（機）房以主曹務，則樞密之要，宰相主之，未始他付；其後寵任宦人，始以樞密歸之內侍。」〔註36〕

據此，近人遂有主張，謂宰相掌握外朝樞機密務之權，而天子爲防止相權無限擴大，乃另差宦官——逐漸固定爲樞密使——侵奪相權之說。〔註37〕

樞密使是否甚微，此與所指是何時期有關，徐、胡之辯過於籠統，容下詳之。這裡先從制度略論內廷樞務與外朝樞務之差別，以見樞密使是否侵奪了中書門下樞機房之權。

按：樞密使最初作爲溝通君、相之媒介，即使天子有所顧問也不過是內廷機要職而已，但其職的確與宰相及其機關——中書門下——有關，則可無

〔註34〕詳《文獻通考》卷四九〈職官考・宰相〉，頁考450。《通鑑》卷二一二記之於玄宗開元十一年（723），并謂分曹掌庶務。
〔註35〕詳同上書，卷五十〈職官考・門下省〉，頁考455。
〔註36〕詳《通鑑》卷二七二唐莊宗該年四月已巳條胡注，頁8882。
〔註37〕其詳請參註四所揭王永平之文，頁18～19；李鴻賓文似亦有此意，頁82。

疑；不過，初期發展絕非權佯宰相，前面已述。值得注意的是，唐初三省同爲宰相機關，皆有政務決策權，及至高宗朝尙書省雖被屏於衡軸之外，然上承君相、下行百司，仍不失爲最高行政機關，猶有覆奏之權。玄宗時順此體制之發展，政務決策遂由兩級制變成三級制，即中書門下——尙書省——百司三級。〔註 38〕中書門下既已成爲新的宰相機關，宰相於此總理全國政務，因而需要有人協助處理庶務，以故成立五房以作爲輔助單位。由此以推，五房工作職員無疑僅爲宰相之分類工作輔助幕僚，而絕非與宰相共同參決政務的官職；是則在四房業務已各有所主之外，樞機房充其量不過只是宰相機關的機要室——尤指軍機而言，其工作人員則僅爲機要幕僚而已。前引觀察使韋長申狀與樞密使，投訴監軍職司侵越，恐怕樞機房所處理的，即是此類不屬於其他四房之公文作業，而因此時樞密使已坐大，故觀察使逕向其投訴也。

宰相總理政務，設於中書省的「中書門下」爲其樞務機關，而樞機房則屬於中書門下爲機要室，因而此房之職員頂多僅是宰相的機要幕僚，絕不能與在內廷處理君、相樞務溝通的樞密使使職相比，蓋後者無異是皇帝之機要秘書也。而且，樞機房既是宰相機關的輔助單位，在制度上也就決不能獨立對外施發號令，故除非獲得宰相之授權，否則樞機房職員越過宰相而直接與樞密使聯絡，承受樞密使宣付制令的可能性極微，因此其職掌被樞密使所奪的可能性也極微。反之，樞密使上承君旨，至中書門下宣付，其對象是宰相，而非宣付於宰相的機要幕僚。君旨的內容性質廣泛，已如上述，則樞密使所宣絕非僅限於樞機房所掌的機務，故樞密使之設置應非專門針對樞機房而來。蓋樞密使所宣可能包括吏、兵、財、刑等等樞務機要，宰相接受後若無異議，不請求覆奏，則可能會依敕旨的內容性質，分發至各房進行幕僚作業，是則樞密使所掌的內廷樞密，與樞機房所掌的宰相機關樞務，截然分爲兩橛，侵奪云乎哉。

討論至此，下面宜以實例探究，作爲上述理論之印證。

四、知掌樞密的實際情況與影響

前引《冊府元龜》稱「永泰二年，始以中人掌樞密用事」，而注云：「代宗用董秀專掌樞密。」此唐朝樞密使之創始，《通鑑》、《通考》諸書所記大體

─────────────────────

〔註 38〕嚴耕望先生對此論之已審，請參其〈論唐代尙書省之職權與地位〉，收入氏著《唐史研究叢稿》（香港：新亞研究所，1969.10），頁 1～101。

相同；或有疑之者，恐有不疑處置疑之嫌。〔註 39〕當時魚朝恩專典神策軍，權傾一時，其他中貴如駱奉先、劉清潭、吳承倩等亦各用事，是則中貴用事者也不僅只有董秀一人。蓋安史亂後萬機繁雜，天子起用中貴而各有差遣，天子差遣之職可得視爲使職，與政府派遣出差頗有不同，故魚朝恩專典神策軍即爲神策軍監軍使，而神策軍監軍始終不置使名，僅名「神策軍護軍中尉」而已。同理，天子差遣董秀專掌樞密，實際上即是樞密使也。

董秀本官不高，但也非甚微，殆初以典內充職，大曆六年（771）升爲內常侍；〔註 40〕至大曆十二年被殺時官職爲左衛將軍・知內侍省事，封魏國公，則已成爲大閹。〔註 41〕據兩《唐書》官志，典內爲內侍省內坊局長官。內坊本隸屬於東宮，開元二十七年改隸內侍省，品秩從五品下。按唐制五品以上職事官即不能算微，以故謂董秀初任掌樞密時官位雖不高，但也非甚微。至於內常侍則位正五品下，是內侍省副長官，及至秀死之時，已是從三品將軍兼內侍省長官矣，故可謂之爲大閹。

代宗於此年創置掌樞密，極可能與宰相元載改革奏事制度有關，《資治通鑑》卷二二四代宗大曆元年（即永泰二年，766）二月辛卯條云：

> 元載專權，恐奏事者攻訐其私，乃請：「百官凡論事，皆先白長官，長官白宰相，然後奏聞。」仍以上旨喻百官曰：「比日諸司奏事煩多，所言多饞毀，故委長官、宰相先定其可否。」刑部尚書顏眞卿上疏，以爲：「郎官、御史，陛下之耳目。今使論事者白宰相，是自掩其耳目也。……昔（李）林甫雖擅權，……猶不敢明令百司

〔註39〕 如註 4 所揭李鴻賓文，謂由於根據宰相職掌樞密，中書門下又有樞機房，及《冊府元龜》後又稱元和中始置樞密使二人，因疑元和以前尚無樞密使之正式設置，謂代宗置使乃概略之説，蓋將樞密使和樞密混爲一談云云（頁82～83）。按：樞密指宰相理政的中書門下關鍵之地，由宰相所掌，而樞機房則爲其機要室，正文已論之，不足再辯。《冊府元龜》謂代宗始以中人掌樞密，後又謂元和中置二樞密使，其間并無衝突，蓋制度之發展故也。由單派一人掌理樞密至正式置使兩員，自此促成司名與司局之發展，終成後期上、下兩樞密院之制，此所以筆者視單派時期爲初創期也。其理與唐初授權他官參知政事則必有諸相議政之所，稍後於門下省置「政事堂」，其後移至中書省稱「中書門下」，最後更逕以「中書門下」名宰相之職，而稱「同中書門下三品」、「同中書門下平章事」類同。
〔註40〕 《通鑑》卷二二四代宗大曆六年夏四月庚申條云：「以典內董秀爲內常侍。」
〔註41〕 同上書卷二二五大曆十二年春三月庚辰條載其此官職，與《舊唐書・元載列傳》同。至於封魏國公事則在大曆七年，見《冊府元龜》卷六六五〈內臣部・恩寵〉，頁 3512 中。

> 奏事皆先白宰相也……。」載聞而恨之，奏眞卿誹謗；乙未，貶峽
> 州別駕。

眞卿批評元載裁抑言路，也就是切斷圖一所示的百司進奏，以便專權。諸書言永泰二年詔董秀掌樞密，是年十一月甲子改元爲大曆，是則董秀掌樞密應在十一月甲子之前，故疑與二月以來奏事制度改革有關。

由於旁無言路，進奏皆先白宰相，則君、相之間的密命往還，遂更形重要而頻繁；若樞密使與宰相勾結，則恐會導致政治蔽塞腐敗。不幸的是，是歲即發生此類事情，前引《舊唐書》卷一二六〈陳少遊列傳〉詳載云：

> 永泰二年，……除桂州刺史·桂管觀察使，少遊以嶺嶠遐遠，欲窺求近郡。時，中官董秀掌樞密用事，少遊乃宿於其里，侯其下直，際晚謁之，從容曰：「七郎家中人數幾何？每月所費復幾何？」秀曰：「久忝近職，家累甚重，又屬時物騰貴，一月過千餘貫。」少遊曰：「據此之費，俸錢不足支數日，其餘常需數求外人，方可取濟，儻有輸誠供億者，但留心庇覆之，固易爲力耳！少遊雖不才，請以一身獨供七郎之費，每歲請獻錢五萬貫。今見有大半，請即收納，餘到官續送，免貴人勞慮，不亦可乎？」秀既踰於始望，欣愜頗甚，因與之厚相結。少遊言訖泣曰：「南方炎瘴，深創違辭，但恐不生還。再睹顏色矣！」秀遽曰：「中丞（少遊兼中丞）美才，不當違官，請從容旬日，冀謁寒分。」時，少遊又已納賄於元載子仲武矣。秀、載內外引薦，數日拜宣州刺史·宣歙池都團練觀察使。

同傳稱陳少遊尚每年賄賂元載十萬貫，其他中貴如上述的駱奉先等也被賄賂，然而改官成功的關鍵，與董秀有直接關係，所謂秀、載「內外引薦」，故能數日即改除善州。此「內外引薦」，與圖一所示樞密使與宰相的關係相符合，而樞密使創始時即「備顧問、參謀議于中」，亦由此事可以得到證實。

兩《唐書·元載列傳》皆謂載智性敏悟，透過大閹李輔國妻元氏的裙帶關係密結輔國，昵狹相善，而爲輔國拔擢爲宰相。輔國死，他密結的對象不是大閹魚朝恩，而是董秀。《舊唐書》卷一一八〈元載列傳〉即載云：

> 輔國死，載復結內侍董秀，多與之金帛，委主書卓英倩潛通密旨，以是上（代宗）有所屬，載必先知之。承意探微，言必玄合，上益信任之。

元載拜相早於魚朝恩之恃權寵，兩人常不協，元載憚之。元載既已貴爲宰相，

當然以保持既得權位爲意。若欲繼續獲得代宗信任，以抗朝恩，或專相權，則勾結掌樞密董秀以事先揣知上意，乃是明智之舉。更聰明的是，他自己并不直接與董秀潛通，而是間接由主書卓英倩爲之。

　　按：主書爲從七品上的小官，中書省本部始有此建制，員額四員，大概是協助省本部處理機務的秘書或助理。〔註42〕此時原稱「政事堂」之「中書門下」已移至中書省辦公，堂後列置五房，主書已成堂後宮，大約三十年後劉光琦與滑渙的關係或許可以與此作一比較參考。《資治通鑑》卷二三七憲宗元和元年（806）八月己巳條云：

> 堂後主書滑渙，久在中書，與知樞密劉光琦相結。宰相議事，有與光琦異者，令渙達意，常得所欲。杜佑、鄭絪等，皆低意善視之。鄭餘慶與諸相議事，渙從傍指陳是非；餘慶怒叱之，未幾罷相。四方賂遺無虛日，中書舍人李吉甫言其專恣，請去之。上命宰相閱中書四門搜掩，盡得其姦狀。九月辛丑，貶渙雷州司戶，尋賜死，籍沒家財凡數千萬。

此例與元載相反，是「知樞密」透過堂後主書左右宰相，以達其所欲。這時樞密使的權勢，蓋與董秀時代已大不同矣。值得進一步注意的是，滑渙是堂後主書，觀其以久在中書處理業務的關係而結識劉光琦，則恐其應爲樞機房之主書也。是則卓英倩與滑渙此二主書，此時恐皆爲堂後樞機房的幕僚，以故能先知機密，介於樞密使和宰相之間居中弄權；相對的，表示樞密使所經手的也未必僅爲軍機。

　　元載因勾結掌樞密而得到皇帝的深信，故能於大曆四年密請除去魚朝恩。翌年朝恩死，載遂獨擅大權，與同列王縉等日益聚斂縱橫，至於事敗而止，同上傳復云：

> 大曆十二年三月庚辰，仗下後，上御延英墊，命左金吾大將軍吳湊收載、縉于政事堂，各留繫本所，并中書主事（書？）卓英倩、李待榮及載男仲武、季能並收禁，命吏部尚書劉晏訊鞫。晏以載受任樹黨，布于天下，不敢武斷，請他官共事，……禮部侍郎常袞、諫議大夫杜亞同推究其狀。辯罪問端，皆出自禁中，仍遣中使詰以

〔註42〕兩省中只有中書省本部所屬有此編制，蓋中書侍郎、中書舍人掌參議表奏及草制，爲極重要的機要官，以故主書可能僅是處理機務的高級秘書或助理，可詳兩《唐書》官志之中書省中書舍人條。

> 陰事，載、縉皆伏罪。是日，宦官左衛將軍、知內侍省事董秀，與
> 載同惡，先載於禁中仗殺之。

由此可知宰相元載、王縉是在中書門下被收押的，合議審訊時，皆推諉出自禁中，是則可以反證董秀并無侵奪宰相的樞務施行權，而只是與宰相潛通勾結。代宗斷然先處死董秀，其怒可見，也是其罪有應得。

或問董秀死時，何以史不稱其「掌樞密」之職？竊按掌樞密是差遣職，書其本官並不表示其已非掌樞密，故同傳述元載及其妻、子同被處死，王縉流貶後，復謂「中使董秀、主書卓英倩、李待榮及陰陽人李季連以載之故。皆處極法」。既稱中使，蓋指差使中貴以本官「掌樞密」，至中書門下與宰相溝通而言也，只是此時期尚未定稱爲「樞密使」罷了。

又有解釋，說董秀、元載的敗亡，是由於相權和皇權的矛盾達到嚴重尖銳化，董秀未能領會代宗欲透過樞密使控制相權的擴大，以加強皇權，反而勾結權臣，威脅到皇權的穩固，故被制裁云云。又說代宗吸收此教訓而限制了樞密使的權力，其後常袞拜相，下令堵塞政事堂後門，故下至德、順二宗，再沒有樞密使交通將相的事情。〔註43〕除了代宗吸收教訓有可能外，竊意其餘殆皆有誇張傅會之嫌，不可輕信。

證諸史傳，代宗君相間殆無如此嚴重的矛盾狀態。〔註44〕至於樞密使真欲要交通將相，若謂堵塞了政事堂後門即可防範，則更爲無稽之談，前引陳「少遊乃宿於其里，俟其下直，際晚謁之」，即可爲在外交通之例。常袞是合議推事之一，獄竟而拜相，雖云吸收教訓，想不至於爲此堵門，《舊唐書》卷一一九〈常袞列傳〉云：

> 獄竟，拜袞門下侍郎·同平章事……，與楊綰同掌樞務。……
> 政事堂有後門，蓋宰相時到中書舍人院咨訪政事以自廣也，袞又塞
> 絕其門，以示尊大，不相往來。

可證堵門的用意，與防範樞密使勾結宰相無關。

自董秀被殺後，掌樞密一職至憲宗元和間皆未見記載，但似乎也未廢止，《冊府元龜》卷六六五〈內臣部·恩寵〉喬獻德條云：

〔註43〕請詳前揭王永平文，頁 19。
〔註44〕如《舊唐書·元載列傳》即謂代宗日益信任元載，并納其密奏而誅魚朝恩。此後元載與王縉亦驕縱貪瀆，「代宗盡察其跡，以載任寄多年，欲全君臣之分，載嘗獨見，上誡之不悛，衆怒上聞」，然後才將他們治罪，且王縉雖貶爲括州刺史，但始終未被殺。可證論者之誇張不當。

先是，内侍董秀宣傳詔旨于中書門下，秀誅，以獻德代之。獻
德小心恭慎，乃加寵焉。

「以獻德代之」，應即指代董秀掌樞密，這條資料是唯一可證秀死後掌樞密未
被廢除者。喬獻德不知充使止於何年，要之其人性格小心恭慎，正是代宗選
擇并加寵於他的原因。或許一方面因代宗選擇小心恭慎的宦官充使，另一方
面宦官懲於李輔國、程元振、魚朝恩、董秀之禍而戒慎，以故掌樞密此時不
活躍於政壇歟？

　　德宗即位不久，發生藩鎮反叛、涇原兵變諸事，天子一度出奔。及駕還
長安，史稱「自貞元十年以後，朝廷威柄日削，方鎮權重，德宗不任宰相以
事，人間細務，多自臨決」。〔註45〕按：德宗既「不任宰相以事」，是則掌樞
密當然也就隨之事任大減；不過德宗卻於貞元十二年（796）創立左、右神策
軍護軍中尉之職，自此神策軍制度化落入兩中尉掌控中，爲唐朝北司發展的
重要里程碑，而宦官四貴遂復活躍於政治舞台。首任左、右中尉爲竇文場、
霍仙鳴，《舊唐書》卷一八四〈竇霍列傳〉云：

　　時，竇、霍之權振於天下，藩鎮節將多出禁軍，台省清要時出
其門，……至於貞元末，宦官復盛。順宗即位，王叔文用事，與韋
執誼謀奪神策軍權力，……事未行，爲内官俱文珍等所排，叔文貶
而止。

按：貞元十二年以後宦官勢力因掌握神策軍而復盛，王叔文等所謂二王八司
馬，謀從宦官手中奪回軍權，改革朝政，到底是政變抑或革新，論者爭辯已
多，於此不贅。然而，王叔文等的行動方式與結果值得注意，同上卷〈俱文
珍（即劉貞亮）列傳〉云：

　　順宗即位，風疾不能視朝政，而宦官李忠言與牛美人侍疾。美
人受旨於帝，復宣之於忠言，忠言授之王叔文，王叔文與朝士柳宗
元……等圖議，然後下中書，俾（宰相）韋執誼施行，故王之權振
天下。叔文欲奪宦者兵權，每忠言宣命，内臣無敢言者，唯貞亮建
議與之爭，……乃與中官劉光琦、薛文（盈？）珍、尚衍、解玉等
謀奏請立廣陵王（憲宗）爲皇太子，勾當軍國大事。順宗可之。……

─────────────

〔註45〕引文見《唐會要》卷五三〈委任〉元和二年十一月條，頁916。後來韓愈撰《順
　　　宗實錄》（收入《韓昌黎集校注》，台北：河洛圖書出版社，1975.3景印出版），
　　　直稱德宗此爲是「失君人大體」云，詳《順宗實錄》卷四〈陸贄附傳〉，頁417。

及太子受內禪，盡逐叔文之黨，政事悉委舊臣。

按：順宗若非風疾，殆無由美人受旨而宣付宦官李忠言之理，忠言能侍疾，表示為順宗貼身宦官。他承帝旨而宣下中書，俾宰相施行，其間雖做了手腳而先交王叔文等圖議，要之其宣傳行事方式，應是樞密使之職掌，殆可無疑；只是諸書記述各有關宦官，皆闕其官職而已。韓愈撰《順宗實錄》，稱「中官劉光奇（琦）、俱文珍、薛盈貞、尙解玉（兩《唐書》皆作尙衍、解玉）等皆先朝任使舊人，同心怨猜，屢以啓上，上固已厭倦萬機，惡叔文等」，才立太子監國。〔註46〕當時神策軍分掌於中貴楊志廉、孫榮義手中，卻未見此二中尉參與擁立，不知何故？要之，上文已述及薛盈珍於貞元末為右中尉副使，憲宗立後遷為右中尉，蓋酬其功耶？不僅如此，《通鑑》亦於貞元十六年（800）記述盈珍由義成監軍入朝「掌機密」之事。所謂「掌機密」，不知是否即為「掌樞密」，從其與義成節度使姚南仲衝突鬥爭中佔上風，可見其為人與權勢。〔註47〕盈珍等「先朝任使舊人」若曾擔任樞密使等重要使職，當然有勇氣團結一致對付李忠言、王叔文等，而且也知道該如何對付之。

樞密使為上承君旨而宣付中書的機要差遣使職，李忠言既已與宰相韋執誼結合，亦即宣傳與施行兩程序已結成一線，故最佳的切斷方式莫如更換皇帝。俱文珍等人屢次啓上，也就無異不斷向順宗施壓，令「風疾不能視朝政」的順宗，於有意無意之間厭倦萬機，或對王叔文等產生惡感，以至於詔立太子，並令其監國。太子監國，當然君權就會轉移，李忠言的承旨權和宣傳權就會落空，俱文珍等人的計畫就會初步成功。至於順宗不久後即內禪於憲宗，則是他們的計畫已大功告成。憲宗即位，正式置「樞密使」兩員，分命中官劉光琦、梁守謙充職，遂與左、右神策軍中尉比肩並列，下開北司四貴控制天子、左右政局的局面，此已是治唐史者所週知之事矣。

五、結　論

樞密使始以「掌樞密」（或管樞密、知樞密）之名見稱，創置於代宗永泰二年（766）。所謂早期發展，乃是指此下約四十年間，以至於憲宗元和初的情況。元和之後，確知以「樞密使」為名，設置兩員，權勢已大，非復早期可比，故不在本文研究範圍之內。

〔註46〕見韓愈同上《實錄》永貞元年七月乙未條，頁419。
〔註47〕詳《通鑑》卷二三五，該年三至四月（頁7587），及十七年五月條（頁7595）。

　　早期樞密使之創置發展，由於史文不足，故不敢詳加徵論。要之，「掌樞密」一職之出現，一方面因宦官集團膨脹、地位權勢擴張、北司漸奪南司職權之潮流而產生；另一方面亦與南司本身逐漸從剛性體制轉化爲柔性體制，而中書門下移至中書省列房治事，以及百司奏事先申宰相等制度性改革有關。

　　蓋自安史之亂以後，唐朝長期兵興，政軍事廣、樞務繁重，皇帝欲與總理樞務的宰相緊密合作協調，則勢需於兩者之間設置一經常性聯絡人，此即掌樞密一職所由起。此時宰相辦公廳爲中書省內之中書門下，專號樞密之地，因此天子由差遣內侍省不特定中使，發展成差遣特定專使，宣付樞要密務於此樞密機關，以爲君、相間之溝通媒介，故名其職稱爲掌樞密或知樞密，最後纔定名爲樞密使而並置二員。不過，筆者於此必須指出，元和以後樞密使仍常以掌樞密、知樞密之詞見書，因此早期董秀以「中使」奉差「掌樞密」，未必即表示其正式使名就一定不是「樞密使」，史文不足則愼言其餘。若執此以論「樞密使」始置於元和，將恐爲過執之論，不知天子之差遣實即爲使職也。

　　樞密使具有宰相與百司表狀的承受權，尤以宰相之表狀最爲主要。表狀收受後的進呈權、天子處分後的承旨權、對中書門下的宣傳權，亦皆爲樞密使之所職所掌。就此而言，樞密使最初的基本職掌無異是皇帝的機要秘書或機務特使，是專掌君、相間意見溝通的信差聯絡人，所謂出納之任是也，以故原無多大權力，唯有屋三楹以貯文書而已。然而，樞密使所承傳者乃是內廷之樞務，故例由宦官充職；而宦官又向被皇帝視爲家奴家僕，尤爲心腹者始得充此要職，因此初創期充職的宦官本官品位，雖然於內侍省中並非最高者，但仍具有政治影響力，其原因即與皇帝的信賴心理有關。樞密使既然擁有「備顧問、參謀議于中」的權力，此即成爲在其基本職掌之外，權力得以擴張的原因。

　　君、相間的內廷樞務處理程序爲：承表——進呈——處分——宣傳——施行。除了人主處分和宰相施行兩權外，餘皆由樞密使擔任之，故爲宰相向皇帝刺探消息、揣摸上意的最佳管道人選。初置時，元載因而勾結董秀以得掌大權，即爲其顯例。而且樞密使另有樞務的顧問參議權，恐怕不僅止於參議與各地監軍使有關之軍機事務，以故其政治影響力更大，董秀引薦陳少遊改官成功即爲首例。值得注意的是，樞密使在元和以後常能掌握並發揮顧問參議權，甚至以矯制方式侵奪君主之處分權，是則此後南衙宰相常受其支配

也就可想而知矣。

　　早期掌知樞密之職只置一員，董秀、喬獻德以外其他人選姓名不詳，薛盈珍在德宗朝曾「掌機密」，李忠言承順宗旨而宣下中書，均可能是樞密使之一。由於董秀初置即已與宰相元載勾結，進而影響人事政風，故代宗殺之以後，似乎有意挑選小心恭慎的宦者充使，以矯程元振、魚朝恩、董秀等人之弊，是以樞密使自此約三十年間不活躍於政治舞台。永貞內禪事件中，鬥爭雙方皆有宦官參與，薛盈珍可能曾任過樞密使、劉光琦稍後充任樞密使，可無論矣；即使在王叔文集團中，居間聯絡的宦官李忠言，視其職掌也可能是樞密使，因而樞密使一職遂又再度活躍重要起來。此次宦官擁立憲宗而未見兩軍中尉積極參預其事，反而由可能是前任、現任、後任的樞密使策動進行，此應即為元和置使兩員以後，樞密使權勢日大，躋身「北司四貴」的重要契機。降至後唐，樞密使權侔於宰相，至宋更是文事任宰相、武事任樞密，對稱二府，其變化亦已大矣，的確是「宰相自此失其職也」。

附表：唐四貴年表

年　　代	樞密使	中　尉	備　　註
代宗永泰二年（即大歷元年，766）	董秀		又名庭方，以典內掌樞密。時魚朝恩當權。
大歷二年，（767）	董秀		
三年，（768）	董秀		
四年，（769）	董秀		
五年，（770）	董秀		是年魚朝恩被殺。
六年，（771）	董秀		《通鑑》夏四月，董秀以典內遷內常侍。
七年，（772）	董秀		
八年，（773）	董秀		
九年，（774）	董秀		
十年，（775）	董秀		
十一年，（776）	董秀		
十二年，（777）	董秀喬獻德		春，以受賄及勾結元載被殺。死時秀本官為左衛將軍·知內侍省事。見《冊府元龜》卷六六五〈內臣部·恩寵〉。

			獻德代秀是否稱「掌樞密」及何時卸任均不詳。
十三年，（778）			
十四年，（779）			五月，德宗即位。
德宗（780）建中元年			
二年，（781）			
三年，（782）			
四年，（783）			十月，涇原兵變。
興元元年（784）			
貞元元年（785）			
二年，（786）			是年，置十六衛上將軍
三年，（787）			
四年，（788）			
五年，（789）			
六年，（790）			
七年，（791）			
八年，（792）			
九年，（793）			
十年，（794）			
十一年，（795）			
十二年，（796）		竇文場 霍仙鳴	以下兩神策軍護軍中尉主要據王壽南之〈左右神策軍護軍中尉〉表（簡稱〈王表〉），另有所據者則予以註明。第一名為左中尉，第二名為右中尉，詳細資料不贅。
十三年，（797）		竇文場 霍仙鳴	
十四年，（798）		竇文場 霍仙鳴 第五守亮	是年七月仙鳴卒，內常侍第五守亮繼任。
十五年，（799）		竇文場 第五守亮	萬斯同〈唐將相大臣年表〉（簡稱〈萬表〉）稱文場致仕，誤，今據〈王表〉。
十六年，（800）	薛盈珍？	竇文場 第五守亮	《通鑑》三月及四月條謂盈珍「使掌機密」，後出充監軍使。

年代			
十七年，（801）		竇文場 楊志廉 第五守亮	是年文場致仕，以副使楊志廉代之，〈萬表〉稱代守亮，誤。
十八年，（802）		楊志廉 第五守亮	
十九年，（803）		楊志廉 第五守亮 孫榮義	六月，榮義以右副使爲右中尉。
二十年，（804）		楊志廉 孫榮義	
二十一年（805） 順宗永貞元年	李忠言	楊志廉 孫榮義	正月，順宗即位。八月永貞內禪，劉光琦、薛盈珍等擁立憲宗。
憲宗元和元年 （806）	劉光琦 梁守謙 楊志廉 吐突承璀 薛盈珍		正月，盈珍爲右中尉。光琦（又作光奇），是年知樞密。 楊承和撰〈邠國公功德銘〉謂內常侍梁守謙元和初佐密命。（見《金石萃篇》卷十三） 十一月，以內常侍吐突承璀爲左中尉。
二年（807）	劉光琦 梁守謙	吐突承璀 薛盈珍 第五國珍	二月，第五國珍爲右中尉。國珍又作國軫。
三年（808）	劉光琦 梁守謙	吐突承璀 【第五國珍】 〔註2〕	〈王表〉缺右中尉，國珍不知何時去職。
四年（809）	劉光琦 梁守謙	 吐突承璀 【第五從直】	據〈萬表〉補之，第五從直不詳，是否與第五國珍爲同一人不詳？
五年（810）	劉光琦 梁守謙	吐突承璀 程文幹 第五從直	承璀出爲淮南監軍使。九月，文幹爲左中尉。
六年（811）	劉光琦 梁守謙	程文幹 第五從直 彭憲忠	光琦以內侍監致仕，未見繼任人。 憲忠於十月充中尉。〈王表〉不明其是左或右，〈萬表〉是年缺程文幹之名。按：文幹既代成璀爲左，則憲忠應爲右。

七年（812）	劉宏規 梁守謙	程文幹 彭憲忠	
八年（813）	劉宏規 梁守謙	程文幹 彭憲忠	
九年（814）	劉宏規 梁守謙	程文幹 吐突承璀 彭憲忠	二月，承璀入爲弓箭庫使，復爲左中尉。
十年（815）	劉宏規 梁守謙	吐突承璀 彭憲忠	
十一年（816）	劉宏規 梁守謙	吐突承璀 彭憲忠	十一月，守謙以知樞密身份宣慰淮西行營，并監其軍。
十二年（817）	劉宏規 梁守謙	吐突承璀 彭憲忠	裴度出統淮西諸軍，淮西平，上封二劍予守謙，俾專殺戮。
十三年（818）	劉宏規 梁守謙	吐突承璀 梁守謙	守謙改右中尉。
十四年（819）	劉宏規 【□□□】 〔註3〕	吐突承璀 梁守謙	
十五年（820）	劉宏規 【魏從簡】	吐突承璀 馬進潭 梁守謙	〈萬表〉記樞密使始於此年，但作王守澄、魏從簡。 正月，憲宗爲內常侍陳弘慶等所弒，承璀謀立灃王，右中尉守謙與馬進潭、劉承偕、韋元素、王守澄等殺承璀及灃王，共立穆宗。三月，進潭已見爲左中尉（參《舊紀》及《唐會要》卷三十二）。
穆宗長慶元年（821）	劉宏規 魏從簡 【馬進潭】 梁守謙		從簡又作弘簡，此年十月因裴度斥責貶爲弓箭庫使（《通鑑》是年月條），未悉何時知樞密。 進潭〈王表〉缺，據〈萬表〉補入。
二年（822）	劉宏規 【王守澄】		〈萬表〉二樞密作王守澄、楊承和，按上引〈邠國公功德銘〉是承和於此年十二月一日所撰，署銜爲「右神策軍護軍中尉副使兼右街功德副使」等，故此前絕不可能爲樞密使。

		馬存亮 梁守謙	
三年（823）	劉宏規 王守澄		《通鑑》是年已記守澄知樞密，專制國事，《舊本傳》僅稱長慶中知樞密而已，不知何時爲之。
		馬存亮 梁守謙	
四年（824）	劉宏規 王守澄		正月，敬宗即位。
		馬存亮 劉宏規 梁守謙	存亮七月出監淮南，〈萬表〉作魏從簡代之，不知何據，今據〈王表〉列入宏規。
敬宗寶歷元年 （825）	【□□□】 王守澄	劉宏規 梁守謙	
二年（826）	楊承和 王守澄		《通鑑》是年十二月，宦官劉克明等弒帝，欲立絳王，樞密使楊承和、王守澄殺克明等及絳王，擁立文宗。
		劉宏規 魏從簡 梁守謙	十一月宏規卒。 從簡以弓箭庫使遷左中尉。
文宗大和元年 （827）	楊承和 王守澄 韋元素		三月，守澄代梁守謙爲右中尉。 據〈萬表〉補入元素。
		魏從簡	以下從簡爲左中尉〈王表〉皆缺，據〈萬表〉補入。
		梁守謙 王守澄	三月致仕。
二年（828）	楊承和 韋元素	魏從簡 王守澄	是年劉蕡對策痛論宦官。
三年（829）	楊承和 韋元素	魏從簡 王守澄	
四年（830）	楊承和 韋元素	魏從簡 王守澄	
五年（831）	楊承和 韋元素	魏從簡 王守澄	

六年（832）	楊承和 韋元素 王踐言	韋元素 王守澄	《通鑑》是年十一月，載踐言由西川監軍入知樞密，《冊府元龜》卷六六九〈內臣部‧食貨〉亦稱踐言入知樞密，引李德裕爲相。故〈萬表〉不列踐言爲誤。
七年（833）	楊承和 王踐言 【崔潭浚】	韋元素 王守澄	《通鑑》是年六月見潭浚已爲樞密，不知繼誰之任及何時去職，待確。
八年（834）	楊承和 王踐言	韋元素 王守澄	
九年（835）	楊承和 王踐言	韋元素	《通鑑》是年六月，左中尉韋元素、樞密使楊承和、王踐言居中用事，與王守澄不協，承和貶出監西川，踐言監河東，元素監淮南，尋皆賜死。《舊‧李宗閔傳》稱其三人坐貶於七月。
	劉弘逸 薛季稜	仇士良	
		王守澄	《通鑑》是年九月戊辰，以守澄爲左、右神策觀軍容使‧兼十二衛統軍，尊以虛名而實奪其兵權。十月辛巳賜酖殺之。
		魚弘志	又作魚志弘。十一月甘露事變時，左、右中尉爲仇士良與魚志弘。
開成元年（836）	劉弘逸 薛季稜	仇士良 魚弘志	
二年（837）	劉弘逸 薛季稜	仇士良 魚弘志	
三年（838）	劉弘逸 薛季稜	仇士良 魚弘志	
四年（839）	劉弘逸 薛季稜	仇士良 魚弘志	
五年（840）	劉弘逸 薛季稜	仇士良 魚弘志	正月，文宗大漸，命知樞密劉、薛二使與宰相奉太子監國，兩中尉矯詔立太弟（武宗）。

武宗會昌元年（841）	劉弘逸 薛季稜		《通鑑》是年三月乙未，賜弘逸、季稜二使死。〈萬表〉是年缺二使之名；并於開成五年八月謂劉、薛二使伏誅，時間殆誤。
	劉行深 楊欽義		《通鑑》開成五年正月己卯、仇、魚二中尉矯詔立皇太弟，是爲武宗。九月丁丑拜李德裕爲相。按：德裕原爲淮南節度使，其監軍楊欽義入知樞密，引德裕入相。欽義不知何時入知樞密？弘逸、季稜二使則於是年三月賜死，恐劉行深、楊欽義於是月前後知樞密，其詳待確。
		仇士良 魚弘志 劉□	〈王表〉是年以後即除魚弘志之名，〈萬表〉至會昌五年仍書魚弘志之名，另據尹震所撰〈李府君墓誌銘〉（《唐文拾遺》卷三十一）則見中尉劉□之名，不知孰是，始於此年暫列三中尉名，以下不詳者從闕。
二年（842）	劉行深 楊欽義	仇士良 【□□□】	
三年（843）	劉行深 楊欽義	仇士良 馬元贄 【□□□】	六月士良致仕，元贄繼之，元贄〈王表〉不詳其始任於何年，故三、四、五年缺元贄名，今據〈萬表〉。
四年（844）	劉行深 楊欽義	馬元贄 【□□□】	
五年（845）	劉行深 楊欽義	馬元贄 【□□□】	
六年（846）	劉行深 楊欽義	馬元贄 【□□□】	《通鑑》二月，諸宦官於禁中定策立皇太叔，是爲宣宗，不知中尉、樞使爲誰，〈王表〉確定元贄爲中尉。
宣宗大中元年（847）	【劉行深】 楊欽義	【馬元贄】 楊欽義	行深、元贄不知何時罷職。〈王表〉謂欽義在大中時爲中尉，不知何年任之，是左是右。按：吐突士曄爲右中尉，則欽義爲左較可能，今本〈萬表〉。

	崔巨源		《舊・柳公綽列傳・弟公權附》謂巨源大中初爲樞密使，不知何時出任，但既稱大中初，則可能爲元年。
		【吐突士曄】	《新・吐突承璀列傳》謂宣宗時擢其子士曄爲右中尉。裴庭裕《東觀奏記》（卷上，頁 10）亦稱宣宗追念承璀忠義，連擢士曄爲右中尉，恩禮始終無替云；但均未詳遷罷時間。
	【王元宥】		杜牧〈王元宥除右神策護軍中尉制〉（《全唐文》卷七五〇）稱元宥以內樞密使遷右中尉。今確知其七年已爲右中尉（詳七年條），但不知何年始充內樞密使，姑植於此以存疑。
二年（848）	崔巨源【王元宥】	楊欽義【吐突士曄】	
三年（849）	崔巨源【王元宥】	楊欽義【吐突士曄】	
四年（850）	崔巨源【王元宥】	楊欽義【吐突士曄】	
五年（851）	崔巨源【王元宥】	楊欽義【吐突士曄】	
六年（852）	崔巨源王元宥		
		【宋叔康】	〈萬表〉、〈王表〉皆無左中尉名。按：《唐語林・政事上》（卷一，頁 33）稱宣宗詔左街功德使宋叔康。按：左街功德使例由左中尉兼任，疑叔康時爲左中尉；又杜牧〈宋叔康妻房氏封河東郡夫人制〉（《全唐文》卷七五〇）確定叔康爲左中尉，第不悉任期詳細耳。
		王元宥	杜牧〈王元宥除右神策護軍中尉制〉稱其以「內樞密使・驃騎大將軍・行右威衛上將軍」遷充右驍衛上將軍・右中尉兼右街功德使。今據裴休〈唐故圭峰定慧禪師傳法碑〉（《金石萃篇》卷一一四，頁 22～23）考證，元宥於大中七年正月十五日已兼右街功德使，至九年十月刻石時仍然，推知必於六年以前已改中尉，但何時去職則不詳。

七年（853）	崔巨源【嚴季實】		
		【宋叔康】王元宥	《新・馬存亮列傳・嚴遵美附》謂遵美父季實大中時爲樞密使，不知何時任之。
八年（854）	崔巨源【嚴季實】	【宋叔康】王元宥	
九年（855）	崔巨源【嚴季實】	【王宗實】	按：劉肅《東觀奏記》（卷下，頁10）見左中尉王宗實之名，天子當時自言「朕在位一紀」，是則宗實應於是年或明年已爲左中尉，但不知罷於何年。
		王元宥	
十年（856）	王歸長馬公儒		《通鑑》十一月已見二使名，又《唐語林・政事上》（卷一，頁33）亦見之；〈萬表〉以下仍列巨源，誤也。
		王宗實【王元宥】	
十一年（857）	王歸長馬公儒	王宗實【王元宥】	
十二年（858）	王歸長馬公儒	王宗實【王元宥】	
十三年（859）	王歸長馬公儒【楊慶】【□□□】		《通鑑》是年八月，宣宗大漸，託夔王於樞密使王歸長、馬公儒，欲聯右中尉王茂玄以排斥左中尉王宗實；宗實迎立鄆王（懿宗），收殺王、馬二樞密使。此下〈萬表〉有楊慶之名，不知何據，姑存之。
		王宗實王茂玄	按：右中尉原爲王元宥，此突然出現之王茂玄，或是元宥之字或改名耶？
懿宗咸通元年（860）	【楊慶】【□□□】	王宗實【西門季元】	宗實，〈王表〉除名，〈萬表〉仍存，同時右中尉列入季元，〈王表〉則不詳季元任期。
二年（861）	【楊慶】		按《通鑑》二月條有宣徽使楊公慶，不知〈萬表〉是否此人之誤。
	楊玄翼		兩《唐書・楊復恭列傳》皆稱其父玄翼於咸通中掌領樞密，但不確始何年。

		王宗實 【西門季元】	
三年（862）	【楊慶】 楊玄翼		
		【楊玄价】	〈王表〉考訂玄价於咸通七年以前任 左中尉，但不知始於何年。據〈萬表〉 玄价是年代宗實，姑存疑置之。
		【西門季元】	
四年（863）	【□□□】 楊玄翼	【楊玄价】 【西門季元】	
五年（864）	【□□□】 楊玄翼	【楊玄价】 【西門季元】	
六年（865）	【□□□】 楊玄翼	【楊玄价】 【西門季元】	
七年（866）	【□□□】 楊玄翼	【楊玄价】 【西門季元】	
八年（867）	【□□□】 楊玄翼	【楊玄价】 【西門季元】	
九年（868）	【□□□】 楊玄翼	【□□□】 【西門季元】	
十年（869）	【□□□】 楊玄翼 楊復恭		〈萬表〉以下至僖宗，兩使皆缺，據 新、舊〈楊復恭列傳〉是年父死，宣 徽使復恭起復爲樞密使，姑列於此年。
		【□□□】 【西門季元】	
十一年（870）	【□□□】 楊復恭		
		劉行深 【韓文約】	〈萬表〉列兩中尉爲劉行深及楊玄 實，〈王表〉考訂玄實繫於乾符三年， 是也。另《通鑑》咸通十四年七月， 有劉行深、韓文約之名，〈萬表〉則十 三年始見文約之名，今姑將文約始列 於此以存疑。
十二年（871）	【□□□】 楊復恭	劉行深 【韓文約】	
十三年（872）	【□□□】 楊復恭	劉行深 韓文約	

十四年（873）	【□□□】 楊復恭	劉行深 韓文約	七月，懿宗大漸，劉、韓兩中尉立普王（僖宗）。
僖宗乾符元年 （874）	楊復恭 田令孜		新舊兩〈田令孜列傳〉稱僖宗即位，將令孜由小馬坊使擢掌樞密。
		劉行深 韓文約	〈王表〉除行深名。 文約十二月致仕。
二年（875）	楊復恭 【西門思恭】		思恭事詳廣明元年欄，仍待確考。
		田令孜 西門匡範	正月，令孜遷左中尉。按〈萬表〉兩中尉爲行深、令孜，今據〈王表〉爲是。
三年（876）	楊復恭 【西門思恭】		
		田令孜 楊玄寔	玄寔於乾符中任右中尉，始訖不詳，今據〈王表〉。
四年（877）	楊復恭 【西門思恭】	田令孜 【楊玄寔】	
五年（878）	楊復恭 【西門思恭】	田令孜 【楊玄寔】	
六年（879）	楊復恭 【西門思恭】	田令孜 【楊玄寔】	
廣明元年（880）	楊復恭 西門思恭 李順融	田令孜 【□□□】	《通鑑》是年五月乙亥，思恭出監鳳翔軍，宣徽使李順融爲樞密使，皆降白麻於閣門，出案與將相同。十一月，以令孜爲左右神策軍及諸道兵馬都指揮使制置招討等使，「飛龍使楊復恭爲副使」云。按：《新・楊復恭傳》謂是時令孜專威福，「中外莫敢抗，惟復恭屢爭得失，令孜怒，下遷飛龍使。復恭乃臥疾藍田」，《舊・復恭傳》記其事大體同；但《通鑑》記退居事在中和三年七月，故自相矛盾，是則楊復恭不可能於是年底左遷飛龍使。

中和元年（881）	【楊復光】楊復恭	田令孜	《通鑑》是年二月丙申「以樞密使楊復光爲京西南面行營都監」，然兩《唐書·楊復光列傳》皆無復光爲樞密使之記述，恐爲復恭之誤，姑存疑之。
二年（882）	楊復恭【□□□】	田令孜【□□□】	
三年（883）	楊復恭【□□□】		《通鑑》是年七月，謂東面都統監軍使·左驍衛上將軍楊復光卒於河中，田令孜因而擯斥其兄樞密使楊復恭爲飛龍使。
		田令孜西門思恭	《通鑑》是年正月，以都都監西門思恭爲右中尉，充諸道租庸使兼催促諸道進軍等使，時王鐸爲諸道行營都都統；令孜爲十軍兼十二衛觀軍容使。
四年（884）	【□□□】【□□□】	田令孜【西門思恭】	西門思恭不知何時去職。
光啓元年（885）	【□□□】【□□□】	田令孜【□□□】	
二年（886）	楊復恭【□□□】		去年十二月帝奔鳳翔。《通鑑》是年正月，復以飛龍使楊復恭爲樞密使。兩《唐書·復恭傳》皆謂帝再奔興元始復用復恭。按：僖宗在三月始至興元。
	嚴遵美		《通鑑》繫遵美於三月，或二人同時充任樞使也。四月，令孜薦復恭繼其職，自除西川監軍使。
		田令孜楊復恭【□□□】	
三年（887）	嚴遵美【□□□】	楊復恭【□□□】	遵美不知何時去職。
文德元年（888）	【駱全諲】		駱全諲事見翌年欄。
	【□□□】	楊復恭劉季述	《通鑑》二月帝還京，三月崩，楊、劉二中尉迎立昭宗。

昭宗龍紀元年 （889）	【駱全諲】 【□□□】	楊復恭 劉季述	《新‧張濬列傳》謂大順元年五月濬為制置使討李克用，樞密使駱全諲為都監，故疑全諲為昭宗初即位時所用。 十一月，四貴始服法服。 季述不知何時罷。
大順元年（890）	駱全諲 【□□□】	楊復恭 【□□□】	
二年（891）	【□□□】 【□□□】	楊復恭 劉景宣 西門重遂	八月出復恭為鳳翔監軍，不肯行，九月以上將軍致仕。 重遂又作君遂，為右中尉。
景福元年（892）	李周潼 【段詡】	 劉景宣 西門重遂	〈萬表〉有李周潼而無段詡之名。
二年（893）	李周潼 段詡	劉景宣 西門重遂 駱全瓘 吳承泌 【劉光裕】	《通鑑》九月，李茂貞、王行瑜連兵犯闕，帝流周潼、詡及重遂三人，尋皆斬之，以駱全瓘、劉景宣為左右中尉。今據〈王表〉、〈萬表〉皆以全瓘為右中尉。從之。又，駱全瓘未詳與駱全諲有何關係‧ 據裴廷裕〈大唐故內樞密使……吳公墓誌銘〉（《全唐文》卷八四一）補入承泌。 〈萬表〉見光裕於二、三兩年，不知何據？
乾寧元年（894）	吳承泌 【劉光裕】	劉景宣 駱全瓘	
二年（895）	吳承泌 康尚弼 劉光裕		吳氏正月卒。 《通鑑》五月，王行瑜等三帥犯闕，殺尚弼等宦官數人。又，七月見「樞密使駱全瓘」及「樞密使劉光裕」；全瓘應為中尉，《通鑑》誤也。

		劉景宣 駱全瓘	《新·劉季述列傳》是年李克用引兵討三帥，全瓘劫帝走鳳翔，李茂貞懼克用，殺景宣與全瓘以自解云。《舊·楊復恭列傳》只稱殺全瓘，而謂「宦官稍微」云。按：若兩中尉被殺，僅有劉光裕知樞密院，則宦官當然稍微也。〈王表〉二、三、四年仍書劉、駱二中尉名，恐誤。
三年（896）	【劉光裕】 【劉季述】	【□□□】 【□□□】	未詳是否去職。七月李茂貞犯闕，帝出幸華州依韓建。 季述見下欄。
四年（897）	劉季述 【王仲先】	【□□□】 【□□□】	《通鑑》七月，韓建與知樞密劉季述發兵殺諸王。季述不知何時充使。 仲先又作奉先，詳光化三年欄。
光化元年（898）	劉季述 【王仲先】 	 景務脩 宋道弼	 八月，昭宗自華州還京師。《舊·楊復恭傳》：「及光化還宮，內官景務脩、宋道弼復專國政。」《新·劉季述傳》：「茂貞恐，乃殺全瓘、景宣及（閻）圭自解，天子還京師，以景務脩、宋道弼代之，俄專國」。《冊府元龜·內臣部·將兵》（卷六六七）稱景、宋於光化元年為中尉，是則疑自殺劉、駱二尉以後至此，始復置中尉。蓋當時昭宗以諸王掌兵，遂招至去年七月諸王之被屠殺；既以諸王統禁兵，自無須置中尉以監之也。
二年（899）	劉季述 【王仲先】	景務脩 宋道弼	
三年（900）	 劉季述 王仲先 王彥範 薛齊偓	景務脩 宋道弼 劉季述 王仲先	六月，宰相崔胤擯斥二中尉，道弼出監荊南軍，務脩監青州軍，尋皆賜死。《通鑑》誤稱宋、景為樞密使。 據《舊·楊復恭傳》及《新·劉季述傳》皆稱以樞密使劉季述、王仲先為兩中尉，而未稱彥範、齊偓二人之職。二人職樞使，見《通鑑》十月條，顯然是繼季述、仲先之缺也。

天復元年（901）	王彥範 薛齊偓 韓全誨 袁易簡 周敬容	劉季述 王仲先 韓全誨 張彥弘	去年十一月，四貴囚昭宗，以太子監國。是年正月，崔胤密結禁軍反正，殺四貴。以鳳翔監軍使韓全誨爲樞密使。尋以全誨及鳳翔監軍使張彥弘（又作弘彥）爲兩中尉，以袁易簡、周敬容爲樞密使。冬十月，崔胤招朱全忠入京殺宦官，宦官劫帝走鳳翔。
二年（902）	袁易簡 周敬容	韓全誨 張彥弘	
三年（903）	袁易簡 周敬容 王知古 楊虔朗	韓全誨 張彥弘 第五可範 仇承坦	正月，李茂貞欲降全忠，殺四貴，請帝還京。以御食使第五可範，宣徽南院使仇承坦爲左、右中尉，王知古爲上院樞密使，楊虔朗爲下院樞密使。帝還京，崔胤建議盡誅宦官，全忠殺第五可範以下凡數百人。以崔胤判六軍十二衛事。
天祐元年（904）	蔣玄暉		正月全忠逼帝遷都洛陽。既至，全忠以腹心蔣玄暉爲宣徽南院使兼樞密使。八月玄暉弒帝，立昭宣帝。
昭宣帝 天祐二年（905）	蔣玄暉 王殷		《唐會要·諸使下·諸使雜錄》（卷十九）是年二月十六日敕停樞密使，「所司敕歸中書」。 又，十二月，全忠怒玄暉稽緩禪代事，收殺之，以王殷權知樞密。尋省樞密使，以殷爲宣徽使。
天祐三年（906）			
天祐四年（907）			三月，昭宣帝禪位於梁，唐亡。

註釋

〔註1〕本表記樞密使蓋以《通鑑》爲主要參考，記神策軍護軍中尉蓋以王壽南之〈左右神策軍護軍中尉表〉（見《唐代宦官權勢之研究》頁55～67）爲主要參考。至於萬斯同的〈唐將相大臣年表〉由於錯誤頗多，僅作輔助參考。其間有筆者之見者，則於其人姓名之後的備註欄內說明之。

〔註2〕姓名加上【　　】者，表示存疑其人是否果於該年任職。

〔註3〕無姓名而逕用【□□□】者，表示應有人充職而卻無資料以資確定者。

本文原載於《國立中正大學學報》　4-1，1993。